法大法考

2022年国家法律职业资格考试

金题解析

刑事诉讼法

（第五册）

法律职业资格考试培训中心（学院）◎编著

肖沛权◎编写

中国政法大学出版社

2022·北京

图书在版编目（CIP）数据

2022 年国家法律职业资格考试金题解析/法律职业资格考试培训中心（学院）编著.—北京：中国政法大学出版社，2022.5
ISBN 978-7-5764-0438-8

Ⅰ.①2… Ⅱ.①法… Ⅲ.①法律工作者－资格考试－中国－题解 Ⅳ.①D92-44

中国版本图书馆 CIP 数据核字(2022)第 082728 号

出 版 者	中国政法大学出版社
地　　址	北京市海淀区西土城路 25 号
邮寄地址	北京 100088 信箱 8034 分箱　邮编 100088
网　　址	http://www.cup1press.com（网络实名：中国政法大学出版社）
电　　话	010-58908285(总编室) 58908433（编辑部）58908334(邮购部)
承　　印	保定市中画美凯印刷有限公司
开　　本	787mm×1092mm　1/16
印　　张	116.25
字　　数	2700 千字
版　　次	2022 年 5 月第 1 版
印　　次	2022 年 5 月第 1 次印刷
定　　价	380.00 元（全 8 册）

目　录

第一章　刑事诉讼法概述

一、刑事诉讼法的概念

(一) 刑事诉讼法与刑法的关系

1. 刑事诉讼法的独立价值之一是具有影响刑事实体法实现的功能。下列哪些选项体现了这一功能？（2016 – 2 – 64，多）[1]

A. 被告人与被害人达成刑事和解而被法院量刑时从轻处理

B. 因排除犯罪嫌疑人的口供，检察院作出证据不足不起诉的决定

C. 侦查机关对于已超过追诉期限的案件不予立案

D. 只有被告人一方上诉的案件，二审法院判决时不得对被告人判处重于原判的刑罚

【解析】刑事诉讼的独立价值的含义包含以下三种：（1）刑事诉讼所规定的诉讼结构、原则、制度、程序，体现着程序法本身的民主、法治、人权的精神，也反映出一个国家刑事司法制度的进步、文明程度，是衡量社会公正的一个重要的指标；（2）刑事诉讼法具有弥补刑事实体法的不足并"创制"刑事实体法的功能；（3）刑事诉讼法具有阻却或影响刑事实体法实现的功能。

A 项，当事人和解的公诉案件诉讼程序是《刑事诉讼法》规定的一种特别程序，适用当事人和解的公诉案件可以在《刑法》规定的刑罚范围以内从轻处理，表明该案件的程序选择影响了最终法院的量刑，发挥了刑事诉讼法影响刑事实体法实现的功能。因此，A 项正确。

B 项，非法证据排除规则属于刑事诉讼法确立的一项规则，目的在于严肃司法机关执法、纠正违法行为，切实保障诉讼参与人的权利，表明排除口供后对刑事诉讼程序有所影响，这一规则对于查明案件事实具有一定的限制作用，影响了刑事实体法的实现。因此，B 项正确。

C 项，超过追诉期限属于《刑法》规定的内容。侦查机关对于已超过追诉期限的案件不予立案，属于保障《刑法》的正确实施，根据刑事实体法的要求是不再追究刑事责任的，因此刑事诉讼法作出相应的不立案处理，并没有体现出刑事诉讼法影响、制约刑事实体法的独立价值而是刑事诉讼法的工具价值。因此，C 项错误。

D 项，上诉不加刑原则属于刑事诉讼法确立的一项规则，表明该案件选择不同的程序影响了最终法院的量刑，发挥了影响刑事实体法实现的功能。因此，D 项正确。

综上所述，本题答案为 ABD 项。

---

[1]　ABD

2. 二审法院发现一审法院的审理违反《刑事诉讼法》关于公开审判、回避等规定的，应当裁定撤销原判、发回原审法院重新审判。关于该规定，下列哪些说法是正确的？（2012 - 2 - 65，多）[1]

A. 体现了分工负责、互相配合、互相制约的原则

B. 体现了严格遵守法定程序原则的要求

C. 表明违反法定程序严重的，应当承担相应法律后果

D. 表明程序公正具有独立的价值

【解析】 A项，"分工负责、互相配合、互相制约"原则体现的是公、检、法三机关之间的关系，而在本题题干中表现的是二审法院和一审法院之间的关系。因此，A项错误。

BC项，根据《刑事诉讼法》规定，人民法院、人民检察院和公安机关在进行刑事诉讼活动时，必须严格遵守刑事诉讼法和其他有关法律的规定，不得违反法律规定的程序和规则，更不得侵害各方当事人和其他诉讼参与人的合法权益；违反法律程序严重时，应当依法承担相应的法律后果。B项二审法院发现一审法院的审理违反法定诉讼程序，裁定撤销原判、发回原审法院重新审判的做法是严格遵守法定程序的体现。C项中"一审法院的审理违反《刑事诉讼法》关于公开审判、回避等规定"严重地违反法定程序，承担的相应法律后果是"被发回重审"。因此，B、C项正确。

D项，刑诉法具有自身独特、独立的价值，即程序正义。刑事诉讼法所规定的诉讼结构、原则、制度、程序，体现着程序本身的民主、法治、人权精神，也反映出一国刑事司法制度的进步、文明程度，是衡量社会公正的一个极为重要的指标。刑事诉讼法具有弥补刑事实体法不足并"创制"刑事实体法的功能。即使违反了公开审判等程序，也不一定会影响对被告人定罪量刑的准确性，但是也需承担程序性制裁的后果，即"应当裁定撤销原判、发回原审法院重新审判"。因此，D项正确。

综上所述，本题答案为BCD项。

（二） 刑事诉讼法与法治国家

1. 关于"宪法是静态的刑事诉讼法、刑事诉讼法是动态的宪法"，下列哪些选项是正确的？（2014 - 2 - 64，多）[2]

A. 有关刑事诉讼的程序性条款，构成各国宪法中关于人权保障条款的核心

B. 刑事诉讼法关于强制措施的适用权限、条件、程序与辩护等规定，都直接体现了宪法关于公民人身、住宅、财产不受非法逮捕、搜查、扣押以及被告人有权获得辩护等规定的精神

C. 刑事诉讼法规范和限制了国家权力，保障了公民享有宪法规定的基本人权和自由

D. 宪法关于人权保障的条款，都要通过刑事诉讼法保证刑法的实施来实现

【解析】 A项，《宪法》的规范较为抽象，不利于切实执行，因此在《刑事诉讼法》中规定的程序性条款起到了将宪法条文由抽象变具体的作用，在刑事诉讼中体现法治主义的程序性条款，构成了各国宪法或宪法性文件中关于人权保障条款的核心。所以A项正确。

B项，刑事诉讼法律规范中有关强制措施的使用权限、条件、程序，羁押期限，辩护，侦查、审判的原则与程序等规定，都直接体现了宪法关于公民人身、住宅、财产不受非法搜查、逮捕、扣押以及犯罪嫌疑人、被告人有权获得辩护等规定的精神。所以B项正确。

---

[1] BCD [2] ABC

C 项，刑事诉讼与公民的基本权利特别是人身自由息息相关，根据宪法的规定，公民的基本权利若非依据法律不得侵犯，因此必须对刑事诉讼中的公权力进行限制和规范。所以 C 项正确。

D 项，宪法的许多规定，一方面，要通过刑事诉讼法保证刑法的实施来实现；另一方面，要通过刑事诉讼法本身的实施来实现。故宪法关于人权保障的条款，不都是通过刑事诉讼法保证刑法的实施来实现的。所以 D 项错误。

综上所述，本题答案为 ABC 项。

二、刑事诉讼的基本理念。

1. 效率是刑事诉讼的基本理念之一，下列哪些选项体现了刑事诉讼的效率理念？（2019 仿真题，多）[1]

A. 被告人人数较多、案情较为复杂的案件在正式开庭审理前可以召开庭前会议

B. 检察机关可不经逮捕程序而直接起诉涉嫌交通肇事罪的犯罪嫌疑人

C. 不满十八周岁的犯罪嫌疑人符合条件的，可以适用附条件不起诉

D. 辩护人可通过申请在法庭审理中播放特定时间段的讯问录像的方式，来调查口供收集的合法性

【解析】诉讼效率是指诉讼中所投入的司法资源（包括人力、财力、设备等）与所取得的成果的比例。提高诉讼效率不仅是为了节约司法成本、缓和办案经费紧张，更重要的是为了使犯罪分子及时得到惩罚，无罪的人早日免受刑事追诉，被害人也可以及时得到精神上和物质上的补偿，从而更有效地实现刑事诉讼的任务。我国《刑事诉讼法》也规定了："准确、及时地查明犯罪事实"的内容。召开庭前会议厘清案件争议焦点，提高庭审效率，有利于提高诉讼效率，A 项正确。交通肇事案件一般属于案件事实清楚、案情简单的案件，检察机关可不经逮捕程序而直接起诉涉嫌交通肇事罪的犯罪嫌疑人，有利于提高诉讼效率，B 项正确。适用附条件不起诉，有利于未成年人案件的分流，将那些犯罪情节轻微，社区矫正较为方便的案件在审前进行分流，有利于将更多的司法资源集中到那些疑难复杂的案件上来，实现司法资源的有效分配，从而提高诉讼效率，C 项正确。辩护人可通过申请在法庭审理中播放特定时间段的讯问录像的方式，来调查口供收集的合法性，体现非法证据排除规则，是程序公正的重要体现。D 项错误。

综上所述，本题答案为 ABC 项。

2. 诉讼效率是指诉讼中所投入的司法资源（包括人力、财力、物力等）与案件处理数量的比例。刑事诉讼法在保障公正优先的前提下尽量提高办理刑事案件的效率。下列关于刑事诉讼中的做法有哪些体现效率原则？（2018 仿真题，多）[2]

A. 集中审理原则

B. 速裁程序

C. 在看守所派驻值班律师为犯罪嫌疑人提供法律帮助的认罪认罚案件

D. 网上远程视频开庭

【解析】A 项，集中审理原则要求一个案件组成一个审判庭进行审理，每起案件自始至终应由同一法庭进行审判。在案件审理开始后、尚未结束前不允许法庭再审理其他任何案件。法

庭成员不得更换，集中证据调查与法庭辩论，庭审不中断并迅速作出裁判。据此，集中审理有助于提高审判效率，A 正确。

B 项，适用速裁程序审理案件，人民法院应当在受理后 10 天以内审结；对可能判处有期徒刑超过 1 年的，可以延长至 15 日，体现了效率原则，B 正确。

C 项，值班律师为认罪认罚案件中没有辩护律师的犯罪嫌疑人提供帮助，由于值班律师提供的服务对象是不特定的、广泛的，因此能够服务更多的对象，有助于司法资源合理分配和提高诉讼效率，C 正确。

D 项，网上远程视频开庭是简化后的开庭方式，节约时间空间资源，有助于提高办案效率，D 正确。

综上所述，本题答案为 ABCD 项。

3. 社会主义法治公平正义的实现，应当高度重视程序的约束作用，避免法治活动的任意性和随意化，据此，下列哪一说法是正确的？（2014 - 2 - 22，单）[1]

A. 程序公正是实体公正的保障，只要程序公正就能实现实体公正

B. 刑事程序的公开与透明有助于发挥程序的约束作用

C. 为实现程序的约束作用，违反法定程序收集的证据均应予以排除

D. 对复杂程度不同的案件进行程序上的繁简分流会限制程序的约束作用

【解析】公正可分为实体公正和程序公正，实体公正即结果公正，程序公正即过程公正，应当同等重视，不可代替。

A 项，实体的内容必须依据程序的规定才能实现，因此程序公正确实可以保证实体公正的实现，但是实体公正的实现不仅依靠程序公正，还受其他的因素影响。同时程序公正和实体公正还可能发生冲突，如何抉择需要进行衡量，有时采取程序公正优先原则，例如非法证据排除规则、程序的终局性等；有时则采取实体公正优先原则，例如非法证据的自由裁量规则等。

因此不能说程序公正一定可以保证实体公正的实现。因此，A 项错误。

B 项，程序的公开与透明可以保证程序在阳光下进行，有利于对程序进行监督，更加有助于程序公正的实现。因此，B 项正确。

C 项，违反法定程序收集的证据可分为瑕疵证据和非法证据，根据《刑事诉讼法》的规定，若物证、书证的收集不符合法定程序，可能严重影响司法公正的，应当予以补正或者作出合理解释；不能补正或者作出合理解释的，对该证据应当予以排除。因此我们可知违反法定程序收集的证据不一定立马被排除，部分证据还有被补正和作出解释的机会。因此，C 项错误。

D 项，简易程序的适用是有条件的，不是随意适用，同时法律规定了一系列适用简易程序的规定，仍然存在着控辩对抗等，因此适用简易程序和限制程序的约束作用没有必然关系，并不会直接导致限制约束作用的结果。因此，D 项错误。

综上所述，本题答案为 B 项。

4. 甲发现自家优质甜瓜常被人夜里偷走，怀疑乙所为。某夜，甲带上荧光恐怖面具，在乙偷瓜时突然怪叫，乙受到惊吓精神失常。甲后悔不已，主动承担乙的治疗费用。公安机关以涉嫌过失致人重伤将甲拘留，乙父母向公安机关表示已谅解甲，希望不追究甲的责任。在公安机关主持下，乙父母与甲签订和解协议，公安机关将案件移送检察院并提出从宽处理建议。下

---

[1] B

列社会主义法治理念和刑事诉讼理念的概括，哪一选项与本案处理相一致？（2012 - 2 - 23，单）[1]

　　A. 既要充分发挥司法功能，又要构建多元化的矛盾纠纷化解机制

　　B. 既要坚持法律面前人人平等，又要考虑对特殊群体区别对待

　　C. 既要追求公平正义，又要兼顾诉讼效率

　　D. 既要高度重视程序的约束作用，又不应忽略实体公正

　　【解析】A项，公安机关本着有利于化解社会矛盾、修复社会关系的考虑，主持双方当事人达成和解协议，并建议检察院从宽处理，体现了刑事和解制度能够充分发挥司法功能的特点，有利于构建多元化的矛盾纠纷化解机制。因此，A项正确。

　　B项，本案并未涉及未成年人、精神病人、怀孕或者哺乳的妇女等特殊群体。因此，B项错误。

　　C项，公正和效率的关系与和解没有直接关系。因此，C项错误。

　　D项，实体和程序的关系与和解没有直接关系。因此，D项错误。

　　综上所述，本题答案为A项。

　　5. 关于《刑事诉讼法》"尊重和保障人权，保护公民的人身权利、财产权利、民主权利和其他权利"的规定，下列哪一选项是正确的？（2012 - 2 - 22，单）[2]

　　A. 体现了以人为本、保障和维护公民基本权利和自由的理念

　　B. 体现了犯罪嫌疑人、被告人权利至上的理念

　　C. 体现了实体公正与程序公正并重的理念

　　D. 体现了公正优先、兼顾效率的理念

　　【解析】A项，刑事诉讼中的保障人权，是指在通过刑事诉讼惩罚犯罪的过程中，保障公民合法权益不受非法侵犯，体现了以人为本、保障和维护公民基本权利和自由的理念。并且保障人权是与公民有关，当然有利于保障和维护公民基本权利和自由。因此，A项正确。

　　B项，刑诉的保障人权是指普遍主体的人权，所有刑诉参与人及其他参与人的人权都应当得到平等保障，犯罪嫌疑人、被告人在刑事诉讼活动中是被追诉的对象，因此一旦国家的公权力机关超出界限很容易侵犯他们的合法权益，所以他们应当是保障的重点对象，但不是强调犯罪嫌疑人、被告人的权利至上。因此，B项错误。

　　C项，实体公正与程序公正并重表述正确，程序公正与实体公正体现的是诉讼理念，与题目中的尊重和保障人权没有直接联系。因此，C项错误。

　　D项，公正优先、兼顾效率体现的是诉讼理念，公正优先、兼顾效率表述正确，但与题目中的尊重和保障人权没有直接联系。因此，D项错误。

　　C、D项的选项都是看似正确，但与题目中的表述没有关系故而错误，这是真题惯用的答非所问的陷阱。

　　综上所述，本题答案为A项。

_____

[1] A　[2] A

三、刑事诉讼的基本范畴

（一）刑事诉讼的目的

1. 在刑事司法实践中坚持不偏不倚、不枉不纵、秉公执法原则，反映了我国刑事诉讼"惩罚犯罪与保障人权并重"的理论观点。如果有观点认为"司法机关注重发现案件真相的立足点是防止无辜者被错误定罪"，该观点属于下列哪一种学说？（2013-2-22，单）[1]

A. 正当程序主义
B. 形式真实发现主义
C. 积极实体真实主义
D. 消极实体真实主义

【解析】实体真实主义和正当程序主义是关于刑事诉讼目的的分类的一种。

实体真实主义认为，刑事诉讼旨在追求案件实体真实的诉讼目的观。实体真实主义可分为积极实体真实主义和消极实体真实主义。积极实体真实主义，是指凡是出现了犯罪，就应当毫无遗漏地加以发现、认定并予以处罚；为不使一个犯罪人逃脱，刑事程序以发现真相为首要。消极实体真实主义，是指将发现真实与保障无辜相联系的目的观，认为刑事诉讼目的在于发现实体真实，本身应包含力求避免处罚无罪者的意思，而不单纯是无遗漏地处罚任何一个犯罪者。

正当程序主义认为并不必然追求实体上的正义，刑事诉讼的目的重在维护正当的程序。刑事诉讼对案件事实的认识能力是十分有限的，刑事诉讼中的真实只是作为认识的真实，刑事诉讼中的真实只是有限的真实，我们只能通过诉讼程序内在活动去接近这种真实。刑事诉讼活动是否严格按照法律的规定进行是判断公正的标准，只要刑事诉讼活动是严格按照刑事诉讼法规定的程序进行的，其结果就是公正的。其特点在于不追究案件的实体是否真实。

本题中，"司法机关注重发现案件真相的立足点是防止无辜者被错误定罪"的表达体现了消极实体真实主义的思想。因此，D项正确，A、B、C项错误。

综上所述，本题答案为D项。

（二）刑事诉讼职能

1. 下列关于刑事诉讼职能的表述，正确的是：（2019仿真题，单）[2]

A. 人民检察院排除侦查机关的非法证据，体现了其控诉职能
B. 证人证明被告人罪轻或无罪，体现了其辩护职能
C. 被害人在公诉和自诉案件中均承担控诉职能
D. 诉讼代理人均承担控诉职能

【解析】控诉职能指参与刑事诉讼的直接目的是提出控诉，要求追究犯罪嫌疑人、被告人的刑事责任的职能，直接目的不利于被告人。辩护职能是指针对犯罪嫌疑人或指控进行反驳，说明犯罪嫌疑或指控不存在、不成立，以犯罪嫌疑人、被告人无罪、罪轻或者从轻、减轻、免除刑罚处罚的职能，直接目的有利于被告人。

A项，人民检察院排除侦查机关的非法证据的行为是法律监督职能的体现，并未控诉犯罪的功能，所以选项A错误。

B项，证人在刑事诉讼中不承担控诉、辩护、审判之中的任何一个职能。选项B错误。

C项，在公诉案件中，由检察院承担控诉职能，而被害人辅助检察院行使控诉职能；在自诉案件中，被害人提出控诉，承担控诉职能，故选项C正确。

D 项，刑事诉讼中附带民事诉讼的诉讼代理人追究的责任和刑事诉讼中的控诉职能无关，选项 D 错误。

综上所述，本题答案为 C 项。

2. 下列关于刑事诉讼职能的说法哪些是正确的？（2019 仿真题，多）[1]

A. 无论是公诉案件还是自诉案件，被害人均承担控诉职能

B. 检察机关只有在审判阶段才能对有利于被告人的量刑事实，行使控诉职能

C. 某证人出庭证明被告人的口供系刑讯逼供所得，其承担的是辩护职能

D. 公安机关侦查终结的案件移送检察院审查起诉，检察院排除了其非法取得的证据，检察院的行为体现的是控诉职能

【解析】A 项，在公诉案件中，追诉被认为是一种国家的职能活动，虽然被害人不再担任原告的角色，但是作为案件的当事人，被害人依然是承担着部分控诉职能的诉讼参与人。而在自诉案件中，被害人作为自诉人，在诉讼中的地位相当于原告，执行控诉职能。A 项正确。B 项，检察机关就被告人的犯罪事实进行控诉，只有在审判阶段辩护方提出有利于被告人的量刑事实时，才能对有利于被告人的量刑事实，行使控诉职能。B 项正确。

C 项，证人是指除当事人以外的了解案件情况并向专门机关作出陈述的人，因此证人不承担控诉职能。C 项错误。

D 项，检察院排除非法证据，行使的检察监督职能而非控诉职能。D 项错误。

综上所述，本题答案为 AB 项。

（二）刑事诉讼结构

1. 关于刑事诉讼构造，下列哪一选项是正确的？（2020 仿真题，单）[2]

A. 当今世界范围内，刑事诉讼构造有职权主义、当事人主义、混合式诉讼构造和纠问式诉讼构造四种类型

B. 混合式诉讼构造是当事人主义吸收职权主义的因素形成的

C. 一个国家实行何种诉讼构造是由该国的诉讼目的和价值所决定的

D. 职权主义诉讼将诉讼的主动权委于国家专门机关

【解析】A 项，目前刑事诉讼构造可分为弹劾式诉讼、纠问式诉讼、职权主义、当事人主义、混合式诉讼构造五种，而题目中缺少了弹劾式诉讼，A 项错误。

B 项，混合式诉讼又称"折衷主义"诉讼，是在原有的职权主义诉讼模式的基础之上大力吸收对抗制诉讼的积极因素的结果，故 B 项错误。

C 项，制定刑事诉讼法的目的，是由一个国家的诉讼价值，例如秩序、公正、效益等价值的认识程度和水平决定，而刑事诉讼法的目的决定了一个国家的诉讼构造，即"价值"影响"目的"，"目的"决定"构造"。C 项错误。

D 项，职权主义将诉讼的主动权委诸国家专门机关，适用于实体真实的诉讼目的。D 项正确。

综上所述，本题答案为 D 项。

2. 关于我国刑事诉讼构造，下列哪一选项是正确的？（2017 - 2 - 22，单）[3]

A. 自诉案件审理程序适用当事人主义诉讼构造

---

〔1〕 AB 〔2〕 D 〔3〕 D

B. 被告人认罪案件审理程序中不存在控辩对抗

C. 侦查程序已形成控辩审三方构造

D. 审查起诉程序中只存在控辩关系

【解析】刑事诉讼构造指的是在刑事诉讼过程中控辩审三方的地位及其相互间的法律关系，弹劾式诉讼和纠问式诉讼为当前刑事诉讼理论通说的两种诉讼结构。1979 年我国第一部《刑事诉讼法》被认为是超职权主义，后来随着《刑事诉讼法》的不断修改，吸收了当事人主义的合理因素，削弱刑事诉讼中的职权主义色彩，强调控辩双方的平等对抗，现行《刑事诉讼法》被学者称之为控辩式审判模式。

A 项，我国的公诉、自诉案件的刑事诉讼构造均不是当事人主义。因此，A 项错误。

B 项，在审判程序中无论被告人是否认罪均存在控辩对抗。因此，B 项错误。

C 项，侦查阶段是侦查机关与犯罪嫌疑人的对抗，我国侦查并没有构建起控辩审三方构造的格局。因此，C 项错误。

D 项，在审查起诉阶段是控诉机关与犯罪嫌疑人的对抗，没有审判的参与，因此只有控辩对抗。因此，D 项正确。

综上所述，本题答案为 D 项。

3. 《中共中央关于全面深化改革若干重大问题的决定》提出"让审理者裁判、由裁判者负责"。结合刑事诉讼基本原理，关于这一表述的理解，下列哪一选项是正确的？（2016 - 2 - 22，单）[1]

A. 体现了我国刑事诉讼职能的进一步细化与完善

B. 体现了刑事诉讼直接原则的要求

C. 体现了刑事审判的程序性特征

D. 体现了刑事审判控辩式庭审方式改革的方向

【解析】A 项，"让审理者裁判，让裁判者负责"的重点在于法官，而非刑事诉讼职能所强调控、辩、审三方之间的关系。因此，A 项错误。

B 项，直接言词原则可以分为直接原则和言词原则，其中直接原则的含义即是强调法官的亲历性，让法官真正参与到法庭中，亲自听取被告人、证人及其他诉讼参与人的陈述、举证、质证。"让审理者裁判、由裁判者负责"同样也要求审理者必须直接参与裁判，体现了直接原则思想。因此，B 项正确。

C 项，"让审判者裁判、由裁判者负责"的含义是审判者直接参与审判并且对其作出的审判结果负责，与严格依据程序办事没有太大关系。因此，C 项错误。

D 项，目前我国控辩审的改革方向在于突出控辩双方的积极、平等对抗，突出控辩审三方，而"让审判者裁判、由裁判者负责"的含义是审判者直接参与审判并且对其作出的审判结果负责，强调的是审判者，和题目中描述的法官直接参与审判和直接对裁判结果负责没有关系。因此，D 项错误。

综上所述，本题答案为 B 项。

4. 关于刑事诉讼构造，下列哪一选项是正确的？（2014 - 2 - 24，单）[2]

A. 刑事诉讼价值观决定了刑事诉讼构造

---

[1] B [2] C

B. 混合式诉讼构造是当事人主义吸收职权主义的因素形成的

C. 职权主义诉讼构造适用于实体真实的诉讼目的

D. 当事人主义诉讼构造与控制犯罪是矛盾的

【解析】 刑事诉讼构造集中体现为在刑事诉讼过程中，控辩审三方的地位及其相互间的法律关系。

A项，国家对于诉讼价值的追求影响制定法律的目的，而目的进而决定该采取怎样的诉讼构造，因此不能说价值直接决定构造，两者之间没有直接决定关系。因此，A项错误。

B项，日本在"二战"后受当事人主义诉讼模式的影响，因此在职权主义中大量吸收当事人主义因素，从而形成了以当事人主义为主，以职权主义为补充的混合式诉讼模式。因此混合式诉讼模式并非当事人主义吸收职权主义因素形成的，而是职权主义吸收当事人主义形成的。因此，B项错误。

C项，职权主义的目的在于发现实体真实，因此国家可以发挥较大的主动权去追究犯罪，职权主义构造认为法官可以最大限度地依据自己的专业、理性、良心作出公正的判决，正确地打击犯罪。因此，C项正确。

D项，当事人主义限制了国家公权力机关的职权，发挥当事人在刑事诉讼中的主要作用，更大限度地实现了程序上保障人权的诉讼目的。职权主义更强调国家公权力机关的作用，虽然侧重点不同，但是二者都是以惩罚犯罪和保障人权为目的的，因此，不可以直接说当事人主义诉讼构造与控制犯罪就是矛盾的。因此，D项错误。

综上所述，本题答案为C项。

5. 在刑事诉讼中，法官消极中立，通过当事人举证、辩论发现事实真相，并由当事人推动诉讼进程。这种诉讼构造属于下列哪一种类型？(2013－2－23，单)[1]

A. 职权主义   B. 当事人主义

C. 纠问主义   D. 混合主义

【解析】 当事人主义注重当事人的作用，将开始和推动诉讼的主动权委于当事人，以当事人为主，法官在法庭上充当公断人的角色，控诉、辩护双方当事人在诉讼中居于主动地位，适用于程序上保障人权的诉讼目的；职权主义注重发挥国家专门机关在诉讼中的重要作用，特别是法官的主动指挥作用，适用于实体真实的诉讼目的；"纠问主义诉讼"是司法机关承担全部的犯罪追究活动，不论被害人是否诉讼；"混合主义"综合了职权主义和当事人主义的特点，例如日本既保留了法官主动依职权调查证据的权力，又大力借鉴当事人主义的因素，注重控辩双方平等对抗。因此"法官消极中立，通过当事人举证、辩论发现事实真相，并由当事人推动诉讼进程。"属于上述当事人主义的特点。

综上所述，本题答案为B项。

(三) 刑事诉讼的价值

1. 刑事诉讼的效益价值既包括效率，也包括在保证社会生产方面所产生效益，即刑事诉讼对推动社会经济发展方面的效益。下列关于刑事诉讼中的做法有哪些体现效益价值？(2018仿真题，多)[2]

A. 扩大人民陪审员的参审范围

---

[1] B [2] ABCD

B. 简易的案件，在派出所对被告人进行视频讯问

C. 对短期内无法回国出庭作证的证人，允许进行视频作证

D. 在看守所派驻值班律师为犯罪嫌疑人提供法律帮助的认罪认罚案件

【解析】若要实现效益价值就是一定的司法资源（人力、物力、财力等）下解决更多的刑事案件。

A项，人民陪审员的作用是参与、监督司法，扩大人民陪审员的参审范围能够缓解法院案多人少的压力。A选项正确。

B项，视频讯问被告人不仅节省了往来的路程时间，同时也节省了空间资源的消耗，实现讯问方式的多元化，提升诉讼的效率。B选项正确。

C项，根据刑事诉讼法的规定，证人若短期内无法回国属于不用出庭作证的正当理由，但是并不是免除了作证的义务，可以通过视频作证等方式替代，也节约了司法资源。因此C选项正确。

D项，认罪认罚从宽制度是推进案件繁简分流的重要方式，在认罪认罚案件中一方面犯罪嫌疑人、被告人以简便的诉讼程序进行刑事诉讼，减轻了诉累；另一方面节省了司法资源，实现诉讼效率的提高，D选项正确。

综上所述，本题答案为ABCD项。

2. 关于刑事诉讼价值的理解，下列哪一选项是错误的？（2015-2-22，单）[1]

A. 公正在刑事诉讼价值中居于核心的地位

B. 通过刑事程序规范国家刑事司法权的行使，是秩序价值的重要内容

C. 效益价值属刑事诉讼法的工具价值，而不属刑事诉讼法的独立价值

D. 适用强制措施遵循比例原则是公正价值的应有之义

【解析】A项，公正是刑事诉讼法所要追求的首要价值，在刑事诉讼价值中居于核心的地位。因此，A项正确，不当选。

B项，刑事诉讼要求依据法律的规定追究犯罪，司法权的正确行使体现了秩序的价值。因此，B项正确，不当选。

C项，刑事诉讼法的工具价值是为了保证刑法的实施，而独立价值是刑事诉讼法的制定和适用本身也在实现着秩序、公正、效益价值，而效益是刑事诉讼法的独立价值而非工具价值，因此，C项错误，当选。

D项，强制措施的遵循适度原则，这是程序公正的要求。因此，D项正确，不当选。

综上所述，本题为选非题，答案为C项。

3. 关于刑事诉讼的秩序价值的表述，下列哪些选项是正确的？（2012-2-64，多）[2]

A. 通过惩罚犯罪维护社会秩序

B. 追究犯罪的活动必须是有序的

C. 刑事司法权的行使，必须受到刑事程序的规范

D. 效率越高，越有利于秩序的实现

【解析】A、B项，秩序价值包括：通过惩治犯罪，维护社会秩序，即恢复被犯罪破坏的社会秩序以及预防社会秩序被犯罪所破坏；追究犯罪的活动是有序的。因此，A、B项正确。

---

〔1〕 C 〔2〕 ABC

C 项，"刑事司法权的行使，必须受到刑事程序的规范"体现了刑事诉讼中的法定程序。对刑事诉讼秩序价值的追求，意味着对抑制犯罪行为、保持社会的和平与稳定的期望，需要防止政府及其官员滥用权力而使社会成员没有安全保障。也即国家刑事司法权的行使，必须受到刑事程序的规范。因此，C 项正确。

D 项，刑事诉讼的秩序、公正、效益诸项价值都很重要，不可偏废。效率过高不一定会更有利于秩序实现，可能会扰乱秩序。因此，D 项错误。

综上所述，本题答案为 ABC 项。

第二章　刑事诉讼的基本原则

一、未经人民法院依法判决对任何人都不得确定有罪

1. 社会主义法治的公平正义，要通过法治的一系列基本原则加以体现。"未经法院依法判决，对任何人都不得确定有罪"是《刑事诉讼法》确立的一项基本原则。关于这一原则，下列哪些说法是正确的？（2013－2－64，多）[1]

A. 明确了定罪权的专属性，法院以外任何机关、团体和个人都无权行使这一权力

B. 确定被告人有罪需要严格依照法定程序进行

C. 表明我国刑事诉讼法已经全面认同和确立无罪推定原则

D. 按照该规定，可以得出疑罪从无的结论

【解析】AB项，我国《刑事诉讼法》第12条规定："未经人民法院依法判决，对任何人都不得确定有罪。"它的含义包括以下两点：明确规定了确定被告人有罪的权力（即定罪权）只能由人民法院统一行使，其他任何机关、团体和个人都无权行使。定罪权是刑事审判权的核心，人民法院作为我国唯一的审判机关，代表国家统一独立行使刑事审判权。人民法院判决被告人有罪，必须严格依照法定程序。A、B项该表述与上述相符合。因此，A、B项正确。

C项，根据《刑事诉讼法》第12条的规定，可以得出两条结论：一是定罪权只能由法院统一行使，其他任何机关都不能行使；二是法院行使定罪权应当依法行使。根据以上两项内容无法推导出无罪推定原则，因此其只能表明我国刑事诉讼法吸收了无罪推定的精神，但是不能说我国已经确立了无罪推定原则。因此，C项错误。

D项，"疑罪从无"体现在审判阶段，对于证据不足、不能认定被告人有罪的，人民法院应当作出证据不足、指控罪名不能成立的无罪判决。根据证明责任的分配以及现代无罪推定原则的要求，疑案要作疑罪从无处理。从无罪推定原则可以推导出疑罪从无的精神，但从人民法院专属定罪权原则不能得出疑罪从无的结论。因此，D项错误。

综上所述，本题答案为AB项。

二、严格遵守法律程序原则

1. 某市发生一起社会影响较大的绑架杀人案。在侦查阶段，因案情重大复杂，市检察院提前介入侦查工作。检察官在开展勘验、检查等侦查措施时在场，并就如何进一步收集、固定和完善证据以及适用法律向公安机关提出了意见，对已发现的侦查活动中的违法行为提出了纠正意见。关于检察院提前介入侦查，下列哪些选项是正确的？（2017－2－64，多）[2]

A. 侵犯了公安机关的侦查权，违反了侦查权、检察权、审判权由专门机关依法行使的

---

〔1〕　AB　〔2〕　BCD

原则

  B. 体现了分工负责，互相配合，互相制约的原则

  C. 体现了检察院依法对刑事诉讼实行法律监督的原则

  D. 有助于严格遵守法律程序原则的实现

  【解析】AB项，分工负责指法院、检察院、公安机关在刑事诉讼中根据法律明确的职权分工，应当在法定范围内行使职权，各司其职，各负其责，既不能相互替代，也不能相互推诿。互相配合指法院、检察院、公安机关进行刑事诉讼，应当在分工负责的基础上，相互支持，通力合作，使案件处理能上下衔接、协调一致，共同完成查明案件事实，追究、惩罚犯罪的任务。互相制约指法院、检察院、公安机关进行刑事诉讼，应当按照职能分工和程序上的设置，相互约束，相互制衡，防止发生错误或及时纠正错误，保证准确执行法律，做到不错不漏，不枉不纵。A项检察院是合法的介入侦查活动行使监督权，并没有侵犯公安的侦查权。B项检察院介入侦查体现了两个机关之间的制约。因此，A项错误、B项正确。

  C项，根据《刑事诉讼法》中规定，人民检察院依法对刑事诉讼实行法律监督，包括对侦查活动的监督，人民检察院在审查批准逮捕工作中，如果发现公安机关的侦查活动有违法情况，应当通知公安机关予以纠正，公安机关应当将纠正情况通知人民检察院。人民检察院提前介入后纠正违法行为，体现了法律监督机关的职能。因此，C项正确。

  D项，检察机关监督侦查活动的合法性目的是为了遵守法定程序，防止程序违法出现。因此，D项正确。

  综上所述，本题答案为BCD项。

  2. 关于程序法定，下列哪些说法是正确的？（2015 - 2 - 64，多）[1]

  A. 程序法定要求法律预先规定刑事诉讼程序

  B. 程序法定是大陆法系国家法定原则的重要内容之一

  C. 英美国家实行判例制度而不实行程序法定

  D. 以法律为准绳意味着我国实行程序法定

  【解析】A项，程序法定原则在于约束国家追诉权，不得因特定的案件或特定的人而事后设立刑事诉讼程序，因此程序法定原则在立法方面要求刑事诉讼程序应当由法律事先明确规定。因此，A项正确。

  B项，不同国家确立程序法定原则的形式有所不同。大陆法系国家程序法定原则与罪刑法定原则共同构成法定原则的内容，即罪刑法定原则和程序法定原则，所以程序法定是大陆法系国家法定原则的重要内容之一。因此，B项正确。

  C项，英美法系国家是判例法传统，注重遵循先例，正当程序原则是其确立程序法定原则的表现。因此，C项错误。

  D项，程序法定原则要求刑事诉讼活动应当依据国家法律规定的刑事程序来进行。以法律为准绳包含两层含义，不仅要求依实体法进行裁判，同时也要严格依照程序法的规定进行裁判，所以以法律为准绳意味着我国实行程序法定。因此，D项正确。

  综上所述，本题答案为ABD项。

---

[1] ABD

三、人民检察院依法对刑事诉讼实行法律监督

1. 张某发现甲企业在生产有毒有害食品，于是向 A 县质量监督局举报。A 县质量监督局受理后经过调查发现甲企业已经构成生产有毒有害食品罪，遂将案件移送给 A 县公安局立案侦查。A 县公安局审查后作出不予立案的决定。关于张某与 A 县质量监督局的诉讼权利，下列哪一选项是正确的？（2018 仿真题，单）〔1〕

A. 张某可以向作出不予立案决定的公安机关申请复议

B. 张某可以向作出不予立案决定的公安机关的上一级公安机关申请复核

C. A 县质量监督局可以向作出不予立案决定的公安机关申请复议

D. A 县质量监督局可以向作出不予立案决定的公安机关的上一级公安机关申请复核

【解析】本案中，张某并不是控告人身份，而是举报人身份，因此不享有控告人的复议复核权。据此，A、B 选项错误。《公安部规定》第 181 条规定："移送案件的行政执法机关对不予立案决定不服的，可以在收到不予立案通知书后 3 日以内向作出决定的公安机关申请复议；公安机关应当在收到行政执法机关的复议申请后 3 日以内作出决定，并书面通知移送案件的行政执法机关。"由此可见，移送案件的行政执法机关对公安机关不立案决定不服的，可以申请复议，但不能申请复核。据此，C 项正确，D 项错误。

综上，本题答案为 C。

四、认罪认罚从宽原则

1. 认罪认罚从宽原则是我国刑事诉讼法规定的一项基本原则。下列关于认罪认罚从宽原则的理解，说法正确的有：（2020 仿真题，多）〔2〕

A. 认罪是指犯罪嫌疑人、被告人自愿如实供述自己的罪行，对指控的犯罪事实没有异议

B. 犯罪嫌疑人、被告人犯数罪，仅如实供述其中一罪或部分罪名事实的，全案不作"认罪"的认定，不适用认罪认罚从宽制度

C. 认罚在审查起诉阶段表现为接受人民检察院拟作出的起诉或不起诉决定，认可人民检察院的量刑建议，签署认罪认罚具结书

D. 犯罪嫌疑人、被告人虽然表示"认罚"，但不同意适用速裁程序的，不作"认罚"的认定，不适用认罪认罚从宽制度

【解析】认罪认罚从宽原则是指犯罪嫌疑人、被告人自愿如实供述自己的罪行，承认指控的犯罪事实，愿意接受处罚的，可以依法从宽处理。刑事诉讼法第 15 条规定的"认罪"，是指犯罪嫌疑人、被告人自愿如实供述自己的罪行，对指控的犯罪事实没有异议。刑事诉讼法第 15 条规定的"认罚"，是指犯罪嫌疑人、被告人真诚悔罪，愿意接受处罚。

A 项，根据《刑诉解释》第 347 条规定，及上述解释，故 A 项正确。

B 项，若犯罪嫌疑人、被告人犯数罪的，全案没有作"认罪"的认定，仅对其中一个或者部分罪名如实供述，不适用认罪认罚从宽原则。法条依据为《关于适用认罪认罚从宽制度的指导意见》中第 6 条，故 B 项正确。

C 项，根据《关于适用认罪认罚从宽制度的指导意见》中第 7 条规定，"认罚"，在审查起诉阶段表现为接受人民检察院拟作出的起诉或不起诉决定，认可人民检察院的量刑建议，签署认罪认罚具结书，故 C 项正确。

---

〔1〕 C 〔2〕 ABC

D项，是否同意使用速裁程序不影响"认罪认罚从宽原则"的具体适用，根据《关于适用认罪认罚从宽制度的指导意见》中第7条规定，"认罚"考察的重点是犯罪嫌疑人、被告人的悔罪态度和悔罪表现，应当结合退赃退赔、赔偿损失、赔礼道歉等因素考量。D项错误。

综上所述，本题答案为ABC项。

五、具有法定情形不予追究刑事责任原则

1. 社会主义法治要通过法治的一系列原则加以体现。具有法定情形不予追究刑事责任是《刑事诉讼法》确立的一项基本原则，下列哪一案件的处理体现了这一原则？（2014－2－23，单）[1]

A. 甲涉嫌盗窃，立案后发现涉案金额400余元，公安机关决定撤销案件

B. 乙涉嫌抢夺，检察院审查起诉后认为犯罪情节轻微，不需要判处刑罚，决定不起诉

C. 丙涉嫌诈骗，法院审理后认为其主观上不具有非法占有他人财物的目的，作出无罪判决

D. 丁涉嫌抢劫，检察院审查起诉后认为证据不足，决定不起诉

【解析】《刑事诉讼法》第16条规定："有下列情形之一的，不追究刑事责任，已经追究的，应当撤销案件，或者不起诉，或者终止审理，或者宣告无罪：（一）情节显著轻微、危害不大，不认为是犯罪的；（二）犯罪已过追诉时效期限的；（三）经特赦令免除刑罚的；（四）依照刑法告诉才处理的犯罪，没有告诉或者撤回告诉的；（五）犯罪嫌疑人、被告人死亡的；（六）其他法律规定免予追究刑事责任的。"

A项，根据《办理盗窃刑事案件适用法律若干问题的解释》第1条第1款规定，盗窃公私财物价值1000元至3000元以上、3万元至10万元以上、30万元至50万元以上的，应当分别认定为《刑法》第264条规定的"数额较大""数额巨大""数额特别巨大"，通过上述规定可以看出，立案后侦查阶段发现涉案金额400元未达到刑法要求的起刑点，不足以追究刑事责任，属于上述（一）项，故撤销案件。因此，A项正确。

B项，在审查起诉环节，检察机关认为情节"显著轻微"，危害不大，根据刑法不认为是犯罪的，应当作出法定不起诉的处理；而如果检察机关认为犯罪情节"轻微"，依照刑法规定不需要判处刑罚或者免除刑罚的，可以作出酌定不起诉的处理。本题中B选项属于酌定不起诉制度。因此，B项错误。

C项，"主观上不具有非法占有他人财物的目的"的含义是被告人没有犯罪故意，因此不构成犯罪。作出无罪判决是通过开庭审理案件所作出的裁判，不属于《刑事诉讼法》第16条规定的六种不追究刑事责任的情形。因此，C项错误。

D项，丁涉嫌抢劫，检察院审查起诉后认为证据不足所作出的存疑不起诉，是指在现阶段搜集到的证据不足以支持检察院对丁提起公诉，不属于《刑事诉讼法》第16条规定的六种不追究刑事责任的情形。因此，D项错误。

综上所述，本题答案为A项。

六、犯罪嫌疑人、被告人有权获得辩护原则

1. 关于犯罪嫌疑人、被告人有权获得辩护原则，下列哪些说法是正确的？（2011－2－64，多）[2]

---

[1] A [2] AD

A. 在任何情况下，对任何犯罪嫌疑人、被告人都不得以任何理由限制或者剥夺其辩护权

B. 辩护权是犯罪嫌疑人、被告人最基本的诉讼权利，有关机关应当为每个犯罪嫌疑人、被告人免费提供律师帮助

C. 为保障辩护权，任何机关都有为犯罪嫌疑人、被告人提供辩护帮助的义务

D. 辩护不应当仅是形式上的，而且应当是实质意义上的

【解析】AD 项，《刑事诉讼法》第 11 条规定，人民法院审判案件，被告人有权获得辩护，人民法院有义务保证被告人获得辩护。辩护权是犯罪嫌疑人、被告人最基本的诉讼权利，应当充分保障犯罪嫌疑人、被告人行使，不得以任何理由限制或剥夺，且仅从立法上规定辩护权的保障是远远不够的，还需要在司法实践中切实保障犯罪嫌疑人、被告人辩护权的行使。故 A、D 项正确。

B 项，根据《刑事诉讼法》第 35 条的规定："犯罪嫌疑人、被告人因经济困难或者其他原因没有委托辩护人的，本人及其近亲属可以向法律援助机构提出申请。对符合法律援助条件的，法律援助机构应当指派律师为其提供辩护。犯罪嫌疑人、被告人是盲、聋、哑人，或者是尚未完全丧失辨认或者控制自己行为能力的精神病人，没有委托辩护人的，人民法院、人民检察院和公安机关应当通知法律援助机构指派律师为其提供辩护。犯罪嫌疑人、被告人可能被判处无期徒刑、死刑，没有委托辩护人的，人民法院、人民检察院和公安机关应当通知法律援助机构指派律师为其提供辩护。"可知法律援助辩护不是为每一个犯罪嫌疑人、被告人提供，需要犯罪嫌疑人、被告人符合一定的条件才可以，故 B 项错误。

C 项，并非任何机关都有义务负责提供法律援助，对于法律规定应当提供法律援助的主体，也只有公、检、法有职责为犯罪嫌疑人、被告人通知法律援助，故 C 项错误。

综上所述，本题答案为 AD 项。

七、保障诉讼参与人诉讼权利原则

1. 关于保障诉讼参与人的诉讼权利原则，下列哪些选项是正确的？（2016 - 2 - 65，多）[1]

A. 是对《宪法》和《刑事诉讼法》尊重和保障人权的具体化

B. 保障诉讼参与人的诉讼权利，核心在于保护犯罪嫌疑人、被告人的辩护权

C. 要求诉讼参与人在享有诉讼权利的同时，还应承担法律规定的诉讼义务

D. 保障受犯罪侵害的人的起诉权和上诉权，是这一原则的重要内容

【解析】A 项，我国《宪法》和《刑事诉讼法》均明确规定应尊重和保障人权，应保护公民的人身权利、财产权利、民主权利和其他权利，而保障诉讼参与人诉讼权利原则是尊重和保障人权的重要组成部分，该原则的规定是对《宪法》与《刑事诉讼法》中的人权条款进行了细化的诠释。A 项正确。

B 项，刑事诉讼的核心就是在国家专门机关和相关诉讼参与人参与下，解决犯罪嫌疑人、被告人刑事责任问题。可以说，犯罪嫌疑人、被告人是刑事诉讼活动的核心焦点。因此保障诉讼参与人的诉讼权利的核心在于保护犯罪嫌疑人、被告人的辩护权，B 项正确。

C 项，诉讼参与人在享有诉讼权利的同时，还应当承担法律规定的诉讼义务。权利和义务是相对的。C 项正确。

〔1〕 ABC

D 项，刑事诉讼中受侵害的人可分为公诉案件的被害人、自诉案件的自诉人，而在公诉案件中起诉权属于检察院行使，被害人没有起诉权，有控告权，没有上诉权，有申请抗诉权；而在自诉案件中自诉人既有起诉权，也有上诉权，故 D 项错误。

综上所述，本题答案为 ABC 项。

八、人民法院、人民检察院依法独立行使职权原则

1. 人民法院、人民检察院依法独立行使职权是司法改革的重要目标。下列关于人民法院、人民检察院依法独立行使职权说法不正确的是：（2018 仿真题，单）[1]

A. 人民法院、人民检察院依照法律规定独立行使审判权、检察权，不受行政机关、社会团体和个人的干涉，也不受党和人大的监督

B. 人民法院工作人员在审理相关案件时，以本人或者他人名义持有与所审理案件相关的上市公司股票的，应主动申请回避

C. 健全维护司法权威的法律制度。完善惩戒妨碍司法机关依法行使职权、拒不执行生效裁判和决定、藐视法庭权威等违法犯罪行为的法律规定

D. 非因法定事由，非经法定程序，不得将法官、检察官调离、辞退或者作出免职、降级等处分

【解析】A 项，人民法院、人民检察院确实依法独立行使审判权，不受行政机关、社会团体和个人的干涉，但是仍然需要接受党的领导，接受各级人民代表大会的监督，故 A 项表述错误。

B 项，根据《刑事诉讼法》第 29 条的规定："审判人员、检察人员、侦查人员有下列情形之一的，应当自行回避，当事人及其法定代理人也有权要求他们回避：（一）是本案的当事人或者是当事人的近亲属的；（二）本人或者他的近亲属和本案有利害关系的；（三）担任过本案的证人、鉴定人、辩护人、诉讼代理人的；（四）与本案当事人有其他关系，可能影响公正处理案件的。"因此人民法院工作人员在审理相关案件时，以本人或者他人名义持有与所审理案件相关的上市公司股票的，应主动申请回避，以实现公正与中立，故 B 项正确。

C 项，健全维护司法权威的法律制度。完善惩戒妨碍司法机关依法行使职权、拒不执行生效裁判和决定、藐视法庭权威等违法犯罪行为的法律规定属于我国刑事诉讼法中规定的人民法院、人民检察院依法独立行使职权的要求，故 C 项正确

D 项，建立健全司法人员履行法定职责保护机制。非因法定事由，非经法定程序，不得将法官、检察官调离、辞退或者作出免职、降级等处分为人民法院、人民检察院依法独立行使职权的要求之一，故 D 项正确。

综上所述，本题为选非题，本题答案为 A 项。

九、综合

1. 关于刑事诉讼基本原则，下列哪些说法是正确的？（2014 - 2 - 65，多）[2]

A. 体现刑事诉讼基本规律，有着深厚的法律理论基础和丰富的思想内涵

B. 既可由法律条文明确表述，也可体现于刑事诉讼法的指导思想、目的、任务、具体制度和程序之中

C. 既包括一般性原则，也包括独有原则

---

[1] A　[2] ABC

D. 与规定具体制度、程序的规范不同，基本原则不具有法律约束力，只具有倡导性、指引性

【解析】A项，刑事诉讼法原则的特点之一是体现刑事诉讼活动的基本规律，有着深厚的法律理论基础和丰富的思想内涵，是对刑事诉讼过程具有普遍或者重大指导意义的原则。因此，A项正确。

B项，刑事诉讼法原则的特点之二是既可以由法律明确规定，包括宪法或宪法性文件、刑事诉讼法等，也可以体现于刑事诉讼法的指导思想、目的、任务、具体制度和程序之中。因此，B项正确。

C项，刑事诉讼法的基本原则的分类分为一般原则与刑事诉讼所独有的原则，前者包括（1）以事实为根据，以法律为准绳原则；（2）公民在法律面前一律平等原则；（3）各民族公民有权使用本民族语言文字进行诉讼原则；（4）审判公开原则；（5）保障诉讼参与人的诉讼权利原则，等等。后者包括：（1）侦查权、检察权、审判权由专门机关依法行使原则；（2）人民法院、人民检察院依法独立行使职权原则；（3）分工负责、互相配合、互相制约原则；（4）犯罪嫌疑人、被告人有权获得辩护原则，等等。因此，C项正确。

D项，基本原则虽然较为抽象和概括，但各项具体的诉讼制度和程序都必要与之相符合。而且，在具体诉讼制度没有作出详细规定的时候，可以直接适用刑事诉讼法的基本原则，即刑事诉讼原则具有弥补法律规定不足和填补法律漏洞的功能。因此，D项错误。

综上所述，本题答案为ABC项。

第三章　刑事诉讼中的专门机关和诉讼参与人

一、国家专门机关

（一）公、检、法的性质、组织体系与职权

1. 某案件经中级法院一审判决后引起社会的广泛关注。为回应社会关注和保证办案质量，在案件由高级法院作出二审判决前，基于我国法院和检察院的组织体系与上下级关系，最高法院和最高检察院可采取下列哪些措施？（2017－2－65，多）[1]

A. 最高法院可听取高级法院对该案的汇报并就如何审理提出意见

B. 最高法院可召开审判业务会议对该案的实体和程序问题进行讨论

C. 最高检察院可听取省检察院的汇报并对案件事实、证据进行审查

D. 最高检察院可决定检察机关在二审程序中如何发表意见

【解析】AB项，《最高人民法院关于规范上下级人民法院审判业务关系的若干意见》第2条规定："各级人民法院在法律规定范围内履行各自职责，依法独立行使审判权。"据此可知，上下级法院是一种监督和被监督的关系，上级法院不得直接干涉下级法院的具体办案。我国上下级法院之间的监督，必须通过法定程序进行，即改变管辖、二审程序、死刑复核程序、再审程序等，不能互相干涉。因此，A、B项错误。

CD项，《检察院组织法》第10条规定："最高人民检察院是最高检察机关。最高人民检察院领导地方各级人民检察院和专门人民检察院的工作，上级人民检察院领导下级人民检察院的工作。"可见，我国上下级检察院之间是领导关系，而最高人民检察院领导地方各级人民检察院和专门检察院的工作，上级人民检察院领导下级人民检察院的工作，并可以直接参与指挥下级检察院的办案活动。因此，CD项正确。

综上所述，本题答案为CD项。

2. 关于公检法机关的组织体系及其在刑事诉讼中的职权，下列哪些选项是正确的？（2015－2－65，多）[2]

A. 公安机关统一领导、分级管理，对超出自己管辖的地区发布通缉令，应报有权的上级公安机关发布。

B. 基于检察一体化，检察院独立行使职权是指检察系统整体独立行使职权。

C. 检察院上下级之间是领导关系，上级检察院认为下级检察院二审抗诉不当的，可直接向同级法院撤回抗诉。

D. 法院上下级之间是监督指导关系，上级法院如认为下级法院审理更适宜，可将自己管

辖的案件交由下级法院审理。

【解析】A项，根据《刑事诉讼法》可知各级公安机关在自己管辖的地区以内，可以直接发布通缉令；超出自己管辖的地区，应当报请有权决定的上级机关发布。因此，A项正确。

B项，检察院独立行使检察权，实质上是指检察一体化，即独立行使检察权是建立在检察系统为一个整体的基础上。我国人民检察院上下级之间是领导与被领导的关系，上级人民检察院有权就具体案件对下级人民检察院作出命令、指示。因此，B项正确。

C项，人民检察院上下级之间是领导与被领导的关系，上级人民检察院有权就具体案件对下级人民检察院作出命令、指示。但是根据新出的《最高检规则》可知上级人民检察院如果认为抗诉不当，可以向同级人民法院撤回抗诉，并且通知下级人民检察院。因此，C项正确。

D项，人民法院上下级之间是监督与被监督的关系。根据《刑事诉讼法》第24条规定可知，上级人民法院不能将自己管辖的案件交由下级人民法院审理，即法院应当受到级别管辖的规制，下级法院绝不可以审判应由上级法院审判的案件。因此，D项错误。

综上所述，本题答案为ABC项。

二、当事人

1. 犯罪嫌疑人、被告人在刑事诉讼中享有的诉讼权利可分为防御性权利和救济性权利。下列哪些选项属于犯罪嫌疑人、被告人享有的救济性权利？（2017-2-67，多）[1]

    A. 侦查机关讯问时，犯罪嫌疑人有申辩自己无罪的权利

    B. 对办案人员人身侮辱的行为，犯罪嫌疑人有提出控告的权利

    C. 对办案机关应退还取保候审保证金而不退还的，犯罪嫌疑人有申诉的权利

    D. 被告人认为一审判决量刑畸重，有提出上诉的权利

【解析】ABCD项，防御性权利，是指犯罪嫌疑人、被告人为对抗追诉方的指控、抵消其控诉效果所享有的诉讼权利。主要包括：（1）有权使用本民族语言文字进行诉讼；（2）辩护权；（3）拒绝回答权；（4）被告人有权在开庭前10日内收到起诉书副本；（5）参加法院调查权；（6）参加法庭辩论权；（7）最后陈述权；（8）反诉权。救济性权利，是指犯罪嫌疑人、被告人对国家专门机关所作的对其不利的行为、决定或裁判，要求另一专门机关予以审查并作出改变或撤销的诉讼权利。主要包括：（1）对驳回申请回避的决定的，有权申请复议；（2）对侵犯其诉讼权利和人身侮辱的行为，有权提出控告；（3）对于人民法院、人民检察院和公安机关采取强制措施超过法定期限的，有权要求解除；（4）申诉权；（5）上诉权。A项属于防御性权利，BCD项属于救济性权利。根据上述②④⑤规定，控告权、申诉权、上诉权属于救济性权利。因此，A项错误，BCD项正确。

综上所述，本题答案为BCD项。

2. 关于刑事诉讼当事人中的被害人的诉讼权利，下列哪些选项是正确的？（2015-2-66，多）[2]

    A. 撤回起诉、申请回避   B. 委托诉讼代理人、提起自诉

    C. 申请复议、提起上诉   D. 申请抗诉、提出申诉

【解析】ABCD项，刑事诉讼中，当事人共同享有的权利包括：用本民族语言文字进行诉讼；申请回避权；控告权；有权参加法庭调查和法庭辩论，向证人发问并质证，辨认物证和其

---

[1] BCD   [2] BD

他证据，并就证据发表意见，申请通知新的证人到庭和调取新的物证，申请重新勘验或者鉴定，互相辩论等。被害人在刑事诉讼中除享有当事人共有的诉讼权利外，还享有以下诉讼权利：申请复议权；申诉权；委托诉讼代理人的权利；自诉权；申请抗诉权等。可知，被害人没有撤回起诉、提起上诉的权利。因此，AC项错误，BD项正确。根据上述诉讼权利的规定，被害人有权申请回避，被害人无权决定公诉案件撤诉。被害人有申请复议权，但被害人对公诉案件一审判决不服，没有上诉权，只能申请检察院抗诉。被害人有权委托诉讼代理人、提起自诉，申请抗诉、提出申诉。因此，AC项错误，BD项正确。

综上所述，本题答案为 BD 项。

3. 关于被害人在刑事诉讼中的权利，下列哪一项是正确的？（2014－2－25，单）[1]

A. 自公诉案件立案之日起有权委托诉讼代理人

B. 对因作证而支出的交通、住宿、就餐等费用，有权获得补助

C. 对法院作出的强制医疗决定不服的，可向作出决定的法院申请复议一次

D. 对检察院作出的附条件不起诉决定不服的，可向上一级检察院申诉

【解析】A 项，根据《刑事诉讼法》第 46 条第 1 款规定："公诉案件的被害人及其法定代理人或者近亲属，附带民事诉讼的当事人及其法定代理人，自案件移送审查起诉之日起，有权委托诉讼代理人。自诉案件的自诉人及其法定代理人，附带民事诉讼的当事人及其法定代理人，有权随时委托诉讼代理人。"所以 A 项错误。

B 项，《刑事诉讼法》第 65 条第 1 款规定："证人因履行作证义务而支出的交通、住宿、就餐等费用，应当给予补助。证人作证的补助列入司法机关业务经费，由同级政府财政予以保障。"可知，该规定是证人的相关规定，与被害人无关。故 B 项错误。

C 项，《刑事诉讼法》第 305 条第 2 款规定："被决定强制医疗的人、被害人及其法定代理人、近亲属对强制医疗决定不服的，可以向上一级人民法院申请复议。"可知，应该是向上一级法院申请复议，而不是向作出决定的法院申请复议。C 项错误。

D 项，《人民检察院办理未成年人刑事案件的规定》第 33 条第 1 款和第 2 款规定：人民检察院作出附条件不起诉的决定后，应当制作附条件不起诉决定书，并在 3 日以内送达公安机关、被害人或者其近亲属及其诉讼代理人、未成年犯罪嫌疑人及其法定代理人、辩护人。送达时，应当告知被害人或者其近亲属及其诉讼代理人，如果对附条件不起诉决定不服，可以自收到附条件不起诉决定书后 7 日以内向上一级人民检察院申诉。根据该规定，D 项正确。

综上所述，本题答案为 D 项。

三、其他诉讼参与人

（一）法定代理人与诉讼代理人

1. 关于诉讼代理人参加刑事诉讼，下列哪一说法是正确的？（2012－2－24，单）[2]

A. 诉讼代理人的权限依据法律规定而设定

B. 除非法律有明文规定，诉讼代理人也享有被代理人享有的诉讼权利

C. 诉讼代理人应当承担被代理人依法负有的义务

D. 诉讼代理人的职责是帮助被代理人行使诉讼权利

【解析】刑事诉讼中的代理可分为两种：一种是法定代理，即基于法律规定而产生的代

---

[1] D [2] D

理；二是委托代理，即基于被代理人的委托、授权而产生的代理。法定代理与委托代理在其代理人的范围、权利与义务等方面有所不同。法定代理人是由法律规定的对被代理人负有专门保护义务并代其进行诉讼的人。诉讼代理人是基于被代理人的委托而代表被代理人参与刑事诉讼的人，范围包括律师；社会团体或所在单位推荐的人；被代理人的监护人或者亲友。

A 项，法定代理人的诉讼权限是依据法律规定而设定，而委托代理则根据被代理人的委托、授权。因此，A 项错误。

B 项，诉讼代理人只能在被代理人授权范围内进行诉讼活动，既不得超越代理范围，也不能违背被代理人的意志。如果没有被代理人的授权，诉讼代理人代替被代理人进行的诉讼活动就不具有法律效力。因此，B 项错误。

CD 项，代理是指以被代理人的名义参加诉讼，由被代理人承担代理行为的法律后果的一项诉讼活动。因此诉讼代理人的职责只是帮助被代理人行使诉讼权利，而由此产生的诉讼义务仍然由被代理人承担。因此，C 项错误，D 项正确。

综上所述，本题答案为 D 项。

（二）证人与鉴定人

1. 在袁某涉嫌故意杀害范某的案件中，下列哪些人员属于诉讼参与人？（2017 - 2 - 66，多）[1]

A. 侦查阶段为袁某提供少数民族语言翻译的翻译人员

B. 公安机关负责死因鉴定的法医

C. 就证据收集合法性出庭说明情况的侦查人员

D. 法庭调查阶段就范某死因鉴定意见出庭发表意见的有专门知识的人

【解析】刑事诉讼主体是所有参与刑事诉讼活动，在刑事诉讼中享有一定权利、承担一定义务的国家专门机关和诉讼参与人。其中承担基本诉讼职能的专门机关和当事人是主要的诉讼主体，其他诉讼参与人是一般诉讼主体。国家专门机关工作人员不是诉讼参与人，他们在诉讼中的地位就是专门机关工作人员。因此，案件中的侦查人员、公诉人、法官、人民陪审员不是诉讼参与人。诉讼参与人包括两种：一为直接影响诉讼进程并且与诉讼结果有直接利害关系的诉讼当事人，包括犯罪嫌疑人、被告人、被害人、自诉人、附带民事诉讼的原告人和被告人；二是协助国家专门机关和诉讼当事人进行诉讼活动的其他诉讼参与人，包括法定代理人、诉讼代理人、辩护人、证人、鉴定人和翻译人员等。

A 项，翻译人员属于诉讼参与人。因此，A 项正确。

B 项，鉴定人属于诉讼参与人。因此，B 项正确。

C 项，侦查人员属于专门机关人员。因此，C 项错误。

D 项，有专门知识的人不属于诉讼参与人。因此，D 项错误。

综上所述，本题答案为 AB 项。

2. 关于证人证言与鉴定意见，下列哪一选项是正确的？（2015 - 2 - 23，单）[2]

A. 证人证言只能由自然人提供，鉴定意见可由单位出具

B. 生理上、精神上有缺陷的人有时可以提供证人证言，但不能出具鉴定意见

C. 如控辩双方对证人证言和鉴定意见有异议的，相应证人和鉴定人均应出庭

D. 证人应出庭而不出庭的，其庭前证言仍可能作为证据；鉴定人应出庭而不出庭的，鉴定意见不得作为定案根据

【解析】A项，在刑事诉讼法中，因为证人是以自己的感官感知案情为前提来提供证言的，故证人证言只能由自然人作出，单位不能作证人。而鉴定意见必须有自然人鉴定人的签名，不能只有鉴定单位的名称和盖章，因此不能由单位出具，故A项错误。

B项，根据《刑事诉讼法》第62条规定："凡是知道案件情况的人，都有作证的义务。生理上、精神上有缺陷或者年幼，不能辨别是非、不能正确表达的人，不能作证人。"《刑诉法解释》第98条规定："鉴定意见具有下列情形之一的，不得作为定案的根据：（一）鉴定机构不具备法定资质，或者鉴定事项超出该鉴定机构业务范围、技术条件的；（二）鉴定人不具备法定资质，不具有相关专业技术或者职称，或者违反回避规定的；（三）送检材料、样本来源不明，或者因污染不具备鉴定条件的；（四）鉴定对象与送检材料、样本不一致的；（五）鉴定程序违反规定的；（六）鉴定过程和方法不符合相关专业的规范要求的；（七）鉴定文书缺少签名、盖章的；（八）鉴定意见与案件待证事实没有关联的；（九）违反有关规定的其他情形。"可知要排除一个了解案件情况的人作为证人的资格，须同时符合以下两个条件：一是生理上、精神上有缺陷或者年幼；二是不能辨别是非、不能正确表达，即生理上有缺陷的人有时可以担任鉴定人。故B项错误。

C项，根据《刑事诉讼法》第192条规定："公诉人、当事人或者辩护人、诉讼代理人对证人证言有异议，且该证人证言对案件定罪量刑有重大影响，人民法院认为证人有必要出庭作证的，证人应当出庭作证。人民警察就其执行职务时目击的犯罪情况作为证人出庭作证，适用前款规定。公诉人、当事人或者辩护人、诉讼代理人对鉴定意见有异议，人民法院认为鉴定人有必要出庭的，鉴定人应当出庭作证。经人民法院通知，鉴定人拒不出庭作证的，鉴定意见不得作为定案的根据。"可知，人民法院认为有必要出庭的，才应当出庭。C项错误。

D项，《刑诉解释》第91条第3款规定：经人民法院通知，证人没有正当理由拒绝出庭或者出庭后拒绝作证，法庭对其证言的真实性无法确认的，该证人证言不得作为定案的根据。《刑诉解释》第99条第1款规定："经人民法院通知，鉴定人拒不出庭作证的，鉴定意见不得作为定案的根据。"根据上述规定可以看出，可知，证人应出庭而不出庭的，只有在其庭前证言的真实性无法确认的情况下才予以排除，而鉴定人应出庭而不出庭的，鉴定意见不得作为定案依据。D项正确。

综上所述，本题答案为D项。

3. 关于鉴定人与鉴定意见，下列哪一选项是正确的？（2014－2－29，单）[1]

A. 经法院通知，鉴定人无正当理由拒不出庭的，可由院长签发强制令强制其出庭

B. 鉴定人有正当理由无法出庭的，法院可中止审理，另行聘请鉴定人重新鉴定

C. 经辩护人申请而出庭的具有专门知识的人，可向鉴定人发问

D. 对鉴定意见的审查和认定，受到意见证据规则的规制

【解析】AB项，根据《刑诉解释》第99条规定：经人民法院通知，鉴定人拒不出庭作证的，鉴定意见不得作为定案的根据。鉴定人由于不能抗拒的原因或者有其他正当理由无法出庭的，人民法院可以根据情况决定延期审理或者重新鉴定。对没有正当理由拒不出庭作证的鉴定

---

[1] C

人，人民法院应当通报司法行政机关或者有关部门。以及《刑诉解释》第255条规定：强制证人出庭的，应当由院长签发强制证人出庭令，由法警执行。必要时，可以商请公安机关协助。可知，对于证人可以由法院签发强制出庭令强制出庭，但关于鉴定人，立法及司法解释没有强制鉴定人出庭的相关规定，若鉴定人有正当理由无法出庭的，法院可延期审理，故A、B项错误。

C项，《刑事诉讼法》第197条第2款规定："公诉人、当事人和辩护人、诉讼代理人可以申请法庭通知有专门知识的人出庭，就鉴定人作出的鉴定意见提出意见。"向鉴定人发问是有专门知识的人就鉴定意见提出意见的重要方式，可见，有专门知识的人出庭的目的就是向鉴定人发问，C项正确。

D项，意见证据规则，是指证人作证只能陈述自己体验的过去的事实，而不能将自己的判断意见和推测作为证言的内容。根据《刑诉解释》第88条第2款规定：证人的猜测性、评论性、推断性的证言，不得作为证据使用，但根据一般生活经验判断符合事实的除外。即证人只能客观陈述看到或者感知的事实，不能提推断性意见。意见证据规则规制证人作证，与鉴定人、鉴定意见无关。D项错误。

综上所述，本题答案为C项。

（三）综合

1. 某幼儿园老师甲因4岁的小朋友小杨午休期间吵闹而用针扎了他。同是4岁的小刘目睹了小杨被针扎的过程。小刘放学后把小杨被老师针扎的事情告诉了自己妈妈。小刘妈妈随即报警。甲因涉嫌犯罪被公安机关立案侦查。关于本案，下列说法正确的是？（2018仿真题，多）[1]

A. 因小刘对所证事实具有辨别能力，符合其智力水平，其证言可以作为定案的依据

B. 4岁的小杨作为被害人可以对犯罪嫌疑人甲进行辨认

C. 由于小杨的辨认笔录没有见证人的签名，该辨认笔录不能作为定案的依据

D. 小杨的母亲与案件有利害关系，其证言不可以作为定案的依据

【解析】A项，《刑事诉讼法》第62条规定："凡是知道案件情况的人，都有作证的义务。生理上、精神上有缺陷或者年幼，不能辨别是非、不能正确表达的人，不能作证人。"据此，要排除一个年幼的人作证的资格，必须还得符合"不能辨别是非、不能正确表达"才行。在本案中，虽然4岁的小刘年幼，但其对所证事实具有辨别能力，符合其智力水平，因此可以作为证人，其证言可以作为定案的依据。A选项正确。

B项，《公安部规定》第258条规定："为了查明案情，在必要的时候，侦查人员可以让被害人、证人或者犯罪嫌疑人对与犯罪有关的物品、文件、尸体、场所或者犯罪嫌疑人进行辨认。"据此，不管年龄大小，只要是被害人，都是辨认的主体。B选项正确。

C项，《关于办理死刑案件审查判断证据若干问题的规定》第30条第2款规定："有下列情形之一的，通过有关办案人员的补正或者作出合理解释的，辨认结果可以作为证据使用：（1）主持辨认的侦查人员少于2人的；（2）没有向辨认人详细询问辨认对象的具体特征的；（3）对辨认经过和结果没有制作专门的规范的辨认笔录，或者辨认笔录没有侦查人员、辨认人、见证人的签名或者盖章的；（4）辨认记录过于简单，只有结果没有过程的；（5）案卷中

_____

[1] AB

只有辨认笔录，没有被辨认对象的照片、录像等资料，无法获悉辨认的真实情况的。"根据该条第 2 款第（3）项，C 选项错误。

D 项，《刑事诉讼法》第 62 条第 1 款规定："凡是知道案件情况的人，都有作证的义务。"据此，尽管小杨的母亲与案件有利害关系，但其也有作证的义务，其证言可以作为定案的根据，故 D 选项错误。

综上，本题答案为 AB 项。

第四章 管 辖

一、立案管辖

1. 检察院在查办侦查人员刘某刑讯逼供案件中，发现刘某还涉嫌贪污贿赂犯罪。关于本案犯罪的处理，下列选项正确的是？（2020 仿真题，多）[1]

A. 检察院应当及时与同级监察委员会沟通，应当由监察委员会为主调查，人民检察院予以协助

B. 检察院应当与同级监察委员会沟通，经沟通，可以将刘某涉嫌的两个罪由检察院一并侦查

C. 检察院应当及时与同级监察委员会沟通。经沟通，认为全案由监察委员会管辖更为适宜的，人民检察院应当将刘某涉嫌的两个罪一并移送监察委员会

D. 检察院应当及时与同级监察委员会沟通，经沟通，认为分别管辖更为适宜的，检察院应当将刘某的贪污贿赂犯罪线索移送监察委员会，对刘某刑讯逼供案继续侦查

【解析】检察院与监察机关之间出现管辖竞合，应当按照如下原则处理：人民检察院立案侦查自侦案件时，发现犯罪嫌疑人同时涉嫌监察委员会管辖的职务犯罪线索的，应当及时与同级监察委员会沟通，一般应当由监察委员会为主调查，人民检察院予以协助。人民检察院办理直接受理侦查的案件，发现犯罪嫌疑人同时涉嫌监察机关管辖的职务犯罪线索的，应当及时与同级监察机关沟通。（1）经沟通，认为全案由监察机关管辖更为适宜的，人民检察院应当将案件和相应职务犯罪线索一并移送监察机关；（2）认为由监察机关和人民检察院分别管辖更为适宜的，人民检察院应当将监察委员会管辖的相应职务犯罪线索移送监察委员会，对依法由人民检察院管辖的犯罪案件继续侦查。（3）人民检察院应当及时将沟通情况报告上一级人民检察院。沟通期间，人民检察院不得停止对案件的侦查。

ABCD 项，在本题中，侦查人员刘某的刑讯逼供案应属检察院管辖范围。本题中，侦查人员刘某的贪污贿赂犯罪案件属于监察委员会管辖的案件范围，应将其移送，并继续侦查属于人民检察院管辖范围的刑讯逼供案件，故 A、B 项错误，C、D 项正确。

综上所述，本题答案为 CD 项。

2. 司法工作人员甲涉嫌刑讯逼供被检察院立案侦查，检察院在侦查过程中发现甲在另一起案件的办理中涉嫌受贿和暴力取证，关于本案的处理，下列哪些选项是正确的？（2019 仿真题，多）[2]

A. 对于甲涉嫌的刑讯逼供案，检察院可以根据需要采取技术侦查措施

B. 对于甲涉嫌的暴力取证案，检察院可以立案侦查

C. 对于甲涉嫌的受贿案，检察院与监察委员会沟通后，认为由检察院管辖更为适宜的，可以由检察院立案侦查

D. 在甲涉嫌的暴力取证案中，法院对于被害人提起的附带民事诉讼应当不予受理

【解析】A项，《最高检规则》第227条："人民检察院在立案后，对于利用职权实施的严重侵犯公民人身权利的重大犯罪案件，经过严格的批准手续，可以采取技术侦查措施，交有关机关执行。"据此，本案中检察院根据需要可以对甲涉嫌的刑诉逼供案进行技术侦查措施。A项正确。

B项、C项，《最高检规则》第13条第1款："人民检察院在对诉讼活动实行法律监督中发现的司法工作人员利用职权实施的非法拘禁、刑讯逼供、非法搜查等侵犯公民权利、损害司法公正的犯罪，可以由人民检察院立案侦查。"本案中甲涉嫌暴力取证，已经侵犯公民权利、损害司法公正，因此检察院可以立案侦查。对于甲涉嫌受贿案，《监察法》第11条："监察委员会依照本法和有关法律规定履行监督、调查、处置职责：（一）对公职人员开展廉政教育，对其依法履职、秉公用权、廉洁从政从业以及道德操守情况进行监督检查；（二）对涉嫌贪污贿赂、滥用职权、玩忽职守、权力寻租、利益输送、徇私舞弊以及浪费国家资财等职务违法和职务犯罪进行调查；（三）对违法的公职人员依法作出政务处分决定；对履行职责不力、失职失责的领导人员进行问责；对涉嫌职务犯罪的，将调查结果移送人民检察院依法审查、提起公诉；向监察对象所在单位提出监察建议。"据此甲受贿案不属于检察院管辖案件范围。B项正确，C项错误。

D项，《刑诉解释》第177条："国家机关工作人员在行使职权时，侵犯他人人身、财产权利构成犯罪，被害人或者其法定代理人、近亲属提起附带民事诉讼的，人民法院不予受理，但应当告知其可以依法申请国家赔偿。"本案中，甲作为司法工作人员，属于国家机关工作人员。对其行使职权时侵犯的受害人提起的附带民事诉讼，法院应当不予受理，但应当告知其可以依法申请国家赔偿。D项错误。

综上所述，本题答案为AB项。

3. 罗辉与郭鹏系大学好友，两人毕业后共同出资在甲省M市设立佳绩公司经营日化用品。公司设立后不久，二人分别以公司的名义骗取银行的贷款，贷款到期后佳绩公司以现有资金无法支付本金及利息，案发后罗辉和郭鹏被M市公安机关立案侦查，罗辉得知消息后潜逃至相邻的乙省，公安机关只抓捕到郭鹏一人，关于本案的处理，下列哪些说法是正确的？（2019仿真题，多）[1]

A. 如果公安机关对于郭鹏的骗取贷款行为和其他相关事实已调查清楚，可以将郭鹏单独移送检察院审查起诉

B. 公安机关移送审查起诉后，检察院在审查时如果认为本案系单位犯罪，事实清楚，证据确实充分，可以直接增加佳绩公司为犯罪嫌疑人

C. 对于罗辉，M市公安机关不能直接发布通缉令，而应当逐级报请公安部发布

D. 案件诉至法院后，法院应当在作出判决前调查郭鹏的财产状况

【解析】A项，《最高检规则》第158条第3款："对于移送起诉的案件，犯罪嫌疑人在逃

---

[1] AC

的，应当要求公安机关采取措施保证犯罪嫌疑人到案后再移送起诉。共同犯罪案件中部分犯罪嫌疑人在逃的，对在案犯罪嫌疑人的移送起诉应当受理。"本案中郭鹏犯罪事实已经查清，可以移送审查起诉。A项正确。

B项，《刑事诉讼法》第19条："刑事案件的侦查由公安机关进行，法律另有规定的除外。人民检察院在对诉讼活动实行法律监督中发现的司法工作人员利用职权实施的非法拘禁、刑讯逼供、非法搜查等侵犯公民权利、损害司法公正的犯罪，可以由人民检察院立案侦查。对于公安机关管辖的国家机关工作人员利用职权实施的重大犯罪案件，需要由人民检察院直接受理的时候，经省级以上人民检察院决定，可以由人民检察院立案侦查。自诉案件，由人民法院直接受理。"本案属于公安机关负责侦查的管辖案件，检察院没有管辖权，没有经过侦查程序不能直接追加公司为犯罪嫌疑人，B项错误。

C项，《公安部规定》第274条第2款："县级以上公安机关在自己管辖的地区内，可以直接发布通缉令；超出自己管辖的地区，应当报请有权决定的上级公安机关发布。"本案中罗辉已经不在M市管辖范围，因此M市公安机关应当报请有权决定的上级公安机关发布，即公安部发布，C项正确。

D项，《刑诉解释》第294条："合议庭评议案件，应当根据已经查明的事实、证据和有关法律规定，在充分考虑控辩双方意见的基础上，确定被告人是否有罪、构成何罪，有无从重、从轻、减轻或者免除处罚情节，应否处以刑罚、判处何种刑罚，附带民事诉讼如何解决，查封、扣押、冻结的财物及其孳息如何处理等，并依法作出判决、裁定。"因此本案中法院在作出判决前无需调查郭鹏的财产状况。D项错误。

综上所述，本题答案为AC项。

4. 关于监狱在刑事诉讼中的职权，下列哪一选项是正确的？（2016－2－23，单）[1]

A. 监狱监管人员指使被监管人体罚虐待其他被监管人的犯罪，由监狱进行侦查

B. 罪犯在监狱内犯罪并被发现判决时所没有发现的罪行，应由监狱一并侦查

C. 被判处有期徒刑罪犯的暂予监外执行均应当由监狱提出书面意见，报省级以上监狱管理部门批准

D. 被判处有期徒刑罪犯的减刑应当由监狱提出建议书，并报法院审核裁定

【解析】A项，根据《关于监狱办理刑事案件有关问题的规定》的规定，对监狱在押罪犯与监狱工作人员（监狱警察、工人）或者狱外人员共同犯罪案件，涉案的在押罪犯由监狱立案侦查，涉案的监狱工作人员或者狱外人员由人民检察院或者公安机关立案侦查，在侦查过程中，双方应当相互协作。监狱监管人员指使被监管人体罚虐待其他被监管人，属于监管人员与在押人员共同犯罪案件。虐待被监管人罪属于国家机关工作人员利用职权实施的侵犯公民人身权利和民主权利的犯罪案件，对于监管人员应该由人民检察院立案侦查，对于在押人员应该由监狱立案侦查，故A项错误。

B项，根据《监狱法》第60条规定："对罪犯在监狱内犯罪的案件，由监狱进行侦查。侦查终结后，写出起诉意见书，连同案卷材料、证据一并移送人民检察院。"即监狱负责对罪犯在监狱内犯罪的案件进行侦查，不属于监狱内的犯罪，则不能由监狱并案侦查，而应当由有管辖权的监察委调查或公安、检察院立案侦查。B项错误。

---

[1] D

C 项，根据《暂予监外执行规定》第 2 条规定："对罪犯适用暂予监外执行，分别由下列机关决定或者批准：（一）在交付执行前，由人民法院决定；（二）在监狱服刑的，由监狱审查同意后提请省级以上监狱管理机关批准；（三）在看守所服刑的，由看守所审查同意后提请设区的市一级以上公安机关批准。对有关职务犯罪罪犯适用暂予监外执行，还应当依照有关规定逐案报请备案审查。"即只有在监狱服刑期内的暂予监外执行由监狱提出书面意见，报省级以上监狱管理部门批准。C 项错误。

D 项，根据《监狱提请减刑假释工作程序规定》第 3 条规定："被判处有期徒刑和被减刑为有期徒刑的罪犯的减刑、假释，由监狱提出建议，提请罪犯服刑地的中级人民法院裁定。"即被判处有期徒刑罪犯的减刑应当由监狱提出建议书，并报罪犯服刑地的中级法院审核裁定。故 D 项正确。

综上所述，本题答案为 D 项。

5. 孙某系甲省乙市海关科长，与走私集团通谋，利用职权走私国家禁止出口的文物，情节特别严重。关于本案管辖，下列哪些选项是正确的？（2015 - 2 - 67，多）[1]

A. 可由公安机关立案侦查

B. 经甲省检察院决定，可由检察院立案侦查

C. 甲省检察院决定立案侦查后可根据案件情况自行侦查

D. 甲省检察院决定立案侦查后可根据案件情况指定甲省丙市检察院侦查

【解析】A 项，根据《刑事诉讼法》第 19 条第 1 款和第 2 款："刑事案件的侦查由公安机关进行，法律另有规定的除外。人民检察院在对诉讼活动实行法律监督中发现的司法工作人员利用职权实施的非法拘禁、刑讯逼供、非法搜查等侵犯公民权利、损害司法公正的犯罪，可以由人民检察院立案侦查。对于公安机关管辖的国家机关工作人员利用职权实施的重大犯罪案件，需要由人民检察院直接受理的时候，经省级以上人民检察院决定，可以由人民检察院立案侦查。"孙某参与走私文物的行为，构成走私文物罪，属于公安机关的管辖范围，因此，A 项正确。

B 项，根据《刑事诉讼法》19 条可知，需要检察院直接受理时，由省级以上检察院决定，可以由人民检察院立案侦查。因此经甲省检察院决定，可由检察院立案侦查。因此，B 项正确。

CD 项，根据《最高检规则》第 15 条第 3 款的规定："省级人民检察院应当在收到提请批准直接受理书后十日以内作出是否立案侦查的决定。省级人民检察院可以决定由设区的市级人民检察院立案侦查，也可以自行立案侦查。"本案属于该规定描述的情况，甲省检察院决定立案侦查后可根据案件情况自行侦查，也可以决定立案侦查后可根据案件情况指定甲省某市检察院侦查，因此，C、D 项正确。

综上所述，本题答案为 ABCD 项。

二、审判管辖

（一）级别管辖

1. 某县破获一抢劫团伙，涉嫌多次入户抢劫，该县法院审理后认为，该团伙中只有主犯赵某可能被判处无期徒刑。关于该案的移送管辖，下列哪些选项是正确的？（2014 - 2 - 66，

---

[1]　ABCD

多)〔1〕

A. 应当将赵某移送中级法院审理，其余被告人继续在县法院审理

B. 团伙中的未成年被告人应当一并移送中级法院审理

C. 中级法院审查后认为赵某不可能被判处无期徒刑，可不同意移送

D. 中级法院同意移送的，应当书面通知其同级检察院

【解析】 A 项，根据《刑诉解释》第 15 条的规定："一人犯数罪、共同犯罪或者其他需要并案审理的案件，其中一人或者一罪属于上级人民法院管辖的，全案由上级人民法院管辖。"即对于团伙作案的，一人犯数罪、共同犯罪和其他需要并案审理的案件，只要其中一人或者一罪属于上级人民检察院管辖的，全案由上级人民检察院审查起诉。因此本案应当将全案移送中级法院审理，A 项错误。

B 项，根据《刑诉解释》第 551 条的规定："对分案起诉至同一人民法院的未成年人与成年人共同犯罪案件，可以由同一个审判组织审理；不宜由同一个审判组织审理的，可以分别审理。未成年人与成年人共同犯罪案件，由不同人民法院或者不同审判组织分别审理的，有关人民法院或者审判组织应当互相了解共同犯罪被告人的审判情况，注意全案的量刑平衡。"即在涉及到未成年人和成年人共同犯罪的案件中，因为未成年人案件遵循"分案处理"原则，因此，主犯赵某可能被判处无期徒刑而需要移送中级法院审理时，团伙中的未成年被告人不受影响，其所涉抢劫案仍由基层法院审理即可。B 项错误。

CD 项，《刑诉解释》第 16 条规定：上级人民法院决定审判下级人民法院管辖的第一审刑事案件的，应当向下级人民法院下达改变管辖决定书，并书面通知同级人民检察院。《刑诉解释》第 17 条第 3 款规定：中级人民法院应当在接到申请后 10 日以内作出决定。不同意移送的，应当下达不同意移送决定书，由请求移送的人民法院依法审判；同意移送的，应当下达同意移送决定书，并书面通知同级人民检察院。因此，中级法院可以同意，也可以不同意移送，故 C、D 项正确。

综上所述，本题答案为 CD 项。

2. 美国人杰克与香港居民赵某在内地私藏枪支、弹药，公安人员查缉枪支、弹药时，赵某以暴力方法阻碍公安人员依法执行职务。下列哪一说法是正确的？（2011 - 2 - 23，单）〔2〕

A. 全案由犯罪地的基层法院审判，因为私藏枪支、弹药罪和妨碍公务罪都不属于可能判处无期徒刑以上刑罚的案件

B. 杰克由犯罪地中级法院审判，赵某由犯罪地的基层法院审判

C. 杰克由犯罪地中级法院审判，赵某由中级法院根据具体案件情况而决定是否交由基层法院审判

D. 全案由犯罪地的中级法院审判

【解析】 ABCD 项，中级人民法院管辖范围：（1）危害国家安全、恐怖活动案件；（2）可能判处无期徒刑、死刑的案件；（3）违法所得没收程序；（4）贪污贿赂案件、经最高人民检察院核准的严重危害国家安全犯罪、恐怖活动犯罪案件而被告人在境外的缺席审判程序。刑事案件由犯罪地的人民法院管辖。如果被告人居住地的人民法院审判更为适宜的，可以由被告人居住地的人民法院管辖。

---

〔1〕 CD 〔2〕 A

根据《刑法》的相关规定，私藏枪支、弹药罪和妨碍公务罪都不属于可能判处无期徒刑以上刑罚的案件。而外国人犯罪只要不属于危害国家安全、恐怖活动案件或者可能判处无期徒刑、死刑的案件，也应当由基层人民法院管辖。根据上述中级人民法院管辖范围，本题的情况不属于中级人民法院管辖。因此，A项正确，BCD项错误。

本题的难点在于综合考查了刑法与刑事诉讼法的知识，需要考生了解私藏枪支、弹药罪和妨碍公务罪的量刑，难度较高，但这种考查方式在刑事诉讼法真题中不太常见。

综上所述，本题答案为A项。

（二）地区管辖

1. 我国某省居民甲从大江市乘船到大河市，在渡船途经大海市的时候在渡船卫生间拍摄了淫秽视频，后在大河市登陆上岸，后乘公交车去到大川市的宾馆上传淫秽视频，公安机关对其以传播淫秽物品罪立案，问哪些法院有管辖权？（2021回忆版真题，多）[1]

A. 大江市　　　　B. 大河市　　　　C. 大海市　　　　D. 大川市

【解析】《刑诉解释》第4条规定："在中华人民共和国内水、领海发生的刑事案件，由犯罪地或者被告人登陆地的人民法院管辖。由被告人居住地的人民法院审判更为适宜的，可以由被告人居住地的人民法院管辖。"

《刑诉解释》第2条第1款的规定："犯罪地包括犯罪行为地和犯罪结果地。"

A项，大江市为甲在乘船过程的起始地，并不是犯罪地，也并不确定大江市是否为甲的居住地，因此A项错误；

B项，大河市是甲的登陆地，符合《刑诉解释》第4条规定的"被告人登陆地"，因此B项正确；

C项，大海市为甲在渡船卫生间拍摄淫秽视频的地方，属于传播淫秽物品罪的犯罪预备，因此大海市是犯罪行为地，符合《刑诉解释》第4条规定的"犯罪地"，因此C项正确；

D项，大川市为甲上传淫秽视频的宾馆所在地，是传播淫秽物品罪的犯罪结果地，符合《刑诉解释》第4条规定的"犯罪地"。因此D项正确。

综上所述，本题答案为BCD项。

2. 周某采用向计算机植入木马程序的方法窃取齐某的网络游戏账号、密码等信息，将窃取到的相关数据存放在其租用的服务器中，并利用这些数据将齐某游戏账户内的金币、点券等虚拟商品放在第三方网络交易平台上进行售卖，获利5000元。下列哪些地区的法院对本案具有管辖权？（2013-2-65，多）[2]

A. 周某计算机所在地　　　　　　　　B. 齐某计算机所在地
C. 周某租用的服务器所在地　　　　　D. 经营该网络游戏的公司所在地

【解析】ABCD项，根据《刑诉解释》第2条规定："犯罪地包括犯罪行为地和犯罪结果地。针对或者主要利用计算机网络实施的犯罪，犯罪地包括用于实施犯罪行为的网络服务使用的服务器所在地，网络服务提供者所在地，被侵害的信息网络系统及其管理者所在地，犯罪过程中被告人、被害人使用的信息网络系统所在地，以及被害人被侵害时所在地和被害人财产遭受损失地等。"根据上述规定，周某计算机所在地，齐某计算机所在地，周某租用的服务器所在地，经营该网络游戏的公司所在地分别属于被告人使用的计算机信息系统所在地，被害人使用的计算机信息系统所在地，犯罪行为发生地的网站服务器所在地，网站建立者、管理者所在地。因此，ABCD项正确。

综上所述，本题答案为ABCD项。

（三）指定管辖

1. 老马是甲省M市中级法院审判委员会委员兼刑事审判庭庭长，此前曾在M市A区法院任副院长，在中院任职期间，老马利用职务便利使无罪的张三受到刑事处罚，后检察机关以马某涉嫌徇私枉法罪向M市A区法院提起公诉。关于本案的处理，下列哪一选项是正确的？（2019仿真题，单）[1]

A. 因老马曾担任M市A区法院副院长，被害人张三可以此为由申请A区法院的所有法官回避

B. M市中级法院收到A区法院的管辖请求，应当指定M市其他基层法院审理本案

C. 对于本案的案卷材料，A区法院应当移送至被指定管辖的法院

D. A区基层法院和M市中级法院应将本案的管辖问题层报甲省高级法院，由甲省高级法院指定其他法院管辖

【解析】A项，《刑事诉讼法》第29条规定："审判人员、检察人员、侦查人员有下列情形之一的，应当自行回避，当事人及其法定代理人也有权要求他们回避：（一）是本案的当事人或者是当事人的近亲属的；（二）本人或者他的近亲属和本案有利害关系的；（三）担任过本案的证人、鉴定人、辩护人、诉讼代理人的；（四）与本案当事人有其他关系，可能影响公正处理案件的。"A区法院的法官与老马之间为前同事关系，虽属于前述规定中"影响公正处理案件的其他关系"，老马可以此为由申请法官个人进行回避，但我国法律目前尚未规定法院整体回避的情形。A项错误。

B项，《刑诉解释》第18条规定："有管辖权的人民法院因案件涉及本院院长需要回避或者其他原因，不宜行使管辖权的，可以请求移送上一级人民法院管辖。上一级人民法院可以管辖，也可以指定与提出请求的人民法院同级的其他人民法院管辖。"因此，M市法院既可以直接由自己审理案件，也可以指定其他基层法院管辖。但由于老马现任甲省M市中级法院审判委员会委员兼刑事审判庭庭长，由M市中级人民法院管辖案件，无法实现中立性和公正性，因此应当指定M市其他基层法院审理本案。B项正确。

C项，《刑诉解释》第22条规定："原受理案件的人民法院在收到上级人民法院改变管辖决定书、同意移送决定书或者指定其他人民法院管辖决定书后，对公诉案件，应当书面通知同级人民检察院，并将案卷材料退回，同时书面通知当事人；……"因此，A区法院应当将案卷材料退回检察院，而非直接移送至指定管辖的法院。C项错误。

D项，《刑诉解释》第19条第2款规定："管辖权发生争议的，应当在审理期限内协商解决；协商不成的，由争议的人民法院分别层报共同的上级人民法院指定管辖。"因此，层报共同上级法院指定管辖的前提是出现管辖争议，但本案中，并未出现管辖争议，因此也无需层报甲省高院指定管辖。D项错误。

综上所述，本题答案为B项。

---

[1] B

2. 甲是 A 市中院副院长、因涉嫌职务犯罪被起诉至 B 区法院、甲也曾经担任过 A 市 B 区法院院长，以下说法正确的是：（2019 年回忆版真题，单）[1]

A. 甲可以申请 A 市 B 区法院全体人员回避

B. B 区法院可以直接请求省高院指定其他法院管辖

C. B 区法院可以报请上一法院指定管辖

D. B 区法院可以直接移送至 A 市以外的法院管辖

【解析】A 项，我国并未规定整体回避，因此甲不能申请 B 区法院全体人员回避。选项 A 错误。

B 项，根据《刑诉解释》第 18 条的规定："有管辖权的人民法院因案件涉及本院院长需要回避或者其他原因，不宜行使管辖权的，可以请求移送上一级人民法院管辖。上一级人民法院可以管辖，也可以指定与提出请求的人民法院同级的其他人民法院管辖。"本案中犯罪嫌疑人甲曾任 A 市 B 区法院院长，现任 A 市中院副院长，因此 A 市中院和 A 市境内所有基层法院都会受影响。故 B 区法院可以请求移送上一级人民法院指定管辖，A 市中院接到 B 区法院报请后，应当再报请省高院指定 A 市以外的其他法院行使管辖权，而不能直接请求省高院指定管辖，故 B 项错误。

C 项，根据 B 项答案所述，B 区法院可以请求移送上一级人民法院指定管辖，因此 C 项正确。

D 项，根据 B 项答案所述，B 区法院可以请求移送上一级人民法院指定管辖，A 市中院接到 B 区法院报请后，应当再报请省高院指定 A 市以外的其他法院行使管辖权，而不能直接移送至 A 市以外的法院管辖，故 D 项错误。

综上所述，本题答案为 C 项。

（四）特殊管辖

1. 甲和乙是盗窃案的共犯，被人民法院判处有期徒刑后在同一监狱服刑。二人在服刑期间脱逃至 A 市。甲在 A 市某宾馆吃饭时被抓获，押解回监狱后发现甲在 A 市还犯有盗窃罪；乙在 A 市抢劫时被当场抓获。对甲和乙所犯的新罪应当如何进行管辖？（2020 仿真题，单）[2]

A. 二人均由监狱所在地法院一并进行审理

B. 二人均由 A 市法院一并进行审理

C. 甲由服刑地法院进行审理，乙由 A 地法院进行审理

D. 乙由服刑地法院进行审理，甲由 A 地法院进行审理

【解析】《刑诉解释》第 13 条：正在服刑的罪犯在判决宣告前还有其他罪没有判决的，由原审地人民法院管辖；由罪犯服刑地或者犯罪地的人民法院审判更为适宜的，可以由罪犯服刑地或者犯罪地的人民法院管辖。罪犯在服刑期间又犯罪的，由服刑地的人民法院管辖。罪犯在脱逃期间又犯罪的，由服刑地的人民法院管辖。但是，在犯罪地抓获罪犯并发现其在脱逃期间犯罪的，由犯罪地的人民法院管辖。

A 项，根据《刑诉解释》第 13 条规定，甲罪犯在脱逃期间又犯罪的，由服刑地法院管辖，乙在犯罪地抓获罪犯并发现其在脱逃期间犯罪的，由 A 地法院管辖，而不是由监狱所在地法院一并进行审理，故 A 项错误。

B 项，根据《刑诉解释》第 13 条规定，甲罪犯在脱逃期间又犯罪的，由服刑地法院管辖，而不是由 A 市法院一并进行审理，乙在犯罪地抓获罪犯并发现其在脱逃期间犯罪的，由 A 地法院管辖，故 B 项错误。

CD 项，根据《刑诉解释》第 13 条规定，甲罪犯在脱逃期间又犯罪的，由服刑地法院管辖，乙在犯罪地抓获罪犯并发现其在脱逃期间犯罪的，由 A 地法院管辖，因此 C 项正确，D 项错误。

综上所述，本题答案为 C 项。

2. 甲、乙为中国人，居住在 A 市，两人一同前往日本留学。在留学期间，甲伙同外国人丙绑架了乙，并以此要挟乙的家属赎金。案发后，甲和丙在中国 B 市进入中国国境，并居住 C 市。乙从 D 市入境。本案中，对甲和该外国人的犯罪行为，哪一法院没有管辖权？（2018 仿真题，单）[1]

A. A 市法院   B. B 市法院   C. C 市法院   D. D 市法院

【解析】ABCD 项，根据《刑诉解释》第 10 条规定："中国公民在中华人民共和国领域外的犯罪，由其登陆地、入境地、离境前居住地或者现居住地的人民法院管辖；被害人是中国公民的，也可以由被害人离境前居住地或者现居住地的人民法院管辖。"且第 11 条规定："外国人在中华人民共和国领域外对中华人民共和国国家或者公民犯罪，根据《中华人民共和国刑法》应当受处罚的，由该外国人登陆地、入境地或者入境后居住地的人民法院管辖，也可以由被害人离境前居住地或者现居住地的人民法院管辖。"在本案中，B 市法院、A 市法院，对甲有权管辖，B 市法院、C 市法院以及 A 市法院对该外国人犯罪有权管辖。因此，ABC 项错误，D 项正确。

综上所述，本题答案为 D 项。

（五）综合

王某系 A 市法院刑事审判庭法官。2016 年 9 月，王某在审理本市吴某抢劫案中，违反法律规定认为吴某有立功情节，对吴某减轻处罚并判处有期徒刑 10 年，吴某的弟弟为此向王某行贿 50 万元。王某为规避法律，让其侄子王小六收钱并保管。

2018 年 11 月，A 市监察委接到举报后对王某立案调查，调查中另查明王某在担任审判监督庭法官时犯有徇私舞弊减刑的犯罪事实，A 市监察委对本案调查终结，已送检察机关审查起诉，检察机关以王某涉嫌受贿罪和徇私舞弊减刑罪向 A 市法院提起公诉，同时以王小六构成掩饰、隐瞒犯罪所得罪另案起诉。法院审理期间，王某改变了在监察委调查和检察机关审查起诉期间不认罪的态度，主动承认被指控的犯罪并自愿接受处罚，法院按照认罪认罚从宽的规定，对王某从轻做出了判决。一审判决后，检察机关没有抗诉，王某未上诉，一审判决发生法律效力。（2019 仿真题）

问题：

1. 本案在管辖上有无问题，请说明理由。

2. 王小六涉嫌掩饰、隐瞒犯罪所得罪在未经立案调查或侦查的前提下，检察机关能否径行起诉，为什么？

3. 如本案中王某的行为既涉及监察机关管辖的犯罪又涉及公安机关、检察机关管辖的犯

———————————

[1] D

罪，关于管辖处理的原则是什么？

4. A 市法院按照认罪认罚从宽的规定对王某从轻做出判决，是否符合法律规定？请说明理由

【解析】本题分别考查的是管辖、检察院径行起诉条件、《监察法》与《刑诉法》的衔接以及"认罪认罚从宽原则"，管辖的问题作答时应当同时考虑到"立案管辖"与"审判管辖"的事项。

【参考答案】1. 答：管辖从立案管辖和审判管辖两方面进行讨论。就立案管辖而言，监察委调查本案是正确的。根据《监察法》第 11 条第 2 项规定，监察委员会依照本法和有关法律规定，对涉嫌贪污贿赂、滥用职权、玩忽职守、权力寻租、利益输送、徇私舞弊以及浪费国家资财等职务违法和职务犯罪履行调查职责。由此，本案中，王某涉嫌受贿罪和徇私舞弊减刑罪，A 市监察委接到举报后可对王某进行立案调查。就审判管辖而言，A 市法院审理本案违反法律规定。根据《刑事诉讼法》第 29 条的规定，"审判人员、检察人员、侦查人员有下列情形之一的，应当自行回避，当事人及其法定代理人也有权要求他们回避：（一）是本案的当事人或者是当事人的近亲属的；（二）本人或者他的近亲属和本案有利害关系的；（三）担任过本案的证人、鉴定人、辩护人、诉讼代理人的；（四）与本案当事人有其他关系，可能影响公正处理案件的。"王某原为 A 市法院法官，该院审判人员与其为同事关系，应当回避。而根据《刑诉解释》第 18 条规定，"有管辖权的人民法院因案件涉及本院院长需要回避或者其他原因，不宜行使管辖权的，可以请求移送上一级人民法院管辖。上一级人民法院可以管辖，也可以指定与提出请求的人民法院同级的其他人民法院管辖。"因此，A 市法院因此而不宜行使管辖权，应请求移送上一级法院管辖。

2. 答：检察机关不能在未经立案调查或侦查的前提下径行起诉。公诉案件阶段为立案、侦查、起诉、审判、执行，其中审查起诉阶段是人民检察院对侦查机关、监察机关确认的犯罪事实和证据、犯罪性质和罪名进行审查核实并作出处理决定的一项诉讼活动，审查起诉活动是建立在侦查机关、监察机关对案件的侦查、调查基础之上的。根据《最高检规则》第 356 条规定，"人民检察院在办理公安机关移送起诉的案件中，发现遗漏罪行或者有依法应当移送起诉的同案犯罪嫌疑人未移送起诉的，应当要求公安机关补充侦查或者补充移送起诉。对于犯罪事实清楚，证据确实、充分的，也可以直接提起公诉。"但此处案件事实清楚、证据确实充分，指的是同一犯罪嫌疑人遗漏罪行或同一犯罪遗漏共犯嫌疑人，而本案当中，王小六涉嫌掩饰、隐瞒犯罪所得罪，既不属于同一嫌疑人遗漏罪行，也不属于同一犯罪事实遗漏嫌疑人，二者虽犯罪事实存在牵连，但不属于共同犯罪。故王小六涉嫌掩饰、隐瞒犯罪所得罪未经侦查机关侦查、监察机关调查，人民检察院不得对此径行起诉。

3. 关于管辖处理的原则，根据《监察法》第 34 条规定，"人民法院、人民检察院、公安机关、审计机关等国家机关在工作中发现公职人员涉嫌贪污贿赂、失职渎职等职务违法或者职务犯罪的问题线索，应当移送监察机关，由监察机关依法调查处置。被调查人既涉嫌严重职务违法或者职务犯罪，又涉嫌其他违法犯罪的，一般应当由监察机关为主调查，其他机关予以协助"。本案中王某的行为既涉及监察机关管辖的犯罪，又涉及公安机关、检察机关管辖的犯罪，一般应当由监察机关为主调查，其他机关予以协助。根据《关于人民检察院立案侦查司法工作人员相关职务犯罪案件若干问题的规定》，如果认为由监察委员会和人民检察院分别管辖更为适宜的，人民检察院应当将监察委员会管辖的相应职务犯罪线索移送监察委员会，对依法由人民检察院管辖的犯罪案件继续侦查。

4. 答：对王某从轻作出判决符合法律规定。《刑事诉讼法》第15条规定，"犯罪嫌疑人、被告人自愿如实供述自己的罪行，承认指控的犯罪事实，愿意接受处罚的，可以依法从宽处理"。该规定确立了我国刑事诉讼法基本原则中的认罪认罚从宽原则。认罪认罚从宽原则贯穿于刑事诉讼整个阶段，在侦查、审查起诉、审判环节，犯罪嫌疑人、被告人都可以认罪认罚，不以在诉讼活动伊始认罪认罚为要件。因此，虽然王某在调查和审查起诉阶段不认罪，但在审判阶段，王某主动承认被指控的犯罪并自愿接受处罚，符合认罪认罚从宽原则的要求，法院可以对王某从宽处罚。

第五章 回　避

一、回避事由

1. 齐某在 A 市 B 区利用网络捏造和散布虚假事实，宣称刘某系当地黑社会组织"大哥"，A 市中级法院院长王某为其"保护伞"。刘某以齐某诽谤为由，向 B 区法院提起自诉。关于本案处理，下列哪一选项是正确的？（2017－2－24，单）[1]

A. B 区法院可以该案涉及王某为由裁定不予受理

B. B 区法院受理该案后应请求上级法院指定管辖

C. B 区法院受理该案后，王某应自行回避

D. 齐某可申请 A 市中级法院及其下辖的所有基层法院法官整体回避

【解析】A 项，根据《刑诉解释》第 320 条第 2 款规定："具有下列情形之一的，应当说服自诉人撤回起诉；自诉人不撤回起诉的，裁定不予受理：（一）不属于本解释第一条规定的案件的；（二）缺乏罪证的；（三）犯罪已过追诉时效期限的；（四）被告人死亡的；（五）被告人下落不明的；（六）除因证据不足而撤诉的以外，自诉人撤诉后，就同一事实又告诉的；（七）经人民法院调解结案后，自诉人反悔，就同一事实再行告诉的；（八）属于本解释第一条第二项规定的案件，公安机关正在立案侦查或者人民检察院正在审查起诉的；（九）不服人民检察院对未成年犯罪嫌疑人作出的附条件不起诉决定或者附条件不起诉考验期满后作出的不起诉决定，向人民法院起诉的。"本案的犯罪地就是在 B 区，依据《刑事诉讼法》规定，刑事案件由犯罪地的人民法院管辖，本案刘某以齐某诽谤为由，向 B 区法院起诉，符合自诉案件受案范围且不属于不予受理情形，B 区法院应当依法受理，B 区法院裁定不予受理错误。因此，A 项错误。

B 项，根据《刑诉解释》第 18 条规定："有管辖权的人民法院因案件涉及本院院长需要回避或者其他原因，不宜行使管辖权的，可以请求移送上一级人民法院管辖。上一级人民法院可以管辖，也可以指定与提出请求的人民法院同级的其他人民法院管辖。"在本案中，B 区法院受理此案后，考虑到本案一审后可能上诉至 A 市中级法院，而本案又涉及 A 市中院院长王某需要回避，A 市中级法院不宜作为本案的二审法院，故而本案中 B 区法院需要逐级上报 A 市中院的上级法院指定管辖。因此，B 项正确。

C 项，王某是 A 市中院院长，并非 B 区法院的工作人员，在本案中无需自行回避。因此，C 项错误。

D 项，我国并没有整体回避的规定。所以本案中，齐某要求 A 市中院及其下辖的所有基层

法官回避是不正确的；且被申请回避的法官必须参与了具体案件的办理。在本案中，A市中级法院及其下辖所有基层法院法官并不是该案的审判人员，也就谈不上申请其回避的问题。因此，D项错误。

综上所述，本题答案为B项。

2. 林某盗版销售著名作家黄某的小说涉嫌侵犯著作权罪，经一审和二审后，二审法院裁定撤销原判，发回原审法院重新审判。关于该案的回避，下列哪些选项是正确的？（2014-2-67，多）[1]

A. 一审法院审判委员会委员甲系林某辩护人妻子的弟弟，黄某的代理律师可申请其回避

B. 一审书记员乙系林某的表弟而未回避，二审法院可以此为由裁定发回原审法院重审

C. 一审合议庭审判长丙系黄某的忠实读者，应当回避

D. 丁系二审合议庭成员，如果林某对一审法院重新审判作出的裁判不服再次上诉至二审法院，丁应当自行回避

【解析】A项，《刑事诉讼法》第29条规定：审判人员、检察人员、侦查人员有下列情形之一的，应当自行回避，当事人及其法定代理人也有权要求他们回避：（一）是本案的当事人或者是当事人的近亲属的；（二）本人或者他的近亲属和本案有利害关系的；（三）担任过本案的证人、鉴定人、辩护人、诉讼代理人的；（四）与本案当事人有其他关系，可能影响公正处理案件的。根据《最高人民法院关于审判人员在诉讼活动中执行回避制度若干问题的规定》第1条的规定，可知，此处的近亲属属于广义，包括与审判人员有夫妻、直系血亲、三代以内旁系血亲及近姻亲关系的亲属。甲与林某辩护人是近姻亲关系，因此甲的近亲属与本案有利害关系，甲应当回避。而根据《刑事诉讼法》第32条第2款的规定："辩护人、诉讼代理人可以依照本章的规定要求回避、申请复议。"可知，黄某的代理律师是有权申请回避的主体。因此，A项正确。

B项，《最高人民法院关于审判人员在诉讼活动中执行回避制度若干问题的规定》第7条规定：第二审人民法院认为第一审人民法院的审理有违反本规定第一条至第三条规定的，应当裁定撤销原判，发回原审人民法院重新审判。在B项中，一审书记员乙系林某的表弟，属于应当回避的情形，而乙并未回避，违反了法律规定的诉讼程序，故第二审法院可以此为由裁定发回重审。因此，B项正确。

C项，根据《刑事诉讼法》第29条、第30条规定的应当回避的法定情形，一审合议庭审判长丙是黄某的忠实读者并不属于应当回避的理由，且我们应当注意对于法条中"利害关系"的理解不可作无限的延展，通常的利害关系除了近亲属以外还包括老邻居、师生关系、同学关系等，因此，一审合议庭审判长丙在本案中无需回避。因此，C项错误。

D项，根据《刑诉解释》第29条第2款的规定："在一个审判程序中参与过本案审判工作的合议庭组成人员或者独任审判员，不得再参与本案其他程序的审判。但是，发回重新审判的案件，在第一审法院作出裁判后又进入第二审程序、在法定刑以下判处刑罚的复核程序或者死刑复核程序的，原第二审程序、在法定刑以下判处刑罚的复核程序或者死刑复核程序中的合议庭组成人员不受本款规定的限制。"在D项中丁某为原二审合议庭成员，在案件发回重审又进入二审程序后仍可审理该案，无需回避。因此，D项错误。

---

[1] AB

综上所述，本题答案为 AB 项。

3. 法院审理过程中，被告人赵某在最后陈述时，以审判长数次打断其发言为理由申请更换审判长。对于这一申请，下列哪一说法是正确的？（2013 - 2 - 28，单）[1]

A. 赵某的申请理由不符合法律规定，法院院长应当驳回申请

B. 赵某在法庭调查前没有申请回避，法院院长应当驳回申请

C. 如法院作出驳回申请的决定，赵某可以在决定作出后 5 日内向上级法院提出上诉

D. 如法院作出驳回申请的决定，赵某可以向上级法院申请复议一次

【解析】 根据《刑诉解释》第 36 条规定："当事人及其法定代理人申请出庭的检察人员回避的，人民法院应当区分情况作出处理：（一）属于刑事诉讼法第二十九条、第三十条规定情形的回避申请，应当决定休庭，并通知人民检察院尽快作出决定；（二）不属于刑事诉讼法第二十九条、第三十条规定情形的回避申请，应当当庭驳回，并不得申请复议。"

《刑事诉讼法》第 29 条规定："审判人员、检察人员、侦查人员有下列情形之一的，应当自行回避，当事人及其法定代理人也有权要求他们回避：（一）是本案的当事人或者是当事人的近亲属的；（二）本人或者他的近亲属和本案有利害关系的；（三）担任过本案的证人、鉴定人、辩护人、诉讼代理人；（四）与本案当事人有其他关系，可能影响公正处理案件的。"《刑事诉讼法》第 30 条规定："审判人员、检察人员、侦查人员不得接受当事人及其委托的人的请客送礼，不得违反规定会见当事人及其委托的人。审判人员、检查人员、侦查人员违反前款规定的，应当依法追究法律责任。当事人及其法定代理人有权要求他们回避。"

A 项，在本案中赵某申请回避的理由是审判长打断其发言，并不属于上述法条规定的回避理由，法庭应当当庭驳回该申请。因此，A 项正确。

B 项，申请回避可以在各个诉讼阶段进行，并不必然限制在法庭调查前，法庭调查前没有申请回避的，庭审中仍可以提出申请。因此，B 项错误。

C 项，对于驳回回避申请决定的救济方式应当是申请复议，而不能是上诉或者抗诉，因此赵某的做法错误。因此，C 项错误。

D 项，赵某申请回避的理由为打断发言并非法定回避理由，应当当庭驳回该申请。且赵某不能提起复议。此外，就算赵某可以复议，也应当向作出驳回回避申请决定的法院申请，而非向上级法院复议。因此，D 项错误。

综上所述，本题答案为 A 项。

二、回避程序

1. 未成年人小付涉嫌故意伤害袁某，袁某向法院提起自诉。小付的父亲委托律师黄某担任辩护人，袁某委托其在法学院上学的儿子担任诉讼代理人。本案中，下列哪些人有权要求审判人员回避？（2015 - 2 - 68，多）[2]

A. 黄某　　　　　B. 袁某　　　　　C. 袁某的儿子　　　D. 小付的父亲

【解析】 ABCD 项，根据《刑事诉讼法》第 29 条规定："审判人员、检察人员、侦查人员有下列情形之一的，应当自行回避，当事人及其法定代理人也有权要求他们回避：（一）是本案的当事人或者是当事人的近亲属的；（二）本人或者他的近亲属和本案有利害关系的；（三）担任过本案的证人、鉴定人、辩护人、诉讼代理人的；（四）与本案当事人有其他关系，可能

影响公正处理案件的。"《刑诉解释》第39条规定："辩护人、诉讼代理人可以依照本章的有关规定要求回避、申请复议。"因此黄某是辩护人；袁某为自诉人，是当事人；袁某的儿子是诉讼代理人；小付是未成年人，他的父亲属于法定代理人。均有权申请回避。因此，ABCD项正确。

综上所述，本题答案为ABCD项。

2. 郭某（16岁）与罗某发生争执，被打成轻伤，遂向法院提起自诉。法庭审理中，罗某提出，审判员李某曾在开庭前违反规定与自诉人父亲及姐姐会见，要求李某回避，但郭某父亲及姐姐均否认此事。法院院长经过审查作出李某回避的决定。下列何人有权要求对回避决定进行复议？（2011－2－24，单）[1]

A. 郭某　　　　　　B. 郭某父亲　　　　　　C. 郭某姐姐　　　　　　D. 李某

【解析】AB项，根据《刑诉解释》第35条第2款的规定："当事人及其法定代理人申请回避被驳回的，可以在接到决定时申请复议一次。不属于刑事诉讼法第二十九条、三十条规定情形的回避申请，由法庭当庭驳回，并不得申请复议。"可知，本题中回避申请被允许，而当事人及其法定代理人对回避决定进行复议的前提是回避申请被驳回，故不满足复议条件。故AB项错误。

C项，郭某姐姐属于郭某的近亲属，而不属于法定代理人，因此其亦无权申请复议，故C项错误。

D项，被决定回避的人（相关公、检、法人员）不享有申请回避权和申请复议权，而李某属于"被申请回避的人员"，因此李某无权对回避决定申请复议。故D项错误。

综上所述，本题没有正确答案。

---

[1] 无正确答案

第六章 辩护与代理

一、辩护人的范围

1. 法官齐某从 A 县法院辞职后，在其妻洪某开办的律师事务所从业。关于齐某与洪某的辩护人资格，下列哪一选项是正确的？（2016 – 2 – 25，单）[1]

A. 齐某不得担任 A 县法院审理案件的辩护人

B. 齐某和洪某不得分别担任同案犯罪嫌疑人的辩护人

C. 齐某和洪某不得同时担任同一犯罪嫌疑人的辩护人

D. 洪某可以律师身份担任 A 县法院审理案件的辩护人

【解析】A 项，根据《法官法》第 36 条第 2 款和《刑诉解释》第 41 条第 2 款的规定可知，审判人员和人民法院其他工作人员从人民法院离任后，不得担任原任职法院所审理案件的辩护人，但系被告人的监护人、近亲属的除外。可见，A 项的说法太过于绝对。齐某如果系被告人的监护人、近亲属的，则可以担任 A 县法院审理案件的辩护人。因此，A 项错误。

B 项，根据《刑诉解释》第 43 条第 2 款的规定："一名辩护人不得为两名以上的同案被告人，或者未同案处理但犯罪事实存在关联的被告人辩护。"可知一般来说，同一个律所的律师不能同时代理双方诉讼参与人，但是，同一个律所的律师同时代理共同犯罪中不同的犯罪嫌疑人、被告人则不受限制。但并未规定两名辩护人不得分别担任同案犯罪嫌疑人的辩护人或者不得同时担任同一犯罪嫌疑人的辩护人。因此，B 项错误。

C 项，根据《刑诉解释》第 43 条第 1 款规定："一名被告人可以委托一至二人作为辩护人。"齐某和洪某可以同时担任同一犯罪嫌疑人的辩护人。因此，C 项错误。

D 项，根据《刑诉解释》第 41 条第 3 款的规定可知审判人员和人民法院其他工作人员的配偶、子女或者父母不得担任其任职法院所审理案件的辩护人。在本案中齐某已辞职，因此洪某便不再是现职审判人员的配偶，因此可以以律师身份担任 A 县法院审理案件的辩护人。因此，D 项正确。

综上所述，本题答案为 D 项。

2. 鲁某与洪某共同犯罪，洪某在逃。沈律师为鲁某担任辩护人。案件判决生效三年后，洪某被抓获并被起诉。关于沈律师可否担任洪某辩护人，下列哪一说法是正确的？（2013 – 2 – 29，单）[2]

A. 沈律师不得担任洪某辩护人

B. 如果洪某系法律援助对象，沈律师可以担任洪某辩护人

---

[1] D [2] A

C. 如果被告人洪某同意，沈律师可以担任洪某辩护人

D. 如果公诉人未提出异议，沈律师可以担任洪某辩护人

【解析】 ABCD 项，《六机关规定》第 4 条第 2 款规定，一名辩护人不得为两名以上的同案犯罪嫌疑人、被告人辩护，不得为两名以上的未同案处理但实施的犯罪存在关联的犯罪嫌疑人、被告人辩护。本题中，鲁某、洪某属于共同犯罪，属于同案犯。虽然洪某在逃并在鲁某案件判决 3 年后才归案，但这并不改变鲁某、洪某之间的同案犯关系，属于实施的犯罪存在关联，但是俩人并未同案处理的情形。故沈律师担任鲁某辩护人后不得再为洪某辩护。因此，A 项正确，BCD 项错误。

综上所述，本题答案为 A 项。

二、有效辩护原则

关于有效辩护原则，下列哪些理解是正确的？（2015 - 2 - 69，多）[1]

A. 有效辩护原则的确立有助于实现控辩平等对抗

B. 有效辩护是一项主要适用于审判阶段的原则，但侦查、审查起诉阶段对辩护人权利的保障是审判阶段实现有效辩护的前提

C. 根据有效辩护原则的要求，法庭审理过程中一般不应限制被告人及其辩护人发言的时间

D. 指派没有刑事辩护经验的律师为可能被判处无期徒刑、死刑的被告人提供法律援助，有违有效辩护原则

【解析】 A 项，有效辩护原则确立了犯罪嫌疑人、被告人刑事诉讼主体地位，反映了人权保障的理念，是人类社会文明进步在刑事诉讼中的体现，有效辩护原则有助于强化辩方成为影响诉讼进程的重要力量，维系控辩平等对抗。A 项正确。

B 项，有效辩护原则的内容之一是允许犯罪嫌疑人、被告人聘请合格的、能够有效履行辩护职责的辩护人为其辩护。可知，有效辩护原则适用于刑事诉讼的整个诉讼过程，并不是主要适用于审判阶段。因此，B 项错误。

C 项，有效辩护原则要求犯罪嫌疑人、被告人在整个诉讼过程中应当享有充分的辩护权，为了保障辩护权的有效行使，不应限制被告人及其辩护人发言的时间。因此，C 项正确。

D 项，有效辩护原则要求国家应当保障犯罪嫌疑人、被告人自行辩护权的充分行使，并通过设立法律援助制度确保犯罪嫌疑人、被告人能够获得符合最低标准并具有实质意义的律师帮助。法律援助制度的设立目标是确保犯罪嫌疑人、被告人能够获得符合最低标准并具有实质意义的律师帮助，而如果"指派没有刑事辩护经验的律师为可能被判处无期徒刑、死刑的被告人提供法律援助"，显然无法保障被告人获得实质意义的律师帮助。因此，D 项正确。

综上所述，本题答案为 ACD 项。

三、辩护人的诉讼权利

1. 甲公司与耿某签订买卖合同订购一批电子产品，双方约定甲公司预先支付货款 80 万元，甲公司按照约定支付款项后，耿某因生产机器出现故障无法在约定的期限内完成相应电子产品的交付。后耿某因涉嫌合同诈骗罪被公安机关立案侦查，同时其资产也被采取冻结措施，关于本案的处理，下列哪一选项是正确的？（2019 仿真题，单）[2]

---

[1] ACD　[2] C

A. 涉案买卖合同原件已丢失，合同复印件不能作为证据出示

B. 公安机关告知辩护律师杨某，其主张耿某不具有非法占有目的的辩护意见应当以书面形式提出

C. 辩护律师杨某申请检察院调取耿某积极履行合同义务的相关证据，检察院在进行调取时，杨某可以在场

D. 案件移送审查起诉后，耿某在被检察院作出不起诉决定的同时，其资产的冻结自动解除

【解析】A项，《刑诉解释》第84条规定："据以定案的书证应当是原件。取得原件确有困难的，可以使用副本、复制件。对书证的更改或者更改迹象不能作出合理解释，或者书证的副本、复制件不能反映原件及其内容的，不得作为定案的根据。书证的副本、复制件，经与原件核对无误、经鉴定或者以其他方式确认为真实的，可以作为定案的根据。"本案中，合同原件丢失属于"取证确有困难"，因此可以适用复印件。A项正确。

B项，《公安部规定》第58条第1款规定："案件侦查终结前，辩护律师提出要求的，公安机关应当听取辩护律师的意见，根据情况进行核实，并记录在案。辩护律师提出书面意见的，应当附卷。"因此，杨某若提出辩护意见，并非一定要以书面形式提出。B项错误。

C项，《最高检规则》第52条第2款规定："人民检察院根据辩护律师的申请收集、调取证据时，辩护律师可以在场。"检察院在根据杨某的申请调查取证时，杨某可以在场。C项正确。

D项，《最高检规则》第374条规定："人民检察院决定不起诉的案件，应当同时书面通知作出查封、扣押、冻结决定的机关或者执行查封、扣押、冻结决定的机关解除查封、扣押、冻结。"因此，本案中冻结的财产，需要检察院书面通知公安机关解除冻结时方可解除，而非自动解除。D项错误。

综上所述，本题答案为C项。

2. 关于辩护律师在刑事诉讼中享有的诉讼权利，下列哪一说法是正确的？（2018年回忆版真题，单）[1]

A. 在侦查阶段，辩护律师可以向犯罪嫌疑人核实证据

B. 辩认律师认为在侦查期间公安机关收集的证明犯罪嫌疑人无罪或者罪轻的证据材料未随案移送的，可以向检察院申请调取

C. 自行向现场目击证人（被害人提供）收集与本案有关的材料。

D. 在案件侦查终结前，辩护律师可以查阅侦查机关的起诉意见书

E. 法院在开庭前7日给辩护律师送达起诉书副本，辩护律师可以以此为理由拒绝出庭辩护

【解析】A项，根据《刑事诉讼法》第39条第4款规定："辩护律师会见在押的犯罪嫌疑人、被告人，可以了解案件有关情况，提供法律咨询等；自案件移送审查起诉之日起，可以向犯罪嫌疑人、被告人核实有关证据。辩护律师会见犯罪嫌疑人、被告人时不被监听。"由此可见，辩护律师自移送审查起诉之日起才能向犯罪嫌疑人核实证据，故A项错误。

B项，根据《刑事诉讼法》第41条规定："辩护人认为在侦查、审查起诉期间公安机关、

---

〔1〕 B

人民检察院收集的证明犯罪嫌疑人、被告人无罪或者罪轻的证据材料未提交的，有权申请人民检察院、人民法院调取。"故 B 项正确。

C 项，根据《刑事诉讼法》第 43 条第 2 款："辩护律师经人民检察院或者人民法院许可，并且经被害人或者其近亲属、被害人提供的证人同意，可以向他们收集与本案有关的材料。"可知，本案中辩护律师向被害人方调查取证需经检察院或法院同意。C 项错误。

D 项，根据《刑事诉讼法》第 40 条规定："辩护律师自人民检察院对案件审查起诉之日起，可以查阅、摘抄、复制本案的案卷材料。其他辩护人经人民法院、人民检察院许可，也可以查阅、摘抄、复制上述材料。"由此可见，辩护律师行使阅卷权的起始时间为检察院对案件审查起诉之日起。在侦查阶段，辩护律师不享有阅卷权，在侦查终结前不能查阅起诉意见书，故 D 项错误。

E 项，根据《律师法》第 32 条第 2 款规定："律师接受委托后，无正当理由的，不得拒绝辩护或者代理。但是，委托事项违法、委托人利用律师提供的服务从事违法活动或者托人故意隐瞒与案件有关的重要事实的，律师有权拒绝辩护或者代理。"虽然《刑事诉讼法》第 187 条规定应该在开庭 10 日前送达起诉书副本，此处存在程序违法，但本案不属于上述三种情形之一，律师无权拒绝辩护，故 E 项错误。

综上所述，本题答案为 B 项。

3. 张某涉嫌诈骗罪被甲县公安局立案侦查。侦查人员在 3 日内讯问了张某两次，但只在第二次讯问时才告知其有权委托律师、亲友等人担任辩护人。张某遂委托了王律师担任其辩护人。王律师向甲县公安局提出了会见张某以及了解案件有关情况的请求。关于本案，下列哪一说法是正确的？（2018 年回忆版真题，单）[1]

A. 甲县公安局在第二次讯问张某时告知其有权委托辩护人，符合《刑事诉讼法》的规定

B. 对于王律师的会见请求，甲县公安局批准其会见张某并派员在场，是依法保障律师执业权利的表现

C. 甲县公安局告知张某有权委托亲友担任辩护人，充分保障了张某的辩护权

D. 若甲县公安局以妨碍侦查为由拒绝告知王律师本案的有关情况，则侵犯了王律师的诉讼权利

【解析】AC 项，根据《刑事诉讼法》第 34 条第 1、2 款规定："犯罪嫌疑人自被侦查机关第一次讯问或者采取强制措施之日起，有权委托辩护人；在侦查期间，只能委托律师作为辩护人。被告人有权随时委托辩护人。侦查机关在第一次讯问犯罪嫌疑人或者对犯罪嫌疑人采取强制措施的时候，应当告知犯罪嫌疑人有权委托辩护人。人民检察院自收到移送审查起诉的案件材料之日起三日以内，应当告知犯罪嫌疑人有权委托辩护人。人民法院自受理案件之日起三日以内，应当告知被告人有权委托辩护人。犯罪嫌疑人、被告人在押期间要求委托辩护人的，人民法院、人民检察院和公安机关应当及时转达其要求。"据此，侦查机关在第一次讯问时就应当告知犯罪嫌疑人有权委托辩护人，而且在侦查阶段，只能委托律师而不得委托非律师的人员担任辩护人，可知，甲县公安局在第二次讯问张某时才告知其有权委托辩护人的做法错误，甲县公安局告知张某有权委托亲友担任辩护人的做法错误。因此，AC 项错误。

B 项，根据《刑事诉讼法》第 39 条第 2、3 款规定："辩护律师持律师执业证书、律师事

---

[1] D

务所证明和委托书或者法律援助公函要求会见在押的犯罪嫌疑人、被告人的，看守所应当及时安排会见，至迟不得超过四十八小时。危害国家安全犯罪、恐怖活动犯罪案件，在侦查期间辩护律师会见在押的犯罪嫌疑人，应当经侦查机关许可。上述案件，侦查机关应当事先通知看守所。"本案只是普通的诈骗案，辩护律师仅凭三证即可要求会见，无须批准。此外，《刑事诉讼法》第39条第4款规定："辩护律师会见在押的犯罪嫌疑人、被告人，可以了解案件有关情况，提供法律咨询等；自案件移送审查起诉之日起，可以向犯罪嫌疑人、被告人核实有关证据。辩护律师会见犯罪嫌疑人、被告人时不被监听。""不被监听"包括办案机关不得派员在场。因此，B项错误。

D项，根据《刑事诉讼法》第38条规定："辩护律师在侦查期间可以为犯罪嫌疑人提供法律帮助；代理申诉、控告；申请变更强制措施；向侦查机关了解犯罪嫌疑人涉嫌的罪名和案件有关情况，提出意见。"可知，了解案件有关情况是辩护律师在侦查阶段的诉讼权利，侦查机关不得以任何理由拒绝提供案件有关情况，因此，D项正确。

综上所述，本题答案为D项。

4. 成年人钱甲教唆未成年人小沈实施诈骗犯罪，钱甲委托其在邻市检察院担任检察官助理的哥哥钱乙担任辩护人，小沈由法律援助律师武某担任辩护人。关于本案处理，下列哪一选项是正确的？（2017 - 2 - 25，单）[1]

A. 钱甲被拘留后，钱乙可为其申请取保候审

B. 本案移送审查起诉时，公安机关应将案件移送情况告知钱乙

C. 检察院讯问小沈时，武某可在场

D. 如检察院对钱甲和小沈分案起诉，法院可并案审理

【解析】A项，根据《刑事诉讼法》第97条规定："犯罪嫌疑人、被告人及其法定代理人、近亲属或者辩护人有权申请变更强制措施。人民法院、人民检察院和公安机关收到申请后，应当在3日以内作出决定；不同意变更强制措施的，应当告知申请人，并说明不同意的理由。"在本案中，钱乙并非律师，所以侦查阶段不能作为钱甲的辩护人，但可以作为近亲属为钱甲申请取保候审。因此，A项正确。

B项，依据《刑事诉讼法》第162条第1款规定："公安机关侦查终结的案件，应当做到犯罪事实清楚，证据确实、充分，并且写出起诉意见书，连同案卷材料、证据一并移送同级人民检察院审查决定；同时将案件移送情况告知犯罪嫌疑人及其辩护律师。"钱乙作为钱甲的近亲属且属于检察院的现职人员，不能在侦查阶段担任钱甲的辩护人，公安机关无需将移送审查起诉的情况告知钱乙。因此，B项错误。

C项，《刑事诉讼法》第281条第1款规定："对于未成年人刑事案件，在讯问和审判的时候，应当通知未成年犯罪嫌疑人、被告人的法定代理人到场。无法通知、法定代理人不能到场或者法定代理人是共犯的，也可以通知未成年犯罪嫌疑人、被告人的其他成年亲属，所在学校、单位、居住地基层组织或者未成年人保护组织的代表到场，并将有关情况记录在案。到场的法定代理人可以代为行使未成年犯罪嫌疑人、被告人的诉讼权利。"故讯问未成年犯罪嫌疑人、被告人时，在场的不包括担任犯罪嫌疑人、被告人辩护人的律师。因此，C项错误。

D项，依据《刑诉解释》第551条第1款规定："对分案起诉至同一人民法院的未成年人

———————————
[1] A

与成年人共同犯罪案件，可以由同一个审判组织审理；不宜由同一个审判组织审理的，可以分别审理。"若检察院对钱甲和小沈分案起诉，可以由同一审判组织审理，但不能并案审理。因此，D 项错误。

综上所述，本题答案为 A 项。

5. 郭某涉嫌参加恐怖组织罪被逮捕，随后委托律师姜某担任辩护人。关于姜某履行辩护职责，下列哪一选项是正确的？（2016 - 2 - 26，单）[1]

A. 姜某到看守所会见郭某时，可带 1～2 名律师助理协助会见

B. 看守所可对姜某与郭某的往来信件进行必要的检查，但不得截留、复制

C. 姜某申请法院收集、调取证据而法院不同意的，法院应书面说明不同意的理由

D. 法庭审理中姜某作无罪辩护的，也可当庭对郭某从轻量刑的问题发表辩护意见

【解析】 A 项，根据《保障律师执业权利规定》第 7 条第 4 款的规定："……犯罪嫌疑人、被告人委托两名律师担任辩护人的，两名辩护律师可以共同会见，也可以单独会见。辩护律师可以带一名律师助理协助会见。……"可知，姜某到看守所会见郭某时，只可以带一名律师助理协助会见。因此，A 项错误。

B 项，本案中，因郭某涉嫌参加恐怖组织罪，属于涉嫌危害公共安全或者严重危害他人人身安全的范畴，根据《保障律师执业权利规定》第 13 条的规定："看守所应当及时传递辩护律师同犯罪嫌疑人、被告人的往来信件。看守所可以对信件进行必要的检查，但不得截留、复制、删改信件，不得向办案机关提供信件内容，但信件内容涉及危害国家安全、公共安全、严重危害他人人身安全以及涉嫌串供、毁灭证据等情形的除外。"可知，其与姜某的往来信件内容存在危害国家安全、公共安全、严重危害他人人身安全的可能，看守所可以对信件进行截留、复制。因此，B 项错误。

C 项，根据《保障律师执业权利规定》第 18 条的规定："辩护律师申请人民检察院、人民法院收集、调取证据的，人民检察院、人民法院应当在三日以内作出是否同意的决定，并通知辩护律师。辩护律师书面提出有关申请时，办案机关不同意的，应当书面说明理由；辩护律师口头提出申请的，办案机关可以口头答复。"可知，若姜某以口头形式申请法院收集、调取证据而法院不同意的，法院可以口头答复。C 项未说明姜某以何种形式申请，故 C 项后半句表述为法院应书面说明不同意的理由不符合上述规定。因此，C 项错误。

D 项，根据《关于依法保障律师执业权利的规定》第 35 条规定："辩护律师作无罪辩护的，可以当庭就量刑问题发表辩护意见，也可以庭后提交量刑辩护意见。"法庭审理中姜某作无罪辩护的，对郭某从轻量刑的问题仍可当庭发表或庭后提交辩护意见。因此，D 项正确。

综上所述，本题答案为 D 项。

四、辩护人的义务

1. 根据《刑事诉讼法》的规定，辩护律师收集到的下列哪一证据应及时告知公安机关、检察院？（2016 - 2 - 27，单）[2]

A. 强奸案中被害人系精神病人的证据

B. 故意伤害案中犯罪嫌疑人系正当防卫的证据

C. 投放危险物质案中犯罪嫌疑人案发时在外地出差的证据

---

[1] D [2] C

D. 制造毒品案中犯罪嫌疑人犯罪时刚满 16 周岁的证据

【解析】ABC 项，根据《刑事诉讼法》第 42 条规定："辩护人收集的有关犯罪嫌疑人不在犯罪现场、未达到刑事责任年龄、属于依法不负刑事责任的精神病人的证据，应当及时告知公安机关、人民检察院。"A 项说的是被害人系精神病人，而只有在犯罪嫌疑人是不负刑事责任的精神病人时律师才有义务告知。B 项的故意伤害案中犯罪嫌疑人系正当防卫的证据，不属于上述规定的辩护人应当告知公安机关、检察院的证据范围。C 项的投放危险物质案中犯罪嫌疑人案发时在外地出差的证据，属于犯罪嫌疑人不在犯罪现场的证据，辩护人依法应当及时告知公安机关、检察院。因此，AB 项错误，C 项正确。

D 项，根据《刑法》第 17 条规定："已满十六周岁的人犯罪，应当负刑事责任。"制造毒品案中犯罪嫌疑人犯罪时刚满 16 周岁的证据，不属于未达到刑事责任年龄的证据，辩护人无须及时告知公安机关、检察院。因此，D 项错误。

综上所述，本题答案为 C 项。

2. 关于辩护律师在刑事诉讼中享有的权利和承担的义务，下列哪一说法是正确的？（2012 - 2 - 25，单）[1]

A. 在侦查期间可以向犯罪嫌疑人核实证据

B. 会见在押的犯罪嫌疑人、被告人，可以了解案件有关情况

C. 收集到的有利于犯罪嫌疑人的证据，均应及时告知公安机关、检察院

D. 在执业活动中知悉犯罪嫌疑人、被告人曾经实施犯罪的，应及时告知司法机关

【解析】AB 项，根据《刑事诉讼法》第 39 条第 4 款的规定："辩护律师会见在押的犯罪嫌疑人、被告人，可以了解案件有关情况，提供法律咨询等；自案件移送审查起诉之日起，可以向犯罪嫌疑人、被告人核实有关证据。辩护律师会见犯罪嫌疑人、被告人时不被监听。"可见，律师自移送审查起诉之日起才能向犯罪嫌疑人核实证据。因此，A 项错误，B 项正确。

C 项，根据《刑事诉讼法》第 42 条的规定："辩护人收集的有关犯罪嫌疑人不在犯罪现场、未达到刑事责任年龄、属于依法不负刑事责任的精神病人的证据，应当及时告知公安机关、人民检察院。"可见并不是所有有利于犯罪嫌疑人的证据都应当及时告知公安机关、检察院，只有在收集到犯罪嫌疑人"不在场""不够大"和"不正常"三种情况的证据时，律师才有义务及时告知公安机关、检察院。因此，C 项错误。

D 项，根据《刑事诉讼法》第 48 条的规定："辩护律师对在执业活动中知悉的委托人的有关情况和信息，有权予以保密。但是，辩护律师在执业活动中知悉委托人或者其他人，准备或者正在实施危害国家安全、公共安全以及严重危害他人人身安全的犯罪的，应当及时告知司法机关。"可见，对于在执业活动中知悉犯罪嫌疑人、被告人曾经实施的犯罪行为，辩护律师没有报告的义务。因此，D 项错误。

综上所述，本题答案为 B 项。

五、值班律师制度

值班律师制度是《刑事诉讼法》确立的一项诉讼制度。值班律师需要以其专业的法律知识为犯罪嫌疑人、被告人提供一系列法律帮助。下列关于值班律师在刑事诉讼中的权利与职责，说法正确的是？（2020 仿真题，多）[2]

---

[1] B [2] BD

A. 为被告人提供出庭辩护服务

B. 可以会见犯罪嫌疑人、被告人

C. 自人民检察院对案件审查起诉之日起，值班律师可以查阅、摘抄、复制案卷材料、了解案情

D. 认罪认罚案件中，引导、帮助犯罪嫌疑人、被告人及其近亲属申请法律援助

【解析】A项，《刑事诉讼法》第36条规定："法律援助机构可以在人民法院、看守所等场所派驻值班律师。犯罪嫌疑人、被告人没有委托辩护人，法律援助机构没有指派律师为其提供辩护的，由值班律师为犯罪嫌疑人、被告人提供法律咨询、程序选择建议、申请变更强制措施、对案件处理提出意见等法律帮助。人民法院、人民检察院、看守所应当告知犯罪嫌疑人、被告人有权约见值班律师，并为犯罪嫌疑人、被告人约见值班律师提供便利。"即值班律师在具体案件的身份不是辩护人，不提供出庭辩护的服务，但需要以其专业的法律知识为犯罪嫌疑人、被告人提供法律咨询、程序选择建议、申请变更强制措施、对案件处理提出意见等一系列法律帮助，而不包括出庭辩护服务，A项错误。

B项，法律援助机构可以在人民法院、人民检察院、看守所等场所派驻值班律师。且根据《法律援助值班律师工作办法》第6条第3款规定，值班律师办理案件时，可以应犯罪嫌疑人、被告人的约见进行会见，也可以经办案机关允许主动会见。可见，值班律师有权会见犯罪嫌疑人、被告人，故B项正确。

C项，根据《最高检规则》第269条第2款规定，自人民检察院对案件审查起诉之日起，值班律师可以查阅案卷材料，了解案情。可见，在审查起诉阶段值班律师对案卷材料仅能查阅，无权摘抄、复制，C选项错误。

D项，《法律援助值班律师工作办法》第6条第1款规定了值班律师的指责："值班律师依法提供以下法律帮助：（一）提供法律咨询；（二）提供程序选择建议；（三）帮助犯罪嫌疑人、被告人申请变更强制措施；（四）对案件处理提出意见；（五）帮助犯罪嫌疑人、被告人及其近亲属申请法律援助；（六）法律法规规定的其他事项。"据此，值班律师应当引导、帮助认罪认罚案件中的犯罪嫌疑人、被告人及其近亲属申请法律援助，故D选项正确。

综上所述，本题答案为BD项。

六、拒绝辩护

在法庭审判中，被告人翻供，否认犯罪，并当庭拒绝律师为其进行有罪辩护。合议庭对此问题的处理，下列哪一选项是正确的？（2013-2-38，单）[1]

A. 被告人有权拒绝辩护人辩护，合议庭应当准许

B. 辩护律师独立辩护，不受当事人意思表示的约束，合议庭不应当准许拒绝辩护

C. 属于应当提供法律援助的情形的，合议庭不应当准许拒绝辩护

D. 有多名被告人的案件，部分被告人拒绝辩护人辩护的，合议庭不应当准许

【解析】A项，《刑诉解释》第311条第2款规定：被告人当庭拒绝辩护人辩护，要求另行委托辩护人或者指派律师的，合议庭应当准许。被告人拒绝辩护人辩护后，没有辩护人的，应当宣布休庭；仍有辩护人的，庭审可以继续进行。因此合议庭应当准许。因此，A项正确。

B项，根据《刑诉解释》第311条第2款可知被告人拒绝辩护的，应当准许，因此合议庭

---

[1] A

不能以辩护律师具有独立地位为由不予准许拒绝辩护的请求。因此，B 项错误。

C 项，根据《刑诉解释》第 50 条第 2 款的规定："属于应当提供法律援助的情形，被告人拒绝指派的律师为其辩护的，人民法院应当查明原因。理由正当的，应当准许，……"第 311 条第 5 款规定："被告人属于应当提供法律援助的情形，重新开庭后再次当庭拒绝辩护人辩护的，不予准许。"可知，若被告人属于应当提供法律援助的情形，被告人第一次当庭拒绝辩护人为其辩护的，人民法院应当查明原因。理由正当的，应当准许，并让其另行委托辩护人或为其另行指派辩护人。重新开庭后被告人再次当庭拒绝辩护人辩护的，才不予准许。因此，C 项错误。

D 项，根据《刑诉解释》第 311 条第 3 款的规定，有多名被告人的案件，部分被告人拒绝辩护人辩护后，没有辩护人的，根据案件情况，可以对该部分被告人另案处理，对其他被告人的庭审继续进行。可知，部分被告人拒绝辩护的，合议庭并非不能准许。因此，D 项错误。

综上所述，本题答案为 A 项。

第七章　刑事证据

一、证据的基本范畴

(一) 证据的种类 (法定形式)

甲、乙二人系药材公司仓库保管员，涉嫌5次共同盗窃其保管的名贵药材，涉案金额40余万元。一审开庭审理时，药材公司法定代表人丙参加庭审。经审理，法院认定了其中4起盗窃事实，另1起因证据不足未予认定，甲和乙以职务侵占罪分别被判处有期徒刑3年和1年。关于本案证据，下列选项正确的是：(2017-2-92，不) [1]

A. 侦查机关制作的失窃药材清单是书证

B. 为查实销赃情况而从通信公司调取的通话记录清单是书证

C. 甲将部分销赃所得10万元存入某银行的存折是物证

D. 因部分失窃药材不宜保存而在法庭上出示的药材照片是物证

【解析】 ABC项，勘验笔录是以其文字、图表等记载的内容来说明一定案件事实，从这个意义上来说，它与书证有相似之处，但不能认为它是书证。两者主要区别是：(1) 产生的时间不同。书证一般是在案件发生前或在案发过程中制作发生的；而勘验笔录则是在案件发生后，在诉讼过程中，为了查明案件事实，对物证或者现场进行检验后制作的。(2) 制作主体不同。书证一般是由当事人或有关单位及公民制作的；而勘验笔录则是办案人员或人民法院指定进行勘验的人执行公务依法制作的一种文书。(3) 反映的内容不同。书证一般是用文字、符号来表达其内容，本身能直接证明案件的事实情况，是制作人主观意志的外部表现；而勘验笔录的文字、图片记载的内容，是对物证或者现场的重新再现，其内容不能有制作人的主观意思表示，完全是一种对客观情况的如实记载。(4) 能否重新制作不同。书证不能涂改也不能重新制作，要保持其原貌；而勘验笔录则不同，若记载有误或不明确，可以重新勘验，并作出新的勘验笔录。所以本题A选项中侦查机关案发后制作的失窃药材清单是勘验笔录；B选项中通话记录清单是书证；C选项中的存折是用文字、符号来表达其销赃所得具体数额内容，属于书证。因此，AC项错误，B项正确。

D项，书证记载和反映了某种思想，以其内容来证明案件，物证一般并不具有思想内容，而是以物质属性、痕迹来证明案件。本题照片是以照片的内容来证明案件，属于书证。因此，D项错误。

综上所述，本题答案为B项。

---

[1]　B

（二）其他能够作为证据使用的情形

某建设工程公司总经理王某涉嫌工程重大安全事故罪被立案侦查。侦查机关聘请某省工程质量监督检测中心进行检验，检验人张某出具的检验报告认为，该建设工程公司违反国家规定，降低工程质量标准是造成重大安全事故的主要原因。关于本案，下列说法正确的是？（2018仿真题，多）[1]

A. 张某在本案中是鉴定人身份，属于应当回避的对象

B. 经法院通知，张某需出庭作证

C. 张某出具的检验报告可以作为证据来使用

D. 张某所进行的检验属于勘验、检查的一种形式

【解析】A项，《刑诉解释》第100条第1款规定："因无鉴定机构，或者根据法律、司法解释的规定，指派、聘请有专门知识的人就案件的专门性问题出具的报告，可以作为证据使用。"据此，尽管检验人是具有专门知识的人，且接受聘请，但案件中检验人并非鉴定人的身份。故A选项错误。

需要指出的是，《刑诉解释》第100条第2款规定："对前款规定的报告的审查与认定，参照适用本节的有关规定。"而该解释第98条规定："鉴定意见具有下列情形之一的，不得作为定案的根据……（二）鉴定人不具备法定资质，不具有相关专业技术或者职称，或者违反回避规定的……"由此可以推知，检验人属于回避的对象。

B项，《刑诉解释》第100条第3款规定："经人民法院通知，出具报告的人拒不出庭作证的，有关报告不得作为定案的根据。"故B选项正确。

C项，根据《刑诉解释》第100条第1款的规定，检验报告可以作为证据使用，故C选项正确。

D项，勘验、检查是指侦查人员对与犯罪有关的场所、物品、尸体、人身进行勘查和检验的一种侦查行为。二者的适用主体都只能是侦查人员，且勘验的对象是现场、物品和尸体；而检查则是针对活人的身体。而本案中的检验主体并非侦查人员，不属于勘验、检查的一种，故D选项错误。

综上所述，本题答案为BC项。

（三）证据的理论分类

1. 乙有一批限量黑胶片被盗，经查将犯罪嫌疑人甲抓获，从甲处缴获该被盗胶片。下列有关证据的说法，哪些是正确的？（2021回忆版真题，多）[2]

A. 防盗门的划痕是原始证据　　　　　B. 丢失的胶片清单是实物证据

C. 丢失的胶片是间接证据　　　　　　D. 监控记录的嫌疑人作案，是传来证据

【解析】A项，原始证据是指直接来源于案件事实，未经过复制、转述的证据。防盗门的刮痕直接来源于案件事实的证据材料，所以是原始证据。因此，A项正确。

B项，凡是表现为物品、痕迹和以其内容具有证据价值的书面文件，即以实物作为表现形式的证据，是实物证据。物证、书证、视听资料等都属于实物证据。丢失胶片清单属于书证，所以是实物证据。因此，B项正确。

C项，间接证据是不能单独、直接证明刑事案件主要事实，需要与其他证据相结合才能证

〔1〕 BC 〔2〕 ABC

明的证据。丢失的胶片并不能单独、直接反映案件主要事实，所以丢失的胶片属于间接证据。因此，C项正确。

D项，凡是不直接来源于案件事实，而是从间接的非第一来源获得的证据材料，称为传来证据。监控记录嫌疑人作案直接来源于案件事实，未经过复制、转述，属于原始证据。因此，D项错误。

综上所述，本题答案为ABC项。

2. 甲驾车将昏迷的乙送往医院，并垫付了医疗费用。随后赶来的乙的家属报警称甲驾车撞倒乙。急救中，乙曾短暂清醒并告诉医生自己系被车辆撞倒。医生将此话告知警察，并称从甲送乙入院时的神态看，甲应该就是肇事者。关于本案证据，下列哪些选项是正确的？(2016 - 2 - 67，多)[1]

A. 甲垫付医疗费的行为与交通肇事不具有关联性

B. 乙告知医生"自己系被车辆撞倒"属于直接证据

C. 医生基于之前乙的陈述，告知警察乙系被车辆撞倒，属于传来证据

D. 医生认为甲是肇事者的证词属于符合一般生活经验的推断性证言，可作为定案依据

【解析】A项，证据的关联性是指证据必须与案件事实有客观联系，对证明刑事案件事实具有某种实际意义；反之，与本案无关的事实或材料，都不能成为证据。证据与案件事实相关联的方式是多种多样、十分复杂的。其中最常见的是因果联系，即证据事实是犯罪的原因或结果的事实。例如与犯罪相关的空间、时间、条件、方法、手段的事实。它们或者反映犯罪的动机，或者反映犯罪的手段，或者反映犯罪过程和实施犯罪的环境、条件，或者反映犯罪后果，还有反映犯罪事实不存在或犯罪并非犯罪嫌疑人、被告人所为等。甲垫付医疗费的行为与交通肇事并不存在因果联系，也无法反映与犯罪相关的空间、时间、条件、方法、手段的事实。所以，本案中甲垫付医疗费的行为与交通肇事不具有关联性。因此，A项正确。

B项，直接证据是可以单独、直接证明案件主要事实的证据。也就是说，某一项证据的内容，无需经过推理的过程，即可以直观地说明犯罪行为是否是犯罪嫌疑人、被告人所实施。本案中，乙告知医生"自己系被车辆撞倒"，只是陈述了自己被车撞倒的事实，无法据此判断系何人撞倒，故不属于直接证据。因此，B项错误。

C项，凡是不直接来源于案件事实，而是从间接的非第一来源获得的证据材料，称为传来证据。本案中，医生基于之前乙的陈述告知警察"乙系被车辆撞倒"，该证言并不直接来源于案件事实，故属于传来证据。因此，C项正确。

D项，根据《刑诉解释》第88条第2款规定："证人的猜测性、评论性、推断性证言，不得作为证据使用，但根据一般生活经验判断符合事实的除外。"本案中，医生称从甲送乙入院时的神态看，甲应该就是肇事者，该证言属于推断性证言，并且不符合一般生活经验，所以该证言不得作为定案依据。因此，D项错误。

综上所述，本题答案为AC项。

3. 甲涉嫌盗窃室友乙存放在储物柜中的笔记本电脑一台并转卖他人，但甲辩称该电脑系其本人所有，只是暂存于乙处。下列哪一选项既属于原始证据，又属于直接证据？(2015 - 2 - 25，单)[2]

---

[1] AC [2] C

A. 侦查人员在乙储物柜的把手上提取的甲的一枚指纹

B. 侦查人员在室友丙手机中直接提取的视频，内容为丙偶然拍下的甲打开储物柜取走电脑的过程

C. 室友丁的证言，内容是曾看到甲将一台相同的笔记本电脑交给乙保管

D. 甲转卖电脑时出具的现金收条

【解析】原始证据是指来自原始出处，直接来源于案件事实的证据材料，即第一手材料。传来证据不是直接来源于案件事实，而是从间接的非第一来源获得的证据材料。直接证据是指能够单独、直接证明案件主要事实的证据。间接证据是指不能单独、直接证明刑事案件主要事实，需要与其他证据相结合才能证明的证据。

A项，属于原始证据、间接证据。因为，根据目前的指纹提取技术，将指纹从储物柜把手上提取出来，把手上的指纹不再存在，该指纹属于第一手材料，即原始证据。在乙储物柜的把手上提取的甲的一枚指纹，只能证明甲接触过该储物柜，但不能证明甲存在盗窃行为。所以 A 项错误。

B项，属于传来证据、间接证据。手机中的视频由侦查人员提取（譬如通过拷贝、下载、传输等方式），手机中的原始视频仍然存在或者留有痕迹，提取到的视频属于对原始视频的复制，即传来证据。丙偶然拍下的甲打开储物柜取走电脑的过程，但不能证明甲拿走的是乙的电脑，也不能直接证明该行为属于盗窃。所以 B 项错误。

C项，属于原始证据、直接证据。丁的证言属于第一手材料，属于直接证据，同时丁的证言可以直接证明该电脑为甲所有，所以，甲的行为不是盗窃，此处属于无罪证据。所以 C 项正确。

D项，属于原始证据、间接证据。甲转卖电脑时出具的现金收条，仅能证明甲存在出卖电脑的事实，但对电脑的来源等事实无法证明。所以 D 项错误。

综上所述，本题答案为 C 项。

4. 张某伪造、变造国家机关公文、证件、印章案的下列哪一证据既属于言词证据，又属于间接证据？（2011－2－25，单）[1]

A. 用于伪造、变造国家机关公文、证件、印章的设备、工具

B. 伪造、变造的国家机关公文、证件、印章

C. 张某关于实施伪造、变造行为的供述

D. 判别国家机关公文、证件、印章真伪的鉴定意见

【解析】根据证据的表现形式不同，可以将证据分为言词证据和实物证据。凡是表现为人的陈述，即以言词作为表现形式的证据，是言词证据。证人证言、被害人陈述、犯罪嫌疑人、被告人供述和辩解、鉴定意见都属于言词证据。凡是表现为物品和痕迹及以其内容具有证据价值的书面文件，即以实物作为表现形式的证据，是实物证据。物证、书证属于实物证据。勘验、检查笔录是办案人员在勘验、检查中对所见客观情况的客观记载，而不是办案人员的陈述，所以，勘验、检查笔录也属于实物证据。视听资料也属于实物证据。

根据证据与案件主要事实的证明关系的不同，可以将证据划分为直接证据与间接证据。所谓刑事案件的主要事实，是指犯罪行为是否系犯罪嫌疑人、被告人所实施；所谓证明关系的不

[1] D

同，是指某一证据是否可以单独地、直接地证明案件的主要事实。间接证据是不能单独地直接指明刑事案件主要事实，需要与其他证据相结合才能证明的证据。直接证据能够单独地、直接地指明案件主要事实，但根据"孤证不能定案"的原则，只有一个直接证据，因其本身的真实性得不到其他证据印证，不得据此认定案件事实。

A项，用于伪造、变造国家机关公文、证件、印章的设备、工具属于犯罪工具，是实物证据，且不能单独、直接地证明张某实施了伪造行为，属于间接证据，所以A项错误。

B项，伪造、变造的国家机关公文、证件、印章是实物证据，且不能单独、直接地证明张某实施了伪造行为，属于间接证据，所以B项错误。

C项，张某关于实施伪造、变造行为的供述属于言词证据，但直接证明其实施了伪造行为，属于直接证据，所以C项错误。

D项，判别国家机关公文、证件、印章真伪的鉴定意见属于言词证据，且不能单独、直接地证明张某实施了伪造行为，属于间接证据，所以D项正确。

综上所述，本题答案为D项。

二、证据的运用之证据能力的判断

（一）证据的属性

1. 关于证据的关联性，下列哪一选项是正确的？（2014-2-27，单）[1]

A. 关联性仅指证据事实与案件事实之间具有因果关系

B. 具有关联性的证据即具有可采性

C. 证据与待证事实的关联度决定证据证明力的大小

D. 类似行为一般具有关联性

【解析】关联性也称为相关性，指证据必须与案件事实有客观联系，对证明刑事案件事实具有某种实际意义；反之，与本案无关的事实或材料，都不能称为刑事证据。（1）关联性是证据的一种客观属性，不是办案人员的主观想象或者强加的联系；（2）证据与案件事实相关联的形式是多种多样、十分复杂的。其中最常见的是因果联系，其次是与犯罪相关的空间、时间、条件、方法、手段的事实；（3）证据的关联性是证据证明力的原因，所谓证明力是指证据所具有的对案件事实的证明作用，也就是证据对证明案件事实的价值。证据对案件事实有无证明力以及证明力的大小，取决于证据本身与案件事实有无联系以及联系的紧密、强弱程度。

A项，关联性不仅指证据事实与案件事实之间有因果关系，还有可能有时间、空间等事实的联系。所以A项错误。

B项，证据具有关联性仅表示证据与待证事实之间存在关联，但证据是否具有可采性，还应当考虑证据的合法性及客观性。所以B项错误。

C项，证据对案件事实有无证明力以及证明力的大小，取决于证据本身与案件事实有无联系以及联系的紧密、强弱程度。所以C项正确。

D项，关联性有两大例外，一是类似行为，一是品格证据。类似行为一般不具有关联性，所以D项错误。

综上所述，本题答案为C项。

---

[1] C

（二）非法证据排除规则

1. 张某涉嫌抢劫罪被甲公安机关立案侦查。在侦查阶段收集到以下证据，其中应当予以排除，不得作为定案依据的证据有哪些？（2018年回忆版真题，多）[1]

A. 侦查人员陈某与李某对张某采用强光持续照射眼睛的方式进行讯问获取了张某的供述，之后，二人再次对张某进行合法讯问，张某作出了与第一次供述相同的供述

B. 侦查人员在讯问时威胁张某，称若不如实供述，就将张某逃税漏税的事实向有关机关告发，张某遂作出了承认抢劫的供述

C. 侦查人员在凌晨抓获张某后对其连夜审讯至天亮而获得的张某的供述

D. 侦查人员对张某非法拘禁，张某因害怕而作出的有罪供述

【解析】A项，根据《关于办理刑事案件严格排除非法证据若干问题的规定》第5条规定，A选项中张某的两次供述都应当予以排除，故A选项正确。

B项，在B项中虽然采取了威胁的方法，但该威胁未达到难以忍受的痛苦的程度，且并未损害其合法权益，故张某的供述不排除，B选项错误。疲劳审讯收集的被告人供述应当排除，需要指出的是，连夜审讯至天亮要构成疲劳审讯，必须以该犯罪嫌疑人在白天被抓获为前提。

C项，C选项中，犯罪嫌疑人是在凌晨被抓获的，立即讯问并审讯至天亮并不属于疲劳审讯，故C选项不正确。

D项，根据《关于办理刑事案件严格排除非法证据若干问题的规定》第4条规定，D选项正确。

综上所述，本题答案为AD项。

2. 公安机关发现一具被焚烧过的尸体，因地处偏僻且天气恶劣，无法找到见证人，于是对勘验过程进行了全程录像，并在笔录中注明原因。法庭审理时，辩护人以勘验时没有见证人在场为由，申请排除勘验现场收集的物证。关于本案证据，下列哪一选项是正确的？（2016-2-29，单）[2]

A. 因违反取证程序的一般规定，应当排除

B. 应予以补正或者作出合理解释，否则予以排除

C. 不仅物证应当排除，对物证的鉴定意见等衍生证据也应排除

D. 有勘验过程全程录像并在笔录中已注明理由，不予排除

【解析】ABD项，根据《刑诉解释》第103条的规定："勘验、检查笔录存在明显不符合法律、有关规定的情形，不能作出合理解释的，不得作为定案的根据。"同时根据《刑诉解释》第80条的规定："下列人员不得担任刑事诉讼活动的见证人：（1）生理上、精神上有缺陷或者年幼，不具有相应辨别能力或者不能正确表达的人；（2）与案件有利害关系，可能影响案件公正处理的人；（3）行使勘验、检查、搜查、扣押、组织辨认等监察调查、刑事诉讼职权的监察、公安、司法机关的工作人员或者其聘用的人员。对见证人是否属于前款规定的人员，人民法院可以通过相关笔录载明的见证人的姓名、身份证件种类及号码、联系方式以及常住人口信息登记表等材料进行审查。由于客观原因无法由符合条件的人员担任见证人的，应当在笔录材料中注明情况，并对相关活动进行全程录音录像。"可知，本案属于由于客观原因无法由符合条件的人员担任见证人的情况，公安机关应当在笔录材料中注明情况并对相关活动进

---

[1]　AD　[2]　D

行全程录音录像。本案对勘验过程进行了全程录像，并在笔录中注明原因，符合上述法律规定，勘验现场收集的物证不属于非法证据。因此，AB项错误，D项正确。

C项，本题中勘验的过程没有违法，收集的物证也不用予以排除。那么，对该物证的鉴定意见等衍生证据就更谈不上排除的问题。因此，C项错误。

综上所述，本题答案为D项。

3. 在法庭审理过程中，被告人屠某、沈某和证人朱某提出在侦查期间遭到非法取证，要求确认其审前供述或证言不具备证据能力。下列哪些情形下应当根据法律规定排除上述证据？(2013-2-68，多)[1]

　　A. 将屠某"大"字型吊铐在窗户的铁栏杆上，双脚离地
　　B. 对沈某进行引诱，说"讲了就可以回去"
　　C. 对沈某进行威胁，说"不讲就把你老婆一起抓进来"
　　D. 对朱某进行威胁，说"不配合我们的工作就把你关进来"

【解析】《刑事诉讼法》第56条第1款规定："采用刑讯逼供等非法方法收集的犯罪嫌疑人、被告人供述和采用暴力、威胁等非法方法收集的证人证言、被害人陈述，应当予以排除。……"《关于办理刑事案件排除非法证据若干问题的规定》第1条规定："采用刑讯逼供等非法手段取得的犯罪嫌疑人、被告人供述和采用暴力、威胁等非法手段取得的证人证言、被害人陈述，属于非法言词证据"。第2条同时规定："经依法确认的非法言词证据，应当予以排除，不能作为定案的根据。"

A项，根据《刑诉解释》第123条第1项规定："采用下列非法方法收集的被告人供述，应当予以排除：(1)采用殴打、违法使用戒具等暴力方法或者变相肉刑的恶劣手段，使被告人遭受难以忍受的痛苦而违背意愿作出的供述；"将屠某大字吊铐在窗户的铁栏杆上，属于采用刑讯逼供方法取得的被告人供述，属于非法言词证据，应当排除。因此，A项正确。

B项，对被告人沈某说"讲了就可以回去"，没有达到刑讯逼供的程度，也没有以暴力或者严重损害近亲属合法权益相威胁，故不排除。因此，B项错误。

C项，根据《关于办理刑事案件严格排除非法证据若干问题的规定》第3条："采用以暴力或者严重损害本人及其近亲属合法权益等进行威胁的方法，使犯罪嫌疑人、被告人遭受难以忍受的痛苦而违背意愿作出的供述，应当予以排除。"题目中的"不讲就把你老婆一起抓进来"，以近亲属的合法权益相威胁取得的证据应当予以排除。应当注意，本题中是否使沈某遭受难以忍受的痛苦而违背意愿这一条件的判断比较抽象，实践中也很难判断，因此老师对答案的观点也有争议，但真题答案认为当选，也就是说，"不讲就把你老婆一起抓进来"已经暗含了达到"遭受难以忍受的痛苦而违背意愿"的条件。因此，C项正确。

D项，《关于办理刑事案件严格排除非法证据若干问题的规定》第6条规定："采用暴力、威胁以及非法限制人身自由等非法方法收集的证人证言、被害人陈述，应当予以排除。"朱某属于证人，对朱某进行威胁取得的证言，属于非法言词证据，应当排除。因此，D项正确。

综上所述，本题答案为ACD项。(原答案是AD)

4. 关于非法证据的排除，下列哪些说法是正确的？(2012-2-67，多)[2]

　　A. 非法证据排除的程序，可以根据当事人等申请而启动，也可以由法庭依职权启动

---

[1]　ACD　[2]　ABC

B. 申请排除以非法方法收集的证据的，应当提供相关线索或者材料

C. 检察院应当对证据收集的合法性加以证明

D. 只有确认存在《刑事诉讼法》第56条规定的以非法方法收集证据情形时，才可以对有关证据应当予以排除

【解析】AB项，根据《刑事诉讼法》第58条规定："法庭审理过程中，审判人员认为可能存在本法第五十六条规定的以非法方法收集证据情形的，应当对证据收集的合法性进行法庭调查。当事人及其辩护人、诉讼代理人有权申请人民法院对以非法方法收集的证据依法予以排除。申请排除以非法方法收集的证据的，应当提供相关线索或者材料。"可知，非法证据排除程序有依申请和依职权两种启动方式，当事人等申请排除以非法方法收集的证据的，应当提供相关线索或者材料。因此，AB项正确。

C项，根据《刑事诉讼法》第59条第1款规定："在对证据收集的合法性进行法庭调查的过程中，人民检察院应当对证据收集的合法性加以证明。"可知，庭审过程中，检察院应当对证据收集的合法性加以证明。因此，C项正确。

D项，根据《刑事诉讼法》第60条规定："对于经过法庭审理，确认或者不能排除存在本法第五十六条规定的以非法方法收集证据情形的，对有关证据应当予以排除。"可知，并非只有确认存在非法情形时才能排除，当不能排除存在《刑事诉讼法》第56条规定的情形时，相关证据也应当予以排除。因此，D项错误。

综上所述，本题答案为ABC项。

（三）其他证据规则

1. 某小学发生一起猥亵儿童案件，三年级女生甲向校长许某报称被老师杨某猥亵。许某报案后，侦查人员通过询问许某了解到甲向其陈述的被杨某猥亵的经过。侦查人员还通过询问甲了解到，另外两名女生乙和丙也可能被杨某猥亵，乙曾和甲谈到被杨某猥亵的经过，甲曾目睹杨某在课间猥亵丙。讯问杨某时，杨某否认实施猥亵行为，并表示他曾举报许某贪污，许某报案是对他的打击报复。关于本案证据，下列选项正确的是：（2017-2-96，不）[1]

A. 甲向公安机关反映的情况，既是被害人陈述，也是证人证言

B. 关于甲被猥亵的经过，许某的证言可作为甲陈述的补强证据

C. 关于乙被猥亵的经过，甲的证言属于传闻证据，不得作为定案的依据

D. 甲、乙、丙因年幼，其陈述或证言必须有其他证据印证才能采信

【解析】A项，犯罪行为的直接受害者就案件事实所作的陈述，叫被害人陈述，由公安司法人员询问被害人取得，其他任何个人和单位不得非法收集。本案中甲作为被害人被公安机关询问，其向公安机关反映的自己被杨某猥亵的经过，属于被害人陈述，甲曾目睹杨某在课间猥亵丙，属于证人证言。因此，A项正确。

B项，补强证据必须具有独立的来源。补强证据与补强对象之间不能重叠，而必须独立于补强对象，具有独立的来源，否则就无法担保补强对象的真实性。关于甲被猥亵的经过，许某的证言是转述甲的陈述，因为没有独立来源不可作为甲陈述的补强证据。因此，B项错误。

C项，依据《刑事诉讼法》第195条规定："……对未到庭的证人的证言笔录、鉴定人的鉴定意见、勘验笔录和其他作为证据的文书，应当当庭宣读……"该规定表明，在立法上似乎

---

[1] A

又允许一部分证人可以不出庭作证。由此可见，我国现行立法并没有规定传闻证据排除规则，只是有条件地采纳传闻证据的精神，本题中甲的证言属于传闻证据，如果能和其他证据一起形成证据链完全可以作为定案的依据。因此，C项错误。

D项，依据《刑事诉讼法》第62条规定，凡是知道案件情况的人，都有作证的义务。生理上、精神上有缺陷或者年幼，不能辨别是非、不能正确表达的人，不能作证人。因此，D项错误。

综上所述，本题答案为A项。

2. 下列哪一证据规则属于调整证据证明力的规则？（2017－2－26，单）[1]

A. 传闻证据规则   B. 非法证据排除规则

C. 关联性规则   D. 意见证据规则

【解析】ABCD项，本题从证明力与证据能力这一对概念考查对于刑事证据规则的理解。证据能力，是指证据资格，即允许证据在诉讼中使用并作为认定案件事实的依据。举个例子：在一起杀人案中，证人甲作证说王某杀人了。那么甲的证言能否作为证据，这就是证据能力。如果甲的证言是属于检察院的诱供，则甲的证言就不能作为证据了，就没有证明能力了。所谓证明力，是指已经具有证据能力的证据所具有的对案件事实的证明作用大小，也就是证据对证明案件事实的价值。

刑事证据规则，是指在证据制度中，控辩双方收集和出示证据，法庭采纳和运用证据认定案件事实必须遵循的重要准则。证据规则大体包括两类：第一，调整证据能力（即一项涉案材料是否符合客观性、关联性、合法性，能否作为证据使用）的规则。如传闻证据规则、非法证据排除规则、意见证据规则、最佳证据规则等。第二，调整证明力（一项证据的证明作用大小问题）的规则，例如关联性规则、补强证据规则等。根据上述原理，调整证据证明力的规则只有关联性规则。因此，ABD项错误，C项正确。

综上所述，本题答案为C项。

3. 下列哪一选项属于传闻证据？（2015－2－26，单）[2]

A. 甲作为专家辅助人在法庭上就一起伤害案的鉴定意见提出的意见

B. 乙了解案件情况但因重病无法出庭，法官自行前往调查核实的证人证言

C. 丙作为技术人员"就证明讯问过程合法性的同步录音录像是否经过剪辑"在法庭上所作的说明

D. 丁曾路过发生杀人案的院子，其开庭审理时所作的"当时看到一个人从那里走出来，好像喝了许多酒"的证言

【解析】传闻证据，包括两种形式：一是书面传闻证据，即亲身感受了案件事实的证人在庭审期日之外所作的书面证人证言，及警察、检察人员所作的（证人）询问笔录；二是言词传闻证据，即证人并非就自己亲身感知的事实作证，而是向法庭转述他从别人那里听到的情况。

A项，专家辅助人就鉴定意见提出的意见，可以认为是协助当事人对鉴定意见进行实质性质证，不属于传闻证据。A项错误。

B项，根据传闻证据规则，证人证言必须当庭陈述，本题中，乙没有当庭陈述，乙的证人

---

[1] C [2] B

证言属于传闻证据。B 项正确。

C 项，丙所作的说明是在法庭上就自己亲身感知的事实作证，不属于传闻证据。C 项错误。

D 项，丁的证人证言是在法庭上陈述的，是就自己亲身感知的事实作证，不是向法庭转述他从别人那里听到的情况，不属于传闻证据。D 项错误。

综上所述，本题答案为 B 项。

4. 下列哪一选项所列举的证据属于补强证据？（2014 - 2 - 28，单）[1]

A. 证明讯问过程合法的同步录像材料

B. 证明获取被告人口供过程合法，经侦查人员签名并加盖公章的书面说明材料

C. 根据被告人供述提取到的隐蔽性极强、并能与被告人供述和其他证据相印证的物证

D. 对与被告人有利害冲突的证人所作的不利被告人的证言的真实性进行佐证的书证

【解析】补强证据，指用以增强另一证据证明力的证据。一开始收集到的对证实案件有重要意义的证据是"主证据"。而用以印证该证据真实性的其他证据是"补强证据"。补强证据必须满足以下条件：（1）补强证据必须具有证据能力；（2）补强证据本身必须具有担保补强对象真实的能力；（3）补强证据必须具有独立的来源，补强证据与补强对象之间不能重叠。

A 项，只有一项证据，即同步录像，其属于视听资料，而无法找到第二项证据。"证明讯问过程合法"只是这段录像的内容，而不是一个单独的证据种类。补强证据存在首先需要满足有两个证据，而我国的八种法定证据种类中（物证，书证，证人证言，犯罪嫌疑人、被告人供述和辩解，被害人陈述，鉴定意见，勘验、检查、辨认、侦查实验等笔录，视听资料、电子数据），没有"讯问过程"这种证据。故 A 项错误。

B 项，侦查人员出具的说明材料不属于《刑事诉讼法》规定的八种法定证据之列，故不具有证据能力。所以 B 项错误。

C 项，C 选项中的证据属于具有相互印证功能的证据，而不是对证据本身证明力的补强。且该物证是根据被告人的供述提取到的，虽然能与被告人的供述相互印证，但是都来源于被告人的供述，来源具有同一性，因此不符合补强证据的条件，所以 C 项错误。

D 项，该书证的目的是为了增强与被告人有利害冲突的证人所做的不利于被告人的证言的真实性，其具有独立的来源，是法定证据种类中的一种，具有证据能力。所以 D 项正确。

综上所述，本题答案为 D 项。

5. 关于补强证据，下列哪一说法是正确的？（2012 - 2 - 40，单）[2]

A. 应当具有证据能力　　　　　　　B. 可以和被补强证据来源相同

C. 对整个待证事实有证明作用　　　D. 应当是物证或者书证

【解析】补强证据规则，是指为了防止误认事实或发生其他危险性，而在运用某些证明力显然薄弱的证据认定案情时，必须有其他证据补强其证明力，才能被法庭采信为定案根据。补强证据必须满足：1. 补强证据必须具有证据能力；2. 只要求具有担保部分证据对象真实的能力，无需对全部主证据都有补强证明作用；3. 补强证据必须具有独立的来源。

A 项，补强证据规则是调整证明力的规则，故前提是补强证据本身必须具有证据能力。因此，A 项正确。

---

[1] D　[2] A

B 项，补强证据必须具有独立的来源，不能和被补强证据来源相同。因此，B 项错误。

C 项，补强证据的作用在于确保补强对象的真实性，因此补强证据不需要对整个待证事实有证明作用。因此，C 项错误。

D 项，补强证据既可以是直接证据，也可以是间接证据；既可以是其他形式的言词证据，也可以是实物证据。因此，D 项错误。

综上所述，本题答案为 A 项。

6. 下列哪一选项表明我国基本确立了自白任意性规则？（2012－2－28，单）[1]

A. 侦查人员在讯问犯罪嫌疑人的时候，可以对讯问过程进行录音或者录像

B. 不得强迫任何人证实自己有罪

C. 逮捕后应当立即将被逮捕人送交看守所羁押

D. 不得以连续拘传的方式变相拘禁犯罪嫌疑人、被告人

【解析】ABCD 项，自白任意性规则，又称非任意自白排除规则，是指在刑事诉讼中，只有基于被追诉人自由意志而作出的自白（即承认有罪的供述），才具有可采性，违背当事人意愿或违反法定程序而强制作出的供述不是自白，而是逼供，不具有可采性，必须予以排除。根据《刑事诉讼法》第 52 条规定："审判人员、检察人员、侦查人员必须依照法定程序，收集能够证实犯罪嫌疑人、被告人有罪或者无罪、犯罪情节轻重的各种证据。严禁刑讯逼供和以威胁、引诱、欺骗以及其他非法方法收集证据，不得强迫任何人证实自己有罪。必须保证一切与案件有关或者了解案情的公民，有客观地充分地提供证据的条件，除特殊情况外，可以吸收他们协助调查。"不得强迫任何人证实自己有罪，表明我国基本确立了自白任意性规则。因此，ACD 项错误，B 项正确。

综上所述，本题答案为 B 项。

7. "证人猜测性、评论性、推断性的证言，不能作为证据使用"，系下列哪一证据规则的要求？（2011－2－26，单）[2]

A. 传闻证据规则　　　　　　　　　B. 意见证据规则

C. 补强证据规则　　　　　　　　　D. 最佳证据规则

【解析】A 项，传闻证据原则，也称传闻证据排除规则，是法律排除传闻证据作为认定犯罪事实的根据的规则。根据这一规则，如无法定理由，任何人在庭审期间以外及庭审准备期间以外的陈述，不得作为认定被告人有罪的证据。根据该定义可知，传闻证据强调的是作出陈述的时间和地点，所以 A 项错误。

B 项，意见证据规则，是指证人只能陈述自己亲身感受和经历的事实，而不得陈述对该事实的意见或者结论。《刑诉解释》第 88 条第 2 款规定："证人的猜测性、评论性、推断性的证言，不能作为证据使用，但根据一般生活经验判断符合事实的除外。"此条即是意见证据规则的体现，所以 B 项正确。

C 项，补强证据规则，是指防止误认事实或者发生其他危险性，而在运用某些证明力显然薄弱的证据认定案情时，必须有其他证据补强其证明力，才能被法庭采信为定案根据。该规则要求其他证据的辅助证明，题目中强调的是不能作为证据，所以 C 项错误。

D 项，最佳证据规则，又称原始证据规则，是指以文字、符号、图形等方式记载的内容来

---

[1] B　[2] B

证明案情时，原件才是最佳证据。该规则与证人证言无关，所以 D 项错误。

综上所述，本题答案为 B 项。

（四）证据的审查判断

1. 赵某涉嫌抢劫案被立案侦查。侦查人员对此案组织了辨认。下列关于辨认程序不符合有关规定，经补正或者作出合理解释后，辨认笔录可以作为证据使用的情形，下列选项正确的是？（2020 仿真题，单）[1]

A. 被害人张某在辨认前见到了辨认对象赵某

B. 侦查人员将赵某混杂在 5 名具有类似特征的人员中，由被害人张某进行辨认

C. 案卷中只有辨认笔录，没有被辨认对象的照片、录像等资料，无法获悉辨认的真实情况的

D. 侦查人员组织证人贾某与罗某同时对犯罪嫌疑人进行辨认

【解析】《刑诉解释》第 104 条规定：对辨认笔录应当着重审查辨认的过程、方法，以及辨认笔录的制作是否符合有关规定。《刑诉解释》第 105 条规定：辨认笔录具有下列情形之一的，不得作为定案的根据：（1）辨认不是在调查人员、侦查人员主持下进行的；（2）辨认前使辨认人见到辨认对象的；（3）辨认活动没有个别进行的；（4）辨认对象没有混杂在具有类似特征的其他对象中，或者供辨认的对象数量不符合规定的；（5）辨认中给辨认人明显暗示或者明显有指认嫌疑的；（6）违反有关规定、不能确定辨认笔录真实性的其他情形。

A 项，被害人张某在辨认前见到了辨认对象赵某，使辨认人见到辨认对象的，根据《刑诉解释》第 105 条第（2）的规定，不得作为定案依据，故 A 项错误。

B 项，侦查人员将赵某混杂在 5 名具有类似特征的人员中组织辨认，少于 7 人，不符合《公安部规定》第 260 条第 2 款对于辨认犯罪嫌疑人时被辨认的人数的规定，根据《刑诉解释》第 105 条第（4）的规定，不得作为定案依据，故 B 项错误。

C 项，案卷中只有辨认笔录，没有被辨认对象的照片、录像等资料，无法获悉辨认的真实情况，并未在《刑诉解释》第 105 条排除辨认笔录的规定中体现，通过有关办案人员的补正或者作出合理解释的，辨认结果可以作为证据使用，故 C 项正确。

D 项，证人贾某与罗某同时对犯罪嫌疑人进行辨认，辨认活动没有个别进行，根据《刑诉解释》第 105 条第（2）的规定，不得作为定案依据，故 D 项错误。

综上所述，本题答案为 C 项。

2. 张甲涉嫌在火车上扒窃被立案侦查并提起公诉，王乙和陈丙在案发时与张甲处于同一车厢，两人在侦查阶段作为目击证人提供了证人证言。关于本案的处理，下列哪一选项是正确的？（2019 仿真题，单）[2]

A. 公安机关向法院提交的讯问笔录虽然没有经过被讯问人张甲核对签名确认，但是如果可以补正或作出合理解释，法院可以采纳作为定案依据

B. 辩护人柳丁向法院申请王乙出庭作证，法院告知柳丁应当说明其拟证明的案件事实

C. 在庭前会议中，控辩双方对于王乙的证言没有争议，在法庭调查阶段可以不再出示该证言

D. 在法庭审理中，陈丙无正当理由拒不出庭，法院以其在侦查阶段提供的证言作为定案

---

[1] C [2] B

依据，法院的做法不符合法律规定

【解析】A项，《刑事诉讼法》第122条："讯问笔录应当交犯罪嫌疑人核对，对于没有阅读能力的，应当向他宣读。如果记载有遗漏或者差错，犯罪嫌疑人可以提出补充或者改正。犯罪嫌疑人承认笔录没有错误后，应当签名或者盖章。侦查人员也应当在笔录上签名。犯罪嫌疑人请求自行书写供述的，应当准许。必要的时候，侦查人员也可以要犯罪嫌疑人亲笔书写供词。"因此，对于未经张甲核对并签名的笔录，不应当被采纳为定案依据。A项错误。

B项，《刑诉解释》第247条："控辩双方申请证人出庭作证，出示证据，应当说明证据的名称、来源和拟证明的事实。法庭认为有必要的，应当准许；对方提出异议，认为有关证据与案件无关或者明显重复、不必要，法庭经审查异议成立的，可以不予准许。"故此，法官要求柳某说明证人拟证明的事实是正确的。B项正确。

C项，《刑诉解释》第229条："庭前会议中，审判人员可以询问控辩双方对证据材料有无异议，对有异议的证据，应当在庭审时重点调查；无异议的，庭审时举证、质证可以简化。"因此，尽管控辩双方对王乙的证言没有争议，但仍应当出示并进行质证，只不过可以简化举证质证过程。C项错误。

D项，《刑事诉讼法》第192条第1款："公诉人、当事人或者辩护人、诉讼代理人对证人证言有异议，且该证人证言对案件定罪量刑有重大影响，人民法院认为证人有必要出庭作证的，证人应当出庭作证。"我国刑诉法虽然规定了对有异议且法院认为有必要出庭作证的，证人应当出庭，但对证人未出庭，并未规定证人证言不可用作定案依据的法律后果。此外，《刑事诉讼法》第61条规定，"证人证言必须在法庭上经过公诉人、被害人和被告人、辩护人双方质证并且查实以后，才能作为定案的根据。法庭查明证人有意作伪证或者隐匿罪证的时候，应当依法处理。"因此，陈某的证言若经过质证和查实，可用作定案依据，法院的做法符合法律规定。D项错误。

综上所述，本题答案为B。

3. 某幼儿园老师甲因4岁的小朋友小杨午休期间吵闹而用针扎了他。同是4岁的小刘目睹了小杨被针扎的过程。小刘放学后把小杨被老师针扎的事情告诉了自己妈妈。小刘妈妈随即报警。甲因涉嫌犯罪被公安机关立案侦查。关于本案，下列说法正确的是？（2018回忆版真题，单）[1]

A. 因小刘对所证事实具有辨别能力，符合其智力水平，其证言可以作为定案的依据

B. 4岁的小杨作为被害人可以对犯罪嫌疑人甲进行辨认

C. 由于小杨的辨认笔录没有见证人的签名，该辨认笔录不能作为定案的依据

D. 小杨的母亲与案件有利害关系，其证言不可以作为定案的依据

【解析】A项，《刑事诉讼法》第62条规定："凡是知道案件情况的人，都有作证的义务。生理上、精神上有缺陷或者年幼，不能辨别是非、不能正确表达的人，不能作证人。"据此，要排除一个年幼的人作证的资格，必须还得符合"不能辨别是非、不能正确表达"才行。在本案中，虽然4岁的小刘年幼，但其对所证事实具有辨别能力，符合其智力水平，因此可以作为证人，其证言可以作为定案的依据。A选项正确。

B项，《公安部规定》第258条规定："为了查明案情，在必要的时候，侦查人员可以让被

---

[1] AB

害人、证人或者犯罪嫌疑人对与犯罪有关的物品、文件、尸体、场所或者犯罪嫌疑人进行辨认。"据此，不管年龄大小，只要是被害人，都是辨认的主体。B 选项正确。

C 项，《关于办理死刑案件审查判断证据若干问题的规定》第 30 条第 2 款规定："有下列情形之一的，通过有关办案人员的补正或者作出合理解释的，辨认结果可以作为证据使用：（1）主持辨认的侦查人员少于 2 人的；（2）没有向辨认人详细询问辨认对象的具体特征的；（3）对辨认经过和结果没有制作专门的规范的辨认笔录，或者辨认笔录没有侦查人员、辨认人、见证人的签名或者盖章的；（4）辨认记录过于简单，只有结果没有过程的；（5）案卷中只有辨认笔录，没有被辨认对象的照片、录像等资料，无法获悉辨认的真实情况的。"根据该条第 2 款第（3）项。C 选项错误。

D 项，《刑事诉讼法》第 62 条第 1 款规定："凡是知道案件情况的人，都有作证的义务。"据此，尽管小杨的母亲与案件有利害关系，但其也有作证的义务，其证言可以作为定案的根据，故 D 选项错误。

综上所述，本题答案为 A、B。

4. 甲涉嫌利用木马程序盗取 Q 币并转卖他人，公安机关搜查其住处时，发现一个 U 盘内存储了用于盗取账号密码的木马程序。关于该 U 盘的处理，下列哪些选项是正确的？（2017 - 2 - 69，多）[1]

A. 应扣押 U 盘并制作笔录

B. 检查 U 盘内的电子数据时，应将 U 盘拆分过程进行录像

C. 公安机关移送审查起诉时，对 U 盘内提取的木马程序，应附有该木马程序如何盗取账号密码的说明

D. 如 U 盘未予封存，且不能补正或作出合理解释的，U 盘内提取的木马程序不得作为定案的根据

【解析】A 项，根据《关于办理刑事案件收集提取和审查判断电子数据若干问题的规定》第 8 条第 1 款的规定："收集、提取电子数据，能够扣押电子数据原始存储介质的，应当扣押、封存原始存储介质，并制作笔录，记录原始存储介质的封存状态。"可知，本题中 U 盘属于电子数据的原始存储介质，扣押 U 盘并应制作扣押笔录符合上述规定。A 项正确。

B 项，根据《关于办理刑事案件收集提取和审查判断电子数据若干问题的规定》第 16 条第 2 款的规定："电子数据检查，应当对电子数据存储介质拆封过程进行录像……"可知，检查 U 盘内的电子数据时，应将 U 盘拆封过程进行录像。（注意：此真题 B 选项中原表述为"拆分"。出于严谨考虑，将对应处改为"拆封"，使其与法条表述一致）。B 项将 U 盘拆分过程进行录像的做法正确。

C 项，根据《关于办理刑事案件收集提取和审查判断电子数据若干问题的规定》第 19 条的规定："对侵入、非法控制计算机信息系统的程序、工具以及计算机病毒等无法直接展示的电子数据，应当附电子数据属性、功能等情况的说明。对数据统计量、数据同一性等问题，侦查机关应当出具说明。"可知，用于盗取 Q 币的木马程序即属于此类电子数据，移送审查起诉时，应当附有木马程序如何盗取账号密码的说明。C 项正确。

D 项，根据《刑诉解释》第 113 条的规定："电子数据的收集、提取程序有下列瑕疵，经

———————————
[1]　ABCD

补正或者作出合理解释的，可以采用；不能补正或者作出合理解释的，不得作为定案的根据：（1）未以封存状态移送的；……"可知，U盘未予封存，且不能补正或作出合理解释的U盘内提取的木马程序不得作为定案的根据。D项正确。

综上所述，本题答案为A、B、C、D。

5. 某地发生一起以爆炸手段故意杀人致多人伤亡的案件。公安机关立案侦查后，王某被确定为犯罪嫌疑人。关于本案辨认，下列哪一选项是正确的？（2016-2-34，单）[1]

A. 证人甲辨认制造爆炸物的工具时，混杂了另外4套同类工具

B. 证人乙辨认犯罪嫌疑人时未同步录音或录像，辨认笔录不得作为定案的依据

C. 证人丙辨认犯罪现场时没有见证人在场，辨认笔录不得作为定案的依据

D. 王某作为辨认人时，陪衬物不受数量的限制

【解析】A项，根据《公安部规定》第260条第1款规定："辨认时，应当将辨认对象混杂在特征相类似的其他对象中，不得在辨认前向辨认人展示辨认对象及其影像资料，不得给辨认人任何暗示。"本案将制造爆炸物的工具混杂在另外4套同类工具中让证人甲辨认，符合上述规定。因此，A项正确。

B项，根据《公安部规定》第262条规定："对辨认经过和结果，应当制作辨认笔录，由侦查人员、辨认人、见证人签名。必要时，应当对辨认过程进行录音录像。"公安机关认为必要的，才应当对辨认过程进行录音录像，本案未说明公安机关认为有录音或者录像的必要，故辨认笔录不得作为定案的依据的结论过于绝对。因此，B项错误。

C项，根据《最高检规则》第225条规定："几名辨认人对同一被辨认对象进行辨认时，应当由每名辨认人单独进行。必要时，可以有见证人在场。"根据上述规定，证人丙辨认犯罪现场时，公安机关认为有必要的，可以有见证人在场，而非必要要有见证人在场。因本案未说明公安机关认为有见证人在场的必要，也即辨认笔录不得作为定案的依据的结论过于绝对。因此，C项错误。

D项，根据《公安部规定》第260条第4款规定："对场所、尸体等特定辨认对象进行辨认，或者辨认人能够准确描述物品独有特征的，陪衬物不受数量的限制。"只有在对场所、尸体等特定辨认对象进行辨认，或者辨认人能够准确描述物品独有特征时，陪衬物的数量才不受限制。王某作为辨认人时，陪衬物的数量应该符合辨认的相关规定。因此，D项错误。

综上所述，本题答案为A项。

6. 关于网络犯罪案件证据的收集与审查，下列哪一选项是正确的？（2015-2-24，单）[2]

A. 询问异地证人、被害人的，应由办案地公安机关通过远程网络视频等方式进行

B. 收集、提取电子数据，能够获取原始存储介质的应封存原始存储介质，并对相关活动录像

C. 远程提取电子数据的，应说明原因，并对相关活动录像

D. 对电子数据涉及的专门性问题难以确定的，可由公安部指定的机构出具检验报告

【解析】A项，《关于办理网络犯罪案件适用刑事诉讼程序若干问题的意见》第12条第1款规定，询（讯）问异地证人、被害人以及与案件有关联的犯罪嫌疑人的，可以由办案地公

---

[1] A　[2] D

安机关通过远程网络视频等方式进行询（讯）问并制作笔录。因此是"可以"，而不是"应当"，故 A 项错误。

B 项，上述解释第 14 条规定："收集、提取电子数据，能够获取原始存储介质的，应当封存原始存储介质，并制作笔录，记录原始存储介质的封存状态，由侦查人员、原始存储介质持有人签名或者盖章；持有人无法签名或者拒绝签名的，应当在笔录中注明，由见证人签名或者盖章。有条件的，侦查人员应当对相关活动进行录像。"所以并不是一律都要录像，是有条件的才录像。B 项错误。

C 项，上述解释第 16 条规定："收集、提取电子数据应当制作笔录，记录案由、对象、内容，收集、提取电子数据的时间、地点、方法、过程，电子数据的清单、规格、类别、文件格式、完整性校验值等，并由收集、提取电子数据的侦查人员签名或者盖章。远程提取电子数据的，应当说明原因，有条件的，应当对相关活动进行录像。……"C 项错在不是都应当对相关活动录像，而是有条件的才应当录像，故 C 项错误。

D 项，上述解释第 18 条规定："对电子数据涉及的专门性问题难以确定的，由司法鉴定机构出具鉴定意见，或者由公安部指定的机构出具检验报告。"所以 D 项正确。综上所述，本题答案为 D。

7. 关于证人证言的收集程序和方式存在瑕疵，经补正或者作出合理解释后，可以作为证据使用的情形，下列哪一选项是正确的？（2012－2－42，单）[1]

A. 询问证人时没有个别进行的

B. 询问笔录反映出在同一时间内，同一询问人员询问不同证人的

C. 询问聋哑人时应当提供翻译而未提供的

D. 没有经证人核对确认并签名（盖章）、捺指印的

【解析】A、C、D 项，根据《刑诉解释》第 89 条规定："证人证言具有下列情形之一的，不得作为定案的根据：（1）询问证人没有个别进行的；（2）书面证言没有经证人核对确认的；（3）询问聋、哑人，应当提供通晓聋、哑手势的人员而未提供的；（4）询问不通晓当地通用语言、文字的证人，应当提供翻译人员而未提供的。"可知，A 项属于上述第一项，C 项属于上述第三项，D 项属于上述第二项。均属于证人证言有重大瑕疵，应绝对排除，不能经过补正适用。因此，ACD 项错误。

B 项，根据《刑诉解释》第 90 条规定："证人证言的收集程序、方式有下列瑕疵，经补正或者作出合理解释的，可以采用；不能补正或者作出合理解释的，不得作为定案的根据：……（4）询问笔录反映出在同一时段，同一询问人员询问不同证人的……"可知，询问笔录反映出在同一时段，同一询问人员询问不同证人的，经补正或者作出合理解释的，可以采用。因此，B 项正确。

综上所述，本题答案为 B。

8. 关于辨认程序不符合有关规定，经补正或者作出合理解释后，辨认笔录可以作为证据使用的情形，下列哪一选项是正确的？（2012－2－27，单）[2]

A. 辨认前使辨认人见到辨认对象的

B. 供辨认的对象数量不符合规定的

C. 案卷中只有辨认笔录，没有被辨认对象的照片、录像等资料，无法获悉辨认的真实情况的

D. 辨认活动没有个别进行的

【解析】 A、B、D项，根据《刑诉解释》第104条规定："对辨认笔录应当着重审查辨认的过程、方法，以及辨认笔录的制作是否符合有关规定。"第105条规定："辨认笔录具有下列情形之一的，不得作为定案的根据：（1）辨认不是在调查人员、侦查人员主持下进行的；（2）辨认前使辨认人见到辨认对象的；（3）辨认活动没有个别进行的；（4）辨认对象没有混杂在具有类似特征的其他对象中，或者供辨认的对象数量不符合规定的；（5）辨认中给辨认人明显暗示或者明显有指认嫌疑的；（6）违反有关规定、不能确定辨认笔录真实性的其他情形。"另《关于办理死刑案件审查判断证据若干问题的规定》第30条第2款规定："有下列情形之一的，通过有关办案人员的补正或者作出合理解释的，辨认结果可以作为证据使用：（1）主持辨认的侦查人员少于二人的；（2）没有向辨认人详细询问辨认对象的具体特征的；（3）对辨认经过和结果没有制作专门的规范的辨认笔录，或者辨认笔录没有侦查人员、辨认人、见证人的签名或者盖章的；（4）辨认记录过于简单，只有结果没有过程的；（5）案卷中只有辨认笔录，没有被辨认对象的照片、录像等资料，无法获悉辨认的真实情况的。"可知，A项属于上述第二项，B项属于上述第四项，D项属于上述第三项，不得作为定案的证据。因此，ABD项错误。

C项，根据《关于办理死刑案件审查判断证据若干问题的规定》第30条第2款规定："有下列情形之一的，通过有关办案人员的补正或者作出合理解释的，辨认结果可以作为证据使用：……（五）案卷中只有辨认笔录，没有被辨认对象的照片、录像等资料，无法获悉辨认的真实情况的。"可知，虽然出现瑕疵、无照片和录像，但由于可以通过补正或解释消除程序违法对辨认结论准确性的影响，故可以作为证据使用，甚至可以作为定案的根据。因此，C项正确。综上所述，本题答案为C。

9. 具有特定情形的下列哪些证据不能作为定案的根据？（2011－2－66，多）[1]

A. 视听资料的制作时间、地点存有异议，不能作出合理解释，也没有提供必要证明的

B. 在做DNA检测时送检材料与比对样本属于同一个来源的

C. 证人在犯罪现场听到被告人喊"给他点厉害瞧瞧"的陈述

D. 犯罪嫌疑人拒绝签名、盖章而由侦查人员在笔录上注明情况的讯问笔录

【解析】 A项，根据《刑诉解释》第109条规定，视听资料制作、取得的时间、地点、方式等有疑问，不能作出合理解释的，不得作为定案的根据。A项正确。

B项，根据《刑诉解释》第98条规定，鉴定程序违反规定的或鉴定过程和方法不符合相关专业的规范要求的鉴定意见，不得作为定案的根据，在鉴定过程中送检材料和比对样本不得同源。B项正确。

C项，根据《刑诉解释》第87条规定，对证人证言应当着重审查以下内容：（一）证言的内容是否为证人直接感知。证人在犯罪现场听到被告人喊"给他点厉害瞧瞧"的陈述是其直接感知的内容，可以作为定案根据，C项错误。

D项，根据《关于办理死刑案件审查判断证据若干问题的规定》第20条第（1）项规定：

---

[1]　ABD

"讯问笔录没有经被告人核对确认并签名（盖章）、捺指印的，不能作为定案的根据。"D项正确。

综上所述，本题答案为 A、B、D。

10. 关于证据的审查判断，下列哪一说法是正确的？（2011－2－27，单）[1]

A. 被害人有生理缺陷，对案件事实的认知和表达存在一定困难，故其陈述在任何情况下都不得采信

B. 与被告人有利害冲突的证人提供的对被告人不利的证言，在任何情况下都不得采信

C. 公安机关制作的放火案的勘验、检查笔录没有见证人签名，一律不得采信

D. 搜查获得的杀人案凶器，未附搜查笔录，不能证明该凶器来源，一律不得采信

【解析】A、B项，根据《刑诉解释》第143条规定："下列证据应当慎重使用，有其他证据印证的，可以采信：（1）生理上、精神上有缺陷，对案件事实的认知和表达存在一定困难，但尚未丧失正确认知、表达能力的被害人、证人和被告人所作的陈述、证言和供述；（2）与被告人有亲属关系或者其他密切关系的证人所作的有利于被告人的证言，或者与被告人有利害冲突的证人所作的不利于被告人的证言。"可知，被害人有生理缺陷，对案件事实的认知和表达存在一定困难或者与被告人有利害冲突的证人提供的对被告人不利的证言，在有其他证据印证的情形下，可以采信，所以 AB 项错误。

C项，根据《关于办理死刑案件审查判断证据若干问题的规定》第26条规定："勘验、检查笔录存在明显不符合法律及有关规定的情形，并且不能作出合理解释或者说明的，不能作为证据使用。勘验、检查笔录存在勘验、检查没有见证人的，勘验、检查人员和见证人没有签名、盖章的，勘验、检查人员违反回避规定的等情形，应当结合案件其他证据，审查其真实性和关联性。"可知，勘验检查笔录没有见证人签名的，应当结合案件其他证据，审查其真实性和关联性，再根据情况决定是否采信，并非一律不得采信，所以 C 项错误。

D项，根据《刑诉解释》第86条第1款规定："在勘验、检查、搜查过程中提取、扣押的物证、书证，未附笔录或者清单，不能证明物证、书证来源的，不得作为定案的根据。"可知，未附搜查笔录，不能证明物证、书证来源的，不能采信，所以 D 项正确。综上所述，本题答案为 D。

三、证据的运用之如何运用证据来证明

（一）证明对象

1. 下列哪些选项属于刑事诉讼中的证明对象？（2016－2－69，多）[2]

A. 行贿案中，被告人知晓其谋取的系不正当利益的事实

B. 盗窃案中，被告人的亲友代为退赃的事实

C. 强奸案中，用于鉴定的体液检材是否被污染的事实

D. 侵占案中，自诉人申请期间恢复而提出的其突遭车祸的事实，且被告人和法官均无异议

【解析】刑事诉讼中的证明对象是证明主体运用一定的证明方法所要证明的一切法律要件事实，包括实体法事实、程序法事实两个方面。

A项，为谋取不正当利益，给予国家工作人员以财物的，是行贿罪。行贿罪的构成要件

---

[1] D [2] AB

中，要求行为人的目的是谋取不正当利益，所以，被告人知晓其谋取的系不正当利益的事实系应被证明的实体法事实，属于刑事诉讼中的证明对象。因此，A 项正确。

B 项，对于盗窃罪，退赃的事实属于有关附带民事诉讼、涉案财物处理的事实，系待证的实体法事实，亦属于刑事诉讼中的证明对象。因此，B 项正确。

C 项，对证据材料的审查与判断被称为验证"证据事实"的过程，证据事实不是证明对象，而是证明手段。证明对象是指需要用证据证明的案件事实，而证据事实则是指证据本身的来源、构成等要素。"强奸案中，用于鉴定的体液检材是否被污染的事实"属于"证据事实"，而非证明对象。因此，C 项错误。

D 项，侵占案中，自诉人申请期间恢复而提出的其突遭车祸的事实，且被告人和法官均无异议，属于在法庭审理中不存在异议的免证事实，不属于刑事诉讼的证明对象。因此，D 项错误。综上所述，本题答案为 A、B。

2. 关于死刑案件的证明对象的表述，下列哪些选项是正确的？（2011 - 2 - 74，多）[1]

A. 被指控的犯罪事实的发生

B. 被告人实施犯罪的时间、地点、手段、后果以及其他情节

C. 被害人有无过错及过错程度

D. 被告人的近亲属是否协助抓获被告人

【解析】 AB 项，根据《关于办理死刑案件审查判断证据若干问题的规定》第 5 条第 2 款规定："办理死刑案件，对于以下事实的证明必须达到证据确实、充分：（1）被指控的犯罪事实的发生；（2）被告人实施了犯罪行为与被告人实施犯罪行为的时间、地点、手段、后果以及其他情节；（3）影响被告人定罪的身份情况；（4）被告人有刑事责任能力；（5）被告人的罪过；（6）是否共同犯罪及被告人在共同犯罪中的地位、作用；（7）对被告人从重处罚的事实。"可知，在办理死刑案件时，证明被指控的犯罪事实的发生、被告人实施了犯罪行为与被告人实施犯罪行为的时间、地点、手段、后果以及其他情节等事实需要证据确实、充分，所以AB 项正确。

CD 项，根据《关于办理死刑案件审查判断证据若干问题的规定》第 36 条规定："在对被告人作出有罪认定后，人民法院认定被告人的量刑事实，除审查法定情节外，还应审查以下影响量刑的情节：（1）案件起因；（2）被害人有无过错及过错程度，是否对矛盾激化负有责任及责任大小；（3）被告人的近亲属是否协助抓获被告人；（4）被告人平时表现及有无悔罪态度；（5）被害人附带民事诉讼赔偿情况，被告人是否取得被害人或者被害人近亲属谅解；（6）其他影响量刑的情节。既有从轻、减轻处罚等情节，又有从重处罚等情节的，应当依法综合相关情节予以考虑。不能排除被告人具有从轻、减轻处罚等量刑情节的，判处死刑应当特别慎重。"可知，办理死刑案件时，应审查被害人有无过错及过错程度，是否对矛盾激化负有责任及责任大小、被告人的近亲属是否协助抓获被告人等影响量刑的情节，所以 CD 项正确。综上所述，本题答案为 A、B、C、D。

（二）证明责任

1. 证明责任也称举证责任，是诉讼法和证据法中的一项基本制度，是指人民检察院或某些当事人应当收集或提供证据证明应予认定的案件事实或有利于自己的主张的责任，否则将承

---

[1] ABCD

担其主张不能成立的危险。下列法庭审理中的行为哪一项体现了刑事诉讼证明责任的承担？（2019仿真题，单）〔1〕

A. 郑某因涉嫌侵占罪被起诉至法院，后其向法庭提供证据证明电脑原本就为自己所有

B. 任某抢劫一案中，辩护人提供了案发时被告人正在出差途中的证据

C. 申某故意杀人一案中，被告人指出自己被羁押后曾被带至看守所之外进行讯问，法院由此对被告人口供的合法性有所怀疑，检察院提供证据解释说明

D. 李某被指控犯绑架罪，被告人当庭要求排除之前的有罪供述，理由是曾被侦查人员打伤肋骨，同时提供了被羁押前就医时所拍的X光片

【解析】A项，根据《刑事诉讼法》第33条规定犯罪嫌疑人、被告人除自己行使辩护权以外，还可以委托一至二人作为辩护人。郑某提供证据证明电脑为自己所有是自己行使辩护权的表现。A项错误。

B项，根据《刑事诉讼法》第37条规定："辩护人的责任是根据事实和法律，提出犯罪嫌疑人、被告人无罪、罪轻或者减轻、免除其刑事责任的材料和意见，维护犯罪嫌疑人、被告人的诉讼权利和其他合法权益。"辩护人举证以证明任某在案发时正在出差，是履行辩护职责的体现，而非证明责任的承担。B项错误。

C项，根据《刑事诉讼法》第59条第1款，在对证据收集的合法性进行法庭调查的过程中，人民检察院应当对证据收集的合法性加以证明。因此检察院对被告人口供合法性进行解释说明是承担证明责任的表现。C项正确。

D项，根据《刑事诉讼法》第58条第2款规定，当事人及其辩护人、诉讼代理人申请排除以非法方法收集的证据的，应当提供相关线索或者材料。因此，李某作为申请人只有提供线索和资料的义务。D项错误。

综上所述，本题答案为C。

2. 关于我国刑事诉讼的证明主体，下列哪些选项是正确的？（2017－2－70，多）〔2〕

A. 故意毁坏财物案中的附带民事诉讼原告人是证明主体

B. 侵占案中提起反诉的被告人是证明主体

C. 妨害公务案中就执行职务时目击的犯罪情况出庭作证的警察是证明主体

D. 证明主体都是刑事诉讼主体

【解析】A项，附带民事诉讼本质上是一种特殊的民事诉讼，其诉讼程序和审判原则均适用民事诉讼法，因此在证明责任的分配上，附带民事诉讼也是"谁主张，谁举证"的责任分配方式。附带民事诉讼原告人对其民事赔偿请求所依据的事实应承担提出证据加以证实的责任。因此，A项正确。

B项，侵占案中提起反诉的被告人，此时由自诉的被告变成反诉中的反诉人，对自己的积极主张是证明主体。因此，B项正确。

C项，妨害公务案中就执行职务时目击的犯罪情况出庭作证的警察此时的身份是普通证人。证人鉴定人、翻译人等，由于他们与诉讼结果没有直接的利害关系，其参与刑事诉讼是为了协助国家专门机关和当事人充分有效地履行诉讼职能，或者是为了给诉讼各方提供证据资料或为诉讼顺利进行提供服务和帮助，他们在诉讼中既无自己的诉讼主张，也不承担证明不力时

的不利诉讼后果，因而不属于证明主体。因此，C项错误。

D项，刑事诉讼主体是所有参与行使诉讼活动，在刑事诉讼中享有一定权利、承担一定义务的国家专门机关和诉讼参与人，因此刑事诉讼主体的范围大于证明主体的范围，证明主体都是刑事诉讼主体的说法正确，但说刑事诉讼主体都是证明主体这个说法就错误。因此，D项正确。

综上所述，本题答案为A、B、D。

3. 关于《刑事诉讼法》规定的证明责任分担，下列哪一选项是正确的？（2016－2－30，单）[1]

A. 公诉案件中检察院负有证明被告人有罪的责任，证明被告人无罪的责任由被告方承担

B. 自诉案件的证明责任分配依据"谁主张，谁举证"的法则确定

C. 巨额财产来源不明案中，被告人承担说服责任

D. 非法持有枪支案中，被告人负有提出证据的责任

【解析】A项，根据《刑事诉讼法》第51条规定："公诉案件中被告人有罪的举证责任由人民检察院承担，自诉案件中被告人有罪的举证责任由自诉人承担。"因此，A项前半句的表述"公诉案件中检察院负有证明被告人有罪的责任"是正确的，判断A项是否正确关键在于后半句。根据《刑事诉讼法》第52条的规定："审判人员、检察人员、侦查人员必须依照法定程序，收集能够证实犯罪嫌疑人、被告人有罪或者无罪、犯罪情节轻重的各种证据。严禁刑讯逼供和以威胁、引诱、欺骗以及其他非法方法收集证据，不得强迫任何人证实自己有罪。必须保证一切与案件有关或者了解案情的公民，有客观地充分地提供证据的条件，除特殊情况外，可以吸收他们协助调查。"根据上述规定，不得强迫任何人证实自己有罪，也就是说被告方并没有证明被告人无罪的责任，A项后半句的表述不符合法律规定。因此，A项错误。

B项，根据《刑事诉讼法》第51条的规定，自诉案件中被告人有罪的举证责任由自诉人承担，这是证明责任理论中"谁主张、谁举证"的古老法则在刑事诉讼中的直接体现，但是并不能因此而认定自诉案件的证明责任分配依据"谁主张，谁举证"的法则确定，因为根据"否认者不负证明责任"的古老法则和现代无罪推定原则的要求，犯罪嫌疑人、被告人不负证明自己无罪的责任，即使其主张自己无罪，也不承担举证责任。因此，B项错误。

C项，根据《刑法》第395条第1款规定："国家工作人员的财产、支出明显超过合法收入，差额巨大的，可以责令该国家工作人员说明来源，不能说明来源的，差额部分以非法所得论，处五年以下有期徒刑或者拘役；差额特别巨大的，处五年以上十年以下有期徒刑。财产的差额部分予以追缴。"对于巨额财产来源不明罪，被告人负有说明明显超过合法收入的那部分财产、支出的来源的责任，如果不能说明来源，则以巨额财产来源不明罪论处。但是，证明存在财产、收入明显超过合法性收入并差额巨大这一事实的责任，仍由公诉机关承担。因此，对于巨额财产来源不明案，被告人具有提出一定证据的责任，这不是说服责任，也不是证明责任。因此，C项错误。注意：持有型犯罪和巨额财产来源不明罪的证明责任还是属于检察院，包括说服责任，但被告人有提出证据的责任（提出证据的责任不等于证明责任）。

D项，对于非法持有枪支案，被告人负有对其持有枪支的合法性提出证据的责任，这是基于持有类犯罪的特殊规定。因此，D项正确。但注意，该选项正确不能说明被告人有证明责任。综上所述，本题答案为D。

---

[1] D

第八章　强制措施

一、强制措施概述

1. 关于强制措施的特点下列说法正确的是？（2019年回忆版真题）[1]

A. 犯罪嫌疑人的人身危险性变强，办案机关决定将取保候审变更为逮捕，体现了强制措施的可变更性

B. 刑诉法对各种强制措施的适用机关、适用条件、程序和时间都进行了严格的规定体现了强制措施适用的法定性

C. 具体适用五种强制措施里的哪一种体现了适用强制措施须遵循比例性

D. 强制措施会限制或剥夺他人的人身自由，体现了强制措施的惩罚性

【解析】A项，适用强制措施的基本原则为变更性原则，随着案件的进展，应当根据情况对强制措施予以变更，A项正确。

B项，法律对各种强制措施的适用都进行了严格的规定，公安司法人员在适用时必须严格遵守法律的规定。目的是严格控制强制措施的适用，防止滥用而侵犯人权，体现了其法定性。B项正确。

C项，五种强制措施具体要适用哪一种需要综合考点案件情节的严重程度、人身危险性大小。C项正确。

D项，刑事诉讼强制措施是一种预防性措施，其目的在于保障刑事诉讼的顺利进行，不以惩罚为目的。D项错误。

综上所述，答案为A、B、C。

二、强制措施的种类

（一）拘传

1. 关于拘传，下列哪些说法是正确的？（2012-2-66，多）[2]

A. 对在现场发现的犯罪嫌疑人，经出示工作证件可以口头拘传，并在笔录中注明

B. 拘传持续的时间不得超过12小时

C. 案情特别重大、复杂，需要采取拘留、逮捕措施的，拘传持续的时间不得超过24小时

D. 对于被拘传的犯罪嫌疑人，可以连续讯问24小时

【解析】《刑事诉讼法》第119条规定："对不需要逮捕、拘留的犯罪嫌疑人，可以传唤到犯罪嫌疑人所在市、县内的指定地点或者到他的住处进行讯问，但是应当出示人民检察院或者公安机关的证明文件。对在现场发现的犯罪嫌疑人，经出示工作证件，可以口头传唤，但应当

---

〔1〕　ABC　〔2〕　BC

在讯问笔录中注明。传唤、拘传持续的时间不得超过十二小时；案情特别重大、复杂，需要采取拘留、逮捕措施的，传唤、拘传持续的时间不得超过二十四小时。不得以连续传唤、拘传的形式变相拘禁犯罪嫌疑人。传唤、拘传犯罪嫌疑人，应当保证犯罪嫌疑人的饮食和必要的休息时间。"

A项，对在现场发现的犯罪嫌疑人，经出示工作证件，可以口头"传唤"而非"拘传"，拘传必须出示《拘传证》，不能口头。因此，A项错误。

BC项，一般情况下，传唤、拘传持续的时间不得超过12小时；需要采取拘留、逮捕措施的，传唤、拘传持续的时间不得超过24小时。因此，BC项正确。

D项，传唤、拘传犯罪嫌疑人，应当保证犯罪嫌疑人的饮食和必要的休息时间，不得连续讯问24小时。因此，D项错误。

综上所述，本题答案为B、C。

（二）取保候审、监视居住

1. 谢某涉嫌暴力取证案被立案侦查。侦查期间谢某被取保候审并适用保证金方式保证。关于本案取保候审的说法，正确是的？（2020仿真题）[1]

A. 保证金的数额，应当由检察院综合考虑保证诉讼活动正常进行的需要等因素而确定

B. 保证金应当由检察院统一收取，存入指定银行的专门账户

C. 对谢某不能同时使用保证金担保和保证人担保两种方式

D. 对违反取保候审规定，需要予以逮捕的，应当对谢某先行拘留

【解析】A项，《刑事诉讼法》第72条第1款规定："取保候审的决定机关应当综合考虑保证诉讼活动正常进行的需要，被取保候审人的社会危险性，案件的性质、情节，可能判处刑罚的轻重，被取保候审人的经济状况等情况，确定保证金的数额。"据此，A选项正确。

B项，根据《刑事诉讼法》第72条第2款可知，保证金应当由提供保证金的人直接存入指定银行的专门账户，不经过检察院收取。B选项错误。

C项，《刑诉解释》第150条规定："被告人具有刑事诉讼法第六十七条第一款规定情形之一的，人民法院可以决定取保候审。对被告人决定取保候审的，应当责令其提出保证人或者交纳保证金，不得同时使用保证人保证与保证金保证。"C选项正确。

D项，《刑事诉讼法》第71条第4款规定："对违反取保候审规定，需要予以逮捕的，可以对犯罪嫌疑人、被告人先行拘留。"可见，该种情况下是"可以"对其先行拘留。"应当"的表述错误。D选项错误。

综上所述，本题答案为A、C。

2. 陈某涉嫌贪污贿赂被监察委员会立案调查，在调查中对陈某采取了留置措施。监察委员会调查终结后将案件移送人民检察院审查起诉。关于人民检察院采取的强制措施，下列说法正确的是？（2020仿真题）[2]

A. 检察院应当对陈某先行拘留，并解除留置措施

B. 检察院应当在拘留陈某后的10日以内作出是否逮捕、取保候审或者监视居住的决定。在特殊情况下，决定的时间可以延长1日至4日。

C. 检察院决定采取强制措施的期间计入审查起诉期限

D. 取保候审期间，陈某如违反规定，需要对其予以逮捕的，应当对其先行拘留

【解析】《刑事诉讼法》第170条第2款规定："对于监察机关移送起诉的已采取留置措施的案件，人民检察院应当对犯罪嫌疑人先行拘留，留置措施自动解除。人民检察院应当在拘留后的十日以内作出是否逮捕、取保候审或者监视居住的决定。在特殊情况下，决定的时间可以延长一日至四日。人民检察院决定采取强制措施的期间不计入审查起诉期限。"

A项，根据上述法条规定，检察院对陈某先行拘留后留置措施自动解除，无需再进行解除，A选项错误。

B项，根据上述法条规定，B选项正确。

C项，根据上述法条规定，C选项错误。

D项，《刑事诉讼法》第71条第4款规定："对违反取保候审规定，需要予以逮捕的，可以对犯罪嫌疑人、被告人先行拘留。"可见，该种情况下是"可以"对其先行拘留。"应当"的表述错误。D选项错误。

综上，本题选择B。

3. 甲与邻居乙发生冲突致乙轻伤，甲被刑事拘留期间，甲的父亲代为与乙达成和解，公安机关决定对甲取保候审。关于甲在取保候审期间应遵守的义务，下列哪一选项是正确的？

（2016-2-31，单）[1]

A. 将驾驶证件交执行机关保存

B. 不得与乙接触

C. 工作单位调动的，在24小时内报告执行机关

D. 未经公安机关批准，不得进入特定的娱乐场所

【解析】《刑事诉讼法》第71条第1、2款规定："被取保候审的犯罪嫌疑人、被告人应当遵守以下规定：（一）未经执行机关批准不得离开所居住的市、县；（二）住址、工作单位和联系方式发生变动的，在二十四小时以内向执行机关报告；（三）在传讯的时候及时到案；（四）不得以任何形式干扰证人作证；（五）不得毁灭、伪造证据或者串供。人民法院、人民检察院和公安机关可以根据案件情况，责令被取保候审的犯罪嫌疑人、被告人遵守以下一项或者多项规定：（一）不得进入特定的场所；（二）不得与特定的人员会见或者通信；（三）不得从事特定的活动；（四）将护照等出入境证件、驾驶证件交执行机关保存。"

A项，将驾驶证件交执行机关保存不属于被取保候审人甲应当遵守的义务，属于公检法可以根据案件情况自主决定的。因此，A项错误。

B项，对于甲是否可以与乙接触应该由公安机关决定，而不属于甲应当遵守的义务。因此，B项错误。

C项，被取保候审的犯罪嫌疑人、被告人住址、工作单位和联系方式发生变动的，应当在24小时以内向执行机关报告，因此甲工作单位调动的，应该在24小时内报告执行机关。因此，C项正确。

D项，人民法院、人民检察院和公安机关可以根据案件情况，责令被取保候审的犯罪嫌疑人、被告人不得进入特定的场所，本案中，若公安机关未责令甲不得进入特定的娱乐场所，则甲可以进入特定的娱乐场所，且无需经过公安机关的批准。因此，D项错误。

---

[1] C

综上所述，本题答案为 C。

4. 郭某涉嫌报复陷害申诉人蒋某，侦查机关因郭某可能毁灭证据将其拘留。在拘留期限即将届满时，因逮捕郭某的证据尚不充足，侦查机关责令其交纳 2 万元保证金取保候审。关于本案处理，下列哪一选项是正确的？（2015-2-27，单）[1]

A. 取保候审由本案侦查机关执行

B. 如郭某表示无力全额交纳保证金，可降低保证金数额，同时责令其提出保证人

C. 可要求郭某在取保候审期间不得进入蒋某居住的小区

D 应要求郭某在取保候审期间不得变更住址

【解析】A 项，《刑事诉讼法》第 67 条第 2 款规定："取保候审由公安机关执行。"可知，取保候审由公安机关执行，本题中涉及的报复陷害罪属于国家机关工作人员职务犯罪，应当由监察委或检察院立案侦查，公安机关不是本案的侦查机关，所以 A 项错误。

B 项，《刑诉解释》第 150 条规定："被告人具有刑事诉讼法第六十七条第一款规定情形之一的，人民法院可以决定取保候审。对被告人决定取保候审的，应当责令其提出保证人或者交纳保证金，不得同时使用保证人保证与保证金保证。"可知，郭某无需既交纳保证金，又提供保证人，B 项错误。

C 项，《刑事诉讼法》第 71 条第 1、2 款规定："被取保候审的犯罪嫌疑人、被告人应当遵守以下规定：（一）未经执行机关批准不得离开所居住的市、县；（二）住址、工作单位和联系方式发生变动的，在二十四小时以内向执行机关报告；（三）在传讯的时候及时到案；（四）不得以任何形式干扰证人作证；（五）不得毁灭、伪造证据或者串供。人民法院、人民检察院和公安机关可以根据案件情况，责令被取保候审的犯罪嫌疑人、被告人遵守以下一项或者多项规定：（一）不得进入特定的场所；（二）不得与特定的人员会见或者通信；（三）不得从事特定的活动；（四）将护照等出入境证件、驾驶证件交执行机关保存。"可知，本案中侦查机关可以根据案件情况要求郭某在取保候审期间不得进入蒋某居住的小区，所以 C 项正确；

D 项，根据《刑事诉讼法》第 71 条第 1、2 款规定可知，郭某在取保候审期间住址发生变动的应在 24 小时以内向执行机关报告，侦查机关不能要求其在取保候审期间不得变更住址，所以 D 项错误。

综上所述，本题答案为 C。

5. 未成年人郭某涉嫌犯罪被检察院批准逮捕。在审查起诉中，经羁押必要性审查，拟变更为取保候审并适用保证人保证。关于保证人，下列哪一选项是正确的？（2014-2-30，单）[2]

A. 可由郭某的父亲担任保证人，并由其交纳 1000 元保证金

B. 可要求郭某的父亲和母亲同时担任保证人

C. 如果保证人协助郭某逃匿，应当依法追究保证人的刑事责任，并要求其承担相应的民事连带赔偿责任

D. 保证人未履行保证义务应处罚款的，由检察院决定

【解析】A 项，《刑诉解释》第 150 条第 2 款规定："对被告人决定取保候审的……不得同时使用保证人保证与保证金保证。"所以 A 项郭某的父亲同时担任保证人并交纳保证金的说法

---

[1] C [2] B

错误，因此，A项错误。

B项，《刑诉解释》第151条规定："对下列被告人决定取保候审的，可以责令其提出一至二名保证人：（一）无力交纳保证金的；（二）未成年或者已满七十五周岁的；（三）不宜收取保证金的其他被告人。"本题中，郭某属于未成年人，可以要求郭某的父母两人同时担任保证人，所以B项正确。

C项，《刑诉解释》第157条规定："根据案件事实和法律规定，认为已经构成犯罪的被告人在取保候审期间逃匿的，如果系保证人协助被告人逃匿，或者保证人明知被告人藏匿地点但拒绝向司法机关提供，对保证人应当依法追究责任。"根据该规定，只是要求追究保证人的刑事责任，并没有要求其承担民事连带赔偿责任。因此C项错误。

D项，《最高人民法院、最高人民检察院、公安部等关于实施刑事诉讼法若干问题的规定》第14条规定："对取保候审保证人是否履行了保证义务，由公安机关认定，对保证人的罚款决定，也由公安机关作出。"所以，保证人未履行保证义务应处罚款的，由公安机关决定，D项错误。

综上所述，本题答案为B。

6. 关于取保候审的程序限制，下列哪一选项是正确的？（2013－2－31，单）[1]

A. 保证金应当由决定机关统一收取，存入指定银行的专门账户

B. 对于可能判处徒刑以上刑罚的，不得采取取保候审措施

C. 对同一犯罪嫌疑人不得同时使用保证金担保和保证人担保两种方式

D. 对违反取保候审规定，需要予以逮捕的，不得对犯罪嫌疑人、被告人先行拘留

【解析】A项，《刑事诉讼法》第72条第2款规定："提供保证金的人应当将保证金存入执行机关指定银行的专门账户。"《刑诉解释》第153条规定："对决定取保候审的被告人使用保证金保证的，应当依照刑事诉讼法第七十二条第一款的规定确定保证金的具体数额，并责令被告人或者为其提供保证金的单位、个人将保证金一次性存入公安机关指定银行的专门账户。"可知，保证金是由提供保证金的单位、个人将保证金存入公安机关指定的银行专门账户，而不是由决定机关统一收取后在存入指定账户的。因此，A项错误。

B项，《刑事诉讼法》第67条第1款规定："人民法院、人民检察院和公安机关对有下列情形之一的犯罪嫌疑人、被告人，可以取保候审：（一）可能判处管制、拘役或者独立适用附加刑的；（二）可能判处有期徒刑以上刑罚，采取取保候审不致发生社会危险性的；（三）患有严重疾病、生活不能自理，怀孕或者正在哺乳自己婴儿的妇女，采取取保候审不致发生社会危险性的；（四）羁押期限届满，案件尚未办结，需要采取取保候审的。"根据（二），对于判处有期徒刑的，采取取保候审不致发生社会危险性的，是可以取保候审的。因此，B项错误。

C项，《刑事诉讼法》第68条规定："人民法院、人民检察院和公安机关决定对犯罪嫌疑人、被告人取保候审，应当责令犯罪嫌疑人、被告人提出保证人或者交纳保证金。"《刑诉解释》第150条规定："对被告人决定取保候审的，应当责令其提出保证人或者交纳保证金，不得同时使用保证人保证与保证金保证。"因此，C项正确。

D项，《刑事诉讼法》71条第4款规定："对违反取保候审规定，需要予以逮捕的，可以对犯罪嫌疑人、被告人先行拘留。"因此，D项错误。

---

[1] C

综上所述，本题答案为 C。

7. 在符合逮捕条件时，对下列哪些人员可以适用监视居住措施？(2012－2－68，多)[1]

A. 甲患有严重疾病、生活不能自理　　　　B. 乙正在哺乳自己婴儿

C. 丙系生活不能自理的人的唯一扶养人　　D. 丁系聋哑人

【解析】《刑事诉讼法》第 74 条第 1 款规定："人民法院、人民检察院和公安机关对符合逮捕条件，有下列情形之一的犯罪嫌疑人、被告人，可以监视居住：(一) 患有严重疾病、生活不能自理的；(二) 怀孕或者正在哺乳自己婴儿的妇女；(三) 系生活不能自理的人的唯一扶养人；(四) 因为案件的特殊情况或者办理案件的需要，采取监视居住措施更为适宜的；(五) 羁押期限届满，案件尚未办结，需要采取监视居住措施的。"

A 项，属于上述第一项，故 A 项正确；

B 项，属于上述第二项，故 B 项正确；

C 项，属于上述第三项，故 C 项正确；

D 项，聋哑人不能排除逮捕的适用。因此，D 项错误。

综上所述，本题答案为 A、B、C。

(三) 拘留

1. 严某从 A 区邮寄毒品给 B 区的李某，李某在 B 区与宋某交易时被当场抓获，下列关于本案的诉讼程序，说法正确的是？(2019 年回忆版真题)[2]

A. 拘留李某 4 天后通知了李某的家属

B. B 区公安机关应经过 A 区公安机关同意才能抓捕 A 区的郑某

C. 公安机关在拘留陈某时，没有搜查证也可对其住处进行搜查

D. 公安机关查封陈某的唯一住所后，可以对其指定居所监视居住

【解析】A 项，《刑事诉讼法》第 85 条的规定："拘留后……除无法通知或危害国家安全犯罪，恐怖活动犯罪通知有碍侦查情形以外，应当在拘留后 24 小时以内，通知被拘留人的家属。有碍侦查的情形消失以后，应当立即通知被留人的家属。"可知，4 天后通知的做法错误。A 错误

B 项，《刑事诉法》第 83 条的规定："公安机关在异地执行拘留、逮捕的时候，应当通知被拘留、逮捕人所在地的公安机关，被拘留、逮捕人所在地的公安机关应当予以配合。"因此 B 区无需取得 A 区公安机关同意，可知，选项 B 不正确

C 项，该选项是在执行拘留时发生的情况，《刑事诉讼法》第 138 条的规定："进行搜查，必须向被搜查人出示搜查证。在执行逮捕、拘留的时候，遇有紧急情况，不另用搜查证也可以进行搜查。"可知，选项 C 正确。

D 项，《刑事诉讼法》第 75 条第 1 款的规定："监视居住应当在犯罪嫌疑人、被告人的住处执行；无固定住处的，可以在指定的居所执行。对于涉嫌危害国家安全犯罪、恐怖活动犯罪，在住处执行可能有碍侦查的，经上一级公安机关批准，也可以在指定的居所执行。但是，不得在羁押场所、专门的办案场所执行。"根据描述，陈某的唯一住所被侦查机关查封，因此，可以在指定的居所执行监视居住。选项 D 正确。

综上所述，本题答案为 CD。

---

[1]　ABC　　[2]　CD

2. 章某涉嫌故意伤害致人死亡，因犯罪后企图逃跑被公安机关先行拘留。关于本案程序，下列哪一选项是正确的？（2015 - 2 - 28，单）[1]

A. 拘留章某时，必须出示拘留证

B. 拘留章某后，应在 12 小时内将其送看守所羁押

C. 拘留后对章某的所有讯问都必须在看守所内进行

D. 因怀疑章某携带管制刀具，拘留时公安机关无需搜查证即可搜查其身体

【解析】 A 项，《公安机关办理刑事案件程序规定》第 125 条第 2 款规定："紧急情况下，对于符合本规定第一百二十四条所列情形之一的，经出示人民警察证，可以将犯罪嫌疑人口头传唤至公安机关后立即审查，办理法律手续。"可知，先行拘留的，可以补办手续。所以 A 项错误。

B 项，《刑事诉讼法》第 85 条规定："公安机关拘留人的时候，必须出示拘留证。拘留后，应当立即将被拘留人送看守所羁押，至迟不得超过二十四小时。除无法通知或者涉嫌危害国家安全犯罪、恐怖活动犯罪通知可能有碍侦查的情形以外，应当在拘留后二十四小时以内，通知被拘留人的家属。有碍侦查的情形消失以后，应当立即通知被拘留人的家属。"拘留章某后，应立即送看守所羁押，至迟不得超过 24 小时，而不是 12 小时。所以 B 项错误。

C 项，《刑事诉讼法》第 118 条第 2 款规定："犯罪嫌疑人被送交看守所羁押以后，侦查人员对其进行讯问，应当在看守所内进行。"关键点在送交看守所之后，不是拘留后，刑诉法要求的是 24 小时之内将被拘留人送看守所羁押，也就是说在送看守所之前是有一定的时间间隔的，在这个时间内是可以进行讯问的，法律并没有禁止规定，因此在这个时间内的讯问就不是在看守所。所以 C 项错误

D 项，《刑事诉讼法》第 138 条规定："进行搜查，必须向被搜查人出示搜查证。在执行逮捕、拘留的时候，遇有紧急情况，不另用搜查证也可以进行搜查。"所以 D 项正确。

综上所述，本题答案为 D。

3. 甲涉嫌黑社会性质组织犯罪，10 月 5 日上午 10 时被刑事拘留。下列哪一处置是违法的？（2012 - 2 - 29，单）[2]

A. 甲于当月 6 日上午 10 时前被送至看守所羁押

B. 甲涉嫌黑社会性质组织犯罪，因考虑通知家属有碍进一步侦查，决定暂不通知

C. 甲在当月 6 日被送至看守所之前，公安机关对其进行了讯问

D. 讯问后，发现甲依法需要逮捕，当月 8 日提请检察院审批

【解析】 A 项，《刑事诉讼法》第 85 条第 2 款规定："拘留后，应当立即将被拘留人送看守所羁押，至迟不得超过二十四小时。除无法通知或者涉嫌危害国家安全犯罪、恐怖活动犯罪通知可能有碍侦查的情形以外，应当在拘留后二十四小时以内，通知被拘留人的家属。有碍侦查的情形消失以后，应当立即通知被拘留人的家属。"可知，对于甲的拘留至迟不得超过 24 小时，因此，A 项正确。

B 项，《刑事诉讼法》第 85 条第 2 款规定可知黑社会性质组织犯罪不属于排除通知的事由，故 B 项错误，当选。

C 项，《刑事诉讼法》第 86 条规定："公安机关对被拘留的人，应当在拘留后的二十四小

时以内进行讯问。在发现不应当拘留的时候，必须立即释放，发给释放证明。"可知，公安机关的讯问行为是合法的。因此，C项正确。

D项，《刑事诉讼法》第91条第1款规定："公安机关对被拘留的人，认为需要逮捕的，应当在拘留后的三日以内，提请人民检察院审查批准。在特殊情况下，提请审查批准的时间可以延长一日至四日。"可知，甲10月5日被拘留，拘留后的3日内提请批捕，10月8日提请批捕，不违反规定。因此，D项正确。

综上所述，本题答案为B。

（四）逮捕

1. 甲涉嫌盗窃罪被逮捕。在侦查阶段，甲父向检察院申请进行羁押必要性审查。关于羁押必要性审查的程序，下列哪一选项是正确的？（2017-2-27单）[1]

A. 由检察院侦查监督部门负责

B. 审查应不公开进行

C. 检察院可向公安机关了解本案侦查取证的进展情况

D. 如对甲父的申请决定不予立案的，应由检察长批准

【解析】A项，《高检规则》第575条第1款规定："负责捕诉的部门依法对侦查和审判阶段的羁押必要性进行审查。经审查认为不需要继续羁押的，应当建议公安机关或者人民法院释放犯罪嫌疑人、被告人或者变更强制措施。"可知，根据新出《高检规则》，负责羁押必要性审查的部门是捕诉部门，而不是侦查监督部门。（注意：新法修改以前是刑事执行检察部门负责羁押必要性审查）因此，A项错误。

B项，《办理羁押必要性审查案件规定（试行）》第14条第1款规定："人民检察院可以对羁押必要性审查案件进行公开审查。但是，涉及国家秘密、商业秘密、个人隐私的案件除外。"可知，盗窃不属于不公开进行的情形。因此，B项错误。

C项，《办理羁押必要性审查案件规定（试行）》第15条的规定："人民检察院应当根据犯罪嫌疑人、被告人涉嫌犯罪事实、主观恶性、悔罪表现、身体状况、案件进展情况、可能判处的刑罚和有无再危害社会的危险等因素，综合评估有无必要继续羁押犯罪嫌疑人、被告人。"可知，检察院有权向公安机关了解本案侦查取证的进展情况。因此，C项正确。

D项，《办理羁押必要性审查案件规定（试行）》第12条规定："经初审，对于犯罪嫌疑人、被告人可能具有本规定第十七条、第十八条情形之一的，检察官应当制作立案报告书，经检察长或者分管副检察长批准后予以立案。对于无理由或者理由明显不成立的申请，或者经人民检察院审查后未提供新的证明材料或者没有新的理由而再次申请的，由检察官决定不予立案，并书面告知申请人。"可知，简言之，①有羁押必要——检察官决定；②没有羁押必要——检察长（正副皆可）批准。本题中，对甲父的申请决定不予立案，意思就是检察院认为有羁押必要，故只需检察官决定即可。因此，D项错误。

综上所述，本题答案为C。

2. 甲、乙二人涉嫌猥亵儿童，甲被批准逮捕，乙被取保候审。案件起诉到法院后，乙被法院决定逮捕。关于本案羁押必要性审查，下列哪一选项是正确的？（2016-2-32，单）[2]

A. 在审查起诉阶段对甲进行审查，由检察院公诉部门办理

---

[1] C [2] C

B. 对甲可进行公开审查并听取被害儿童法定代理人的意见

C. 检察院可依职权对乙进行审查

D. 经审查发现乙系从犯、具有悔罪表现且可能宣告缓刑，不予羁押不致发生社会危险性的，检察院应要求法院变更强制措施

【解析】A项，《高检规则》第575条第2款规定："审查起诉阶段，负责捕诉的部门经审查认为不需要继续羁押的，应当直接释放犯罪嫌疑人或者变更强制措施。"第576条第1款规定："办案机关对应的同级人民检察院负责控告申诉检察的部门或者负责案件管理的部门收到羁押必要性审查申请后，应当在当日移送本院负责捕诉的部门。"因此在审查起诉阶段，无论是检察院依职权还是依申请对甲进行羁押必要性审查，均应当由检察院负责捕诉的部门办理，而非由公诉部门办理。负责捕诉的部门指的就是原来的负责逮捕的部门和公诉部门合并为一体的部门。因此，A项错误。

B项，《办理羁押必要性审查案件规定（试行）》第14条第1款规定："人民检察院可以对羁押必要性审查案件进行公开审查。但是，涉及国家秘密、商业秘密、个人隐私的案件除外。"由于本案甲乙二人涉嫌猥亵儿童罪，属于涉及个人隐私的案件，所以不可对甲进行公开审查。因此，B项错误。

C项，《刑事诉讼法》第95条规定："犯罪嫌疑人、被告人被逮捕后，人民检察院仍应当对羁押的必要性进行审查。对不需要继续羁押的，应当建议予以释放或者变更强制措施。有关机关应当在十日以内将处理情况通知人民检察院。"乙在审判阶段被法院决定逮捕，人民检察院依据上述规定可以依职权对乙进行羁押的必要性审查。因此，C项正确。

D项，《高检规则》第578条规定："人民检察院应当根据犯罪嫌疑人、被告人涉嫌的犯罪事实、主观恶性、悔罪表现、身体状况、案件进展情况、可能判处的刑罚和有无再危害社会的危险等因素，综合评估有无必要继续羁押犯罪嫌疑人、被告人。"第580条规定："人民检察院发现犯罪嫌疑人、被告人具有下列情形之一，且具有悔罪表现，不予羁押不致发生社会危险性的，可以向办案机关提出释放或者变更强制措施的建议：（一）预备犯或者中止犯；（二）共同犯罪中的从犯或者胁从犯；……"本案中，经审查发现乙系从犯、具有悔罪表现且可能宣告缓刑，不予羁押不致发生社会危险性，人民检察院依据上述规定，可以向办案机关提出释放或者变更强制措施的建议，D项表述为检察院"应要求"法院变更强制措施，注意法律规定是"可以建议"，不是"应当要求"。因此，D项错误。

综上所述，本题答案为C。

3. 王某涉嫌在多个市县连续组织淫秽表演，2014年9月15日被刑事拘留，随即聘请律师担任辩护人，10月17日被检察院批准逮捕，12月5日被移送检察院审查起诉。关于律师提请检察院进行羁押必要性审查，下列哪一选项是正确的？（2015－2－29，单）〔1〕

A. 10月14日提出申请，检察院应受理

B. 11月18日提出申请，检察院应告知其先向侦查机关申请变更强制措施

C. 12月3日提出申请，由检察院承担监所检察工作的部门负责审查

D. 12月10日提出申请，由检察院公诉部门负责审查

【解析】A项，《刑事诉讼法》第95条规定："犯罪嫌疑人、被告人被逮捕后，人民检察

---

〔1〕 无答案

院仍应当对羁押的必要性进行审查。对不需要继续羁押的，应当建议予以释放或者变更强制措施。有关机关应当在十日以内将处理情况通知人民检察院。"可知，10月14日，检察院尚未批准逮捕王某，所以检察院不需要进行羁押必要性审查。所以A项错误。

B项，《高检规则》第574条第2款规定："犯罪嫌疑人、被告人及其法定代理人、近亲属或者辩护人可以申请人民检察院进行羁押必要性审查。申请时应当说明不需要继续羁押的理由，有相关证据或者其他材料的应当提供。"因此律师可以直接申请检察院进行羁押必要性审查，并没有向侦查机关申请变更强制措施的前置程序。所以B项错误。

CD项，《高检规则》第575条第1、2款规定："负责捕诉的部门依法对侦查和审判阶段的羁押必要性进行审查。经审查认为不需要继续羁押的，应当建议公安机关或者人民法院释放犯罪嫌疑人、被告人或者变更强制措施。审查起诉阶段，负责捕诉的部门经审查认为不需要继续羁押的，应当直接释放犯罪嫌疑人或者变更强制措施。"第576条第1款："办案机关对应的同级人民检察院负责控告申诉检察的部门或者负责案件管理的部门收到羁押必要性审查申请后，应当在当日移送本院负责捕诉的部门。"因此，在侦查阶段和审查起诉阶段，无论检察院是依职权还是依申请对甲进行羁押必要性审查，均应当由检察院捕诉部门办理。而非由检察院承担监所检察工作的部门负责审查。

综上所述，本题答案无解。

4. 关于犯罪嫌疑人的审前羁押，下列哪一选项是错误的？（2014-2-31，单）[1]

A. 基于强制措施适用的必要性原则，应当尽量减少审前羁押

B. 审前羁押是临时性的状态，可根据案件进展和犯罪嫌疑人的个人情况予以变更

C. 经羁押必要性审查认为不需要继续羁押的，检察院应及时释放或变更为其他非羁押强制措施

D. 案件不能在法定办案期限内办结的，应当解除羁押

【解析】A项，必要性原则是指只有在为保证刑事诉讼的顺利进行而有必要时方能采取，若无必要，不得随意适用强制措施。故基于强制措施适用的必要性原则，应当尽量减少审前羁押。A项正确，不当选。

B项，强制措施是预防性措施，而不是惩罚性措施，即适用强制措施的目的是保证刑事诉讼的顺利进行，防止犯罪嫌疑人、被告人逃避侦查、起诉和审判，进行毁灭、伪造证据，继续犯罪等妨害刑事诉讼的行为。《高检规则》第575条第1、2款规定："负责捕诉的部门依法对侦查和审判阶段的羁押必要性进行审查。经审查认为不需要继续羁押的，应当建议公安机关或者人民法院释放犯罪嫌疑人、被告人或者变更强制措施。审查起诉阶段，负责捕诉的部门经审查认为不需要继续羁押的，应当直接释放犯罪嫌疑人或者变更强制措施。"此法条规定了对于侦查阶段的羁押必要性审查，检察院认为没有必要继续羁押的，只能提出释放或者变更的建议。但案件到了审查起诉阶段，检察院认为没有必要继续羁押的，可以直接作出释放或者变更的决定。所以B项正确，不当选。

C项，根据B项陈述，因C项没有"在审查起诉阶段"这一前提条件而错误，故C项错误，当选。

D项，《刑事诉讼法》第98条规定："犯罪嫌疑人、被告人被羁押的案件，不能在本法规

---

[1] C

定的侦查羁押、审查起诉、一审、二审期限内办结的，对犯罪嫌疑人、被告人应当予以释放；需要继续查证、审理的，对犯罪嫌疑人、被告人可以取保候审或者监视居住。"所以 D 项正确，不当选。

综上所述，本题为选非题，C 项为正确答案。

5. 检察机关审查批准逮捕，下列哪些情形存在时应当讯问犯罪嫌疑人？（2013 - 2 - 67，多）[1]

A. 犯罪嫌疑人的供述前后反复且与其他证据矛盾

B. 犯罪嫌疑人要求向检察机关当面陈述

C. 侦查机关拘留犯罪嫌疑人 36 小时以后将其送交看守所羁押

D. 犯罪嫌疑人是聋哑人

【解析】《高检规则》第 280 条第 1、2 款规定："人民检察院办理审查逮捕案件，可以讯问犯罪嫌疑人；具有下列情形之一的，应当讯问犯罪嫌疑人：（一）对是否符合逮捕条件有疑问的；（二）犯罪嫌疑人要求向检察人员当面陈述的；（三）侦查活动可能有重大违法行为的；（四）案情重大、疑难、复杂的；（五）犯罪嫌疑人认罪认罚的；（六）犯罪嫌疑人系未成年人的；（七）犯罪嫌疑人是盲、聋、哑人或者是尚未完全丧失辨认或者控制自己行为能力的精神病人的。讯问未被拘留的犯罪嫌疑人，讯问前应当听取公安机关的意见。"

A 项，符合《高检规则》第 280 条第 1 款规定的第（一）项，A 项正确；

B 项，符合《高检规则》第 280 条第 1 款规定的第（二）项，B 项正确；

C 项，《刑事诉讼法》第 85 条第 2 款规定："拘留后，应当立即将被拘留人送看守所羁押，至迟不得超过二十四小时。……"该项中，侦查机关拘留犯罪嫌疑人 36 小时后将其送交看守所，属于上述第三项，检察院应当讯问犯罪嫌疑人。因此，C 项正确；

D 项，符合《高检规则》第 280 条第 1 款规定的第（七）项，D 项正确。

综上所述，本题答案为 A、B、C、D。

6. 检察院审查批准逮捕时，遇有下列哪一情形依法应当讯问犯罪嫌疑人？（2012 - 2 - 26，单）[2]

A. 辩护律师提出要求的　　　　　　B. 犯罪嫌疑人要求向检察人员当面陈述的

C. 犯罪嫌疑人要求会见律师的　　　D. 共同犯罪的

【解析】《刑事诉讼法》第 88 条第 1 款规定："人民检察院审查批准逮捕，可以讯问犯罪嫌疑人；有下列情形之一的，应当讯问犯罪嫌疑人：（一）对是否符合逮捕条件有疑问的；（二）犯罪嫌疑人要求向检察人员当面陈述的；（三）侦查活动可能有重大违法行为的。"另《高检规则》第 280 条第 1 款规定："人民检察院办理审查逮捕案件，可以讯问犯罪嫌疑人；具有下列情形之一的，应当讯问犯罪嫌疑人：（一）对是否符合逮捕条件有疑问的；（二）犯罪嫌疑人要求向检察人员当面陈述的；（三）侦查活动可能有重大违法行为的；（四）案情重大、疑难、复杂的；（五）犯罪嫌疑人认罪认罚的；（六）犯罪嫌疑人系未成年人的；（七）犯罪嫌疑人是盲、聋、哑人或者是尚未完全丧失辨认或者控制自己行为能力的精神病人的。"

A 项，《刑事诉讼法》第 88 条第 1 款和《高检规则》第 280 条第 1 款规定可知辩护律师提出要求不是应当讯问犯罪嫌疑人的情形，故 A 项错误；

---

[1] ABCD　　[2] B

B项，属于上述（二）项——犯罪嫌疑人要求向检察人员当面陈述的，依法应当讯问犯罪嫌疑人。因此B项正确；

C项，《刑事诉讼法》第88条第1款和《高检规则》第280条第1款规定可知犯罪嫌疑人要求会见律师不是应当讯问犯罪嫌疑人的情形，故C项错误；

D项，《刑事诉讼法》第88条第1款和《高检规则》第280条第1款规定可知共同犯罪不是应当讯问犯罪嫌疑人的情形，故D项错误；

综上所述，本题答案为B。

（五）强制措施的变更

1. 公安机关接举报称本市张大明为牟取非法利益而贩卖毒品，后立案展开侦查，侦查过程中公安机关提请逮捕张大明并获检察院批准，最终张大明因涉嫌贩卖毒品罪被检察院提起公诉，但其始终辩称是被冤枉，声称侦查人员在其家中查获的毒品并非自己所有，而是被恶人栽赃陷害，一审法院经审理认为现有证据无法排除合理怀疑，遂判决宣告张大明无罪。检察机关认为一审判决确有错误向上一级法院提起抗诉，在二审开庭前检察院发现了关于毒品来源的关键证据，关于本案的处理，下列哪些选项是正确的？（2019 仿真题）〔1〕

A. 法院应当通知辩方查阅、摘抄或复制检察机关发现的新证据

B. 因二审开庭前本案出现新的关键性证据，二审法院审理后认为一审判决事实不清、证据不足的，应撤销原判、发回重审

C. 依据全面贯彻证据裁判规则的要求，本案中一审法院作出无罪判决并无不当

D. 张大明应于一审宣判后立即被释放，检察机关可对其另行适用取保候审的强制措施

【解析】A项，根据题目描述，证据为二审开庭前发现的关于毒品来源的关键证据，《刑诉解释》第395条规定："第二审期间，人民检察院或者被告人及其辩护人提交新证据的，人民法院应当及时通知对方查阅、摘抄或者复制。"被发现的关键证据属于上述规定中的"新证据"，检察院应当通知辩方查阅、摘抄或复制，A项正确。

B项，《刑事诉讼法》第236条规定："第二审人民法院对不服第一审判决的上诉、抗诉案件，经过审理后，应当按照下列情形分别处理：……（三）原判决事实不清楚或者证据不足的，可以在查清事实后改判；也可以裁定撤销原判，发回原审人民法院重新审判。……"因此本案中二审法院既可以在查清事实后改判；也可以裁定撤销原判，发回原审人民法院重新审判，两种选择都正确。B项错误。

C项，《刑事诉讼法》第55条规定："对一切案件的判处都要重证据，重调查研究，不轻信口供。只有被告人供述，没有其他证据的，不能认定被告人有罪和处以刑罚；没有被告人供述，证据确实、充分的，可以认定被告人有罪和处以刑罚。证据确实、充分，应当符合以下条件：（一）定罪量刑的事实都有证据证明；（二）据以定案的证据均经法定程序查证属实；（三）综合全案证据，对所认定事实已排除合理怀疑。"据此，本案中一审法院经审理认为现有证据无法排除合理怀疑判决张大明无罪并无不当，C项正确。

D项，《刑事诉讼法》第260条规定："第一审人民法院判决被告人无罪、免除刑事处罚的，如果被告人在押，在宣判后应当立即释放。"本案中张大明已被宣判无罪，因此应当被立即释放，检察机关可以对其进行取保候审。D项正确。

---

〔1〕 ACD

综上，本题答案为 A，C，D。

2. 赵某、钱某、孙某与李某四人涉嫌共同抢劫被立案侦查。侦查期间，赵某和钱某被逮捕，孙某被监视居住，对李某未采取强制措施。案件起诉到法院后，法院判处赵某有期徒刑 5 年，钱某有期徒刑 2 年缓刑 3 年，孙某免予刑事处罚，李某无罪。一审判决下来之后，检察院对本案提起抗诉。法院对他们四人强制措施的变更，正确的是？（2018 仿真题）[1]

A. 对赵某应当变更为取保候审　　　　B. 对钱某变更为取保候审或释放

C. 对孙某变更为取保候审或释放　　　D. 对李某应当予以释放

【解析】变更性原则是强制措施的适用基本原则之一，《刑诉解释》第 170 条规定了可以依法变更强制措施的情形：被逮捕的被告人具有下列情形之一的，人民法院应当立即释放；必要时，可以依法变更强制措施：（1）第一审人民法院判决被告人无罪、不负刑事责任或者免予刑事处罚的；（2）第一审人民法院判处管制、宣告缓刑、单独适用附加刑，判决尚未发生法律效力的；（3）被告人被羁押的时间已到第一审人民法院对其判处的刑期期限的；（4）案件不能在法律规定的期限内审结的。

A 项，本案中，赵某一审被判处有期徒刑 5 年，不符合上述规定，故 A 选项错误。

B 项，钱某被判处缓刑，根据上述规定第（2）项，法院应对其立即释放，只有在必要时才可以依法变更强制措施，故 B 选项错误。

C 项，孙某被判处免予刑事处罚，法院应当在宣判后立即释放，故 C 选项错误。

D 项，李某被判无罪，法院应当在宣判后立即释放，故 D 选项正确。

综上，本题答案为 D。

3. 张某因涉嫌受贿罪被 F 市监察委员会立案调查。在调查过程中，F 市监察委员会对张某采取了留置措施。案件调查终结后，F 市监察委员会将案件移送 F 市人民检察院审查起诉。下列关于本案的处理，说法正确的是？（2018 仿真题）[2]

A. 由于 F 市监察委员会在调查过程中对张某采取了留置措施，案件移送人民检察院审查起诉后，人民检察院可以对张某采取刑事强制措施

B. F 市监察委员会在《监察法》生效前对张某留置 6 个月，在《监察法》生效后被调查人被判处有期徒刑 3 年。该留置的 6 个月折抵刑期 6 个月

C. 对于经过两次退回监察委员会补充调查的案件，F 市人民检察院在审查起诉中认为仍然事实不清，证据不足，直接作出不起诉的决定

D. F 市监察委员会认为人民检察院不起诉决定有错误的，有权向 F 市人民检察院提请复议

【解析】A 项，《监察法》第 47 条第 1 款规定："对监察机关移送的案件，人民检察院依照《中华人民共和国刑事诉讼法》对被调查人采取强制措施。"据此，对于监察委员会移送的案件，检察院根据刑事诉讼法的规定对被调查人采取刑事强制措施。A 选项正确。

B 项，《监察法》第 44 条第 3 款规定："被留置人员涉嫌犯罪移送司法机关后，被依法判处管制、拘役和有期徒刑的，留置一日折抵管制二日，折抵拘役、有期徒刑一日。"据此，B 选项中被调查人被判处有期徒刑 3 年，留置一日折抵有期徒刑一日，B 选项正确。

C 项，《监察法》第 47 条第 2、3、4 款规定："人民检察院经审查，认为犯罪事实已经查

---

[1]　D　[2]　AB

清，证据确实、充分，依法应当追究刑事责任的，应当作出起诉决定。人民检察院经审查，认为需要补充核实的，应当退回监察机关补充调查，必要时可以自行补充侦查。对于补充调查的案件，应当在一个月内补充调查完毕。补充调查以二次为限。人民检察院对于有《刑事诉讼法》规定的不起诉的情形的，经上一级人民检察院批准，依法作出不起诉的决定。监察机关认为不起诉的决定有错误的，可以向上一级人民检察院提请复议。"因此 F 市人民检察院作出不起诉决定，应当经上一级人民检察院批准，而不能直接作出不起诉决定，故 C 选项错误。

D 项，根据上述《监察法》第 47 条第 2、3、4 款规定，F 市监察委员会认为 F 市人民检察院不起诉决定有错误的，应当向 F 市人民检察院的上一级人民检察院提请复议，故 D 选项错误。

综上，本题答案为 A、B。

4. 我国强制措施的适用应遵循变更性原则。下列哪些情形符合变更性原则的要求？（2017 - 2 - 71，多）[1]

A. 拘传期间因在身边发现犯罪证据而直接予以拘留

B. 犯罪嫌疑人在取保候审期间被发现另有其他罪行，要求其相应地增加保证金的数额

C. 犯罪嫌疑人在取保候审期间违反规定后对其先行拘留

D. 犯罪嫌疑人被羁押的案件，不能在法律规定的侦查羁押期限内办结的，予以释放

【解析】变更性原则是我国适用刑事强制措施应当遵循的基本原则，其基本内涵是，强制措施的适用，需要随着诉讼的进展、犯罪嫌疑人、被告人及案件情况的变化而及时变更或解除。适用强制措施需要遵循变更性原则的原因是，强制措施是一种保障性的手段而非惩罚性的手段，其目的是为了刑事诉讼活动的顺利进行，所以随着案件的进展会出现变化，同时考生需要注意变更既包括从轻变重也包括从重变轻。

A 项，《刑事诉讼法》第 82 条规定："公安机关对于现行犯或者重大嫌疑分子，如果有下列情形之一的，可以先行拘留：……（三）在身边或者住处发现有犯罪证据的。"因为案件出现了新的情况，强制措施从拘传升格到拘留，属于措施的变重，符合变更性原则。所以，A 项表述正确；

B 项，《关于取保候审若干问题的规定》第 12 条规定："被取保候审人没有违反刑事诉讼法第五十六条的规定，但在取保候审期间涉嫌重新犯罪被司法机关立案侦查的，执行机关应当暂扣其保证金，待人民法院判决生效后，决定是否没收。对故意重新犯罪的，应当没收保证金；对过失重新犯罪或者不构成犯罪的，应当退还保证金。"可知并不涉及数额的加减，只涉及没收与否。而《高检规则》第 101 条规定："犯罪嫌疑人有下列违反取保候审规定的行为，人民检察院应当对犯罪嫌疑人予以逮捕：（一）故意实施新的犯罪的；……"所以，此项属于本身知识点表述错误。从变更的角度而言应该变更为逮捕，B 项表述错误；

C 项，《刑事诉讼法》第 71 条第 4 款规定：犯罪嫌疑人在取保候审期间违反规定后需要予以逮捕的，可以对其先行拘留。所以从取保到拘留属于强制措施的升格符合变更性的要求，C 项表述正确；

D 项，《刑事诉讼法》第 98 条规定："犯罪嫌疑人、被告人被羁押的案件，不能在本法规定的侦查羁押、审查起诉、一审、二审期限内办结的，对犯罪嫌疑人、被告人应当予以释放；

---

[1] ACD

需要继续查证、审理的，对犯罪嫌疑人、被告人可以取保候审或者监视居住。"《刑诉解释》第170条规定："被逮捕的被告人具有下列情形之一的，人民法院应当立即释放；必要时，可以依法变更强制措施：（一）第一审人民法院判决被告人无罪、不负刑事责任或者免予刑事处罚的；（二）第一审人民法院判处管制、宣告缓刑、单独适用附加刑，判决尚未发生法律效力的；（三）被告人被羁押的时间已到第一审人民法院对其判处的刑期期限的；（四）案件不能在法律规定的期限内审结的。"所以从逮捕变更为非逮捕的情形符合变更原则的要求，D项表述正确。

综上所述，此题应选ACD。

5. 甲、乙涉嫌非法拘禁罪被取保候审。本案提起公诉后，法院认为对甲可继续适用取保候审，乙因有伪造证据的行为而应予逮捕。对于法院适用强制措施，下列哪些选项是正确的？（2017－2－72，多）[1]

A. 对甲可变更为保证人保证

B. 决定逮捕之前可先行拘留乙

C. 逮捕乙后应在24小时内讯问

D. 逮捕乙后，同级检察院可主动启动对乙的羁押必要性审查

【解析】A项，《刑诉解释》第162条规定："人民检察院、公安机关已经对犯罪嫌疑人取保候审、监视居住，案件起诉至人民法院后，需要继续取保候审、监视居住或者变更强制措施的，人民法院应当在七日以内作出决定，并通知人民检察院、公安机关。决定继续取保候审、监视居住的，应当重新办理手续，期限重新计算；继续使用保证金保证的，不再收取保证金。"取保候审的担保方式有保证人和保证金担保两种，在法院对甲继续采取取保候审的情况下，如果法院认为应使用保证人保证，可以通过重新办理手续予以变更。即决定取保的法院有权变更取保的担保方式。因此，A项正确。

B项，《刑诉解释》第147条第1款规定："人民法院根据案件情况，可以决定对被告人拘传、取保候审、监视居住或者逮捕。"据此可知，法院并无刑事拘留的决定权，更无刑事拘留的执行权，拘留只能由两机关决定，不含法院。因此，B项错误。

C项，《刑诉解释》第168条规定："人民法院对决定逮捕的被告人，应当在逮捕后二十四小时以内讯问。发现不应当逮捕的，应当立即释放。必要时，可以依法变更强制措施。"因此，C项正确。

D项，《高检规则》第574条第1款规定："人民检察院在办案过程中可以依职权主动进行羁押必要性审查。"逮捕乙后，同级检察院可依职权主动启动对乙的羁押必要性审查。因此，D项正确。

综上所述，本题答案为ACD。

6. 下列哪些情形，法院应当变更或解除强制措施？（2016－2－70，多）[2]

A. 甲涉嫌绑架被逮捕，案件起诉至法院时发现怀有身孕

B. 乙涉嫌非法拘禁被逮捕，被法院判处有期徒刑2年，缓期2年执行，判决尚未发生法律效力

C. 丙涉嫌妨害公务被逮捕，在审理过程中突发严重疾病

---

[1] ACD [2] BD

D. 丁涉嫌故意伤害被逮捕，因对被害人伤情有异议而多次进行鉴定，致使该案无法在法律规定的一审期限内审结

【解析】A 项，《刑诉解释》第 169 条规定："被逮捕的被告人具有下列情形之一的，人民法院可以变更强制措施：（一）患有严重疾病、生活不能自理的；（二）怀孕或者正在哺乳自己婴儿的；（三）系生活不能自理的人的唯一扶养人。"因此，对于怀孕的已经被逮捕的被告人，人民法院可以变更强制措施，而非应当变更强制措施。因此，A 项错误。

B 项，《刑诉解释》第 170 条规定："被逮捕的被告人具有下列情形之一的，人民法院应当立即释放；必要时，可以依法变更强制措施：（一）第一审人民法院判决被告人无罪、不负刑事责任或者免予刑事处罚的；（二）第一审人民法院判处管制、宣告缓刑、单独适用附加刑，判决尚未发生法律效力的；（三）被告人被羁押的时间已到第一审人民法院对其判处的刑期期限的；（四）案件不能在法律规定的期限内审结的。"乙涉嫌非法拘禁被逮捕，被法院判处有期徒刑 2 年，缓期 2 年执行，判决尚未发生法律效力，根据上述规定，法院应当变更强制措施或者予以释放。因此，B 项正确。

C 项，《刑诉解释》第 169 条规定："被逮捕的被告人具有下列情形之一的，人民法院可以变更强制措施：（一）患有严重疾病、生活不能自理的；（二）怀孕或者正在哺乳自己婴儿的；（三）系生活不能自理的人的唯一扶养人。"丙在审理过程中突发严重疾病，人民法院可以变更强制措施，而非应当变更强制措施。因此，C 项错误。

D 项，《六机关规定》第 40 条第 1 款规定："刑事诉讼法第一百四十七条（现为第 149 条）规定：'对犯罪嫌疑人作精神病鉴定的期间不计入办案期限。'根据上述规定，犯罪嫌疑人、被告人在押的案件，除对犯罪嫌疑人、被告人的精神病鉴定期间不计入办案期限外，其他鉴定期间都应当计入办案期限。对于因鉴定时间较长，办案期限届满仍不能终结的案件，自期限届满之日起，应当对被羁押的犯罪嫌疑人、被告人变更强制措施，改为取保候审或者监视居住。"D 项为因对被害人伤情进行多次鉴定而导致案件无法在一审审限内审结，自期限届满之日起，应当对被羁押的犯罪嫌疑人、被告人变更强制措施，改为取保候审或者监视居住。因此，D 项正确。

综上所述，本题应当选 B、D。

第九章　附带民事诉讼

一、成立条件

1. 甲系某地交通运输管理所工作人员，在巡查执法时致一辆出租车发生重大交通事故，司机乙重伤，乘客丙当场死亡，出租车严重受损。甲以滥用职权罪被提起公诉。关于本案处理，下列哪一选项是正确的？(2017 - 2 - 28，单)[1]

A. 乙可成为附带民事诉讼原告人

B. 交通运输管理所可成为附带民事诉讼被告人

C. 丙的妻子提起附带民事诉讼的，法院应裁定不予受理

D. 乙和丙的近亲属可与甲达成刑事和解

【解析】A 项，此案中甲系某地交通运输管理所工作人员，且甲以滥用职权罪被提起公诉。《刑诉解释》第 177 条规定："国家机关工作人员在行使职权时，侵犯他人人身、财产权利构成犯罪，被害人或者其法定代理人、近亲属提起附带民事诉讼的，人民法院不予受理，但应当告知其可以依法申请国家赔偿。"因此 A 项乙不可提出附带民事诉讼，A 项错误；

B 项，同上可得 B 项错误；

C 项，同上可得 C 项正确；

D 项，《刑事诉讼法》第 288 条第 1 款规定："下列公诉案件，犯罪嫌疑人、被告人真诚悔罪，通过向被害人赔偿损失、赔礼道歉等方式获得被害人谅解，被害人自愿和解的，双方当事人可以和解：（一）因民间纠纷引起，涉嫌刑法分则第四章、第五章规定的犯罪案件，可能判处三年有期徒刑以下刑罚的；（二）除渎职犯罪以外的可能判处七年有期徒刑以下刑罚的过失犯罪案件。"本题中，甲以滥用职权罪被提起公诉，属于不能适用当事人和解程序的案件。故 D 项表述错误。

综上所述，此题答案为 C。

2. 法院可以受理被害人提起的下列哪一附带民事诉讼案件？(2015 - 2 - 30，单)[2]

A. 抢夺案，要求被告人赔偿被夺走并变卖的手机

B. 寻衅滋事案，要求被告人赔偿所造成的物质损失

C. 虐待被监管人案，要求被告人赔偿因体罚虐待致身体损害所产生的医疗费

D. 非法搜查案，要求被告人赔偿因非法搜查所导致的物质损失

【解析】A 项，根据《刑诉解释》第 176 条可知，对于被告人非法占有、处置被害人财产的，应当依法予以追缴或者责令退赔，而非提起附带民事诉讼。A 项中的手机只是被抢夺和变

---

[1]　C　[2]　B

卖，并没有毁坏，故提起附带民事诉讼，法院不会受理。A项错误；

B项，《刑事诉讼法》第101条第1款规定："被害人由于被告人的犯罪行为而遭受物质损失的，在刑事诉讼过程中，有权提起附带民事诉讼。"寻衅滋事过程中，很可能造成他人人身权利的损害，从而产生物质损失（如医疗费），对此，被害人提起附带民事诉讼的，法院可以受理。因此，寻衅滋事造成的人身损害可以提起附带民事诉讼。B项正确；

C项，虐待被监管人案只能由负有监管职责的特殊主体实施，《刑诉解释》第177条规定："国家机关工作人员在行使职权时，侵犯他人人身、财产权利构成犯罪，被害人或者其法定代理人、近亲属提起附带民事诉讼的，人民法院不予受理，但应当告知其可以依法申请国家赔偿。"因此C项错误。

D项，非法搜查主体既有可能是一般主体也有可能是特殊主体，如果是司法工作人员在行使职权时造成的损失应当通过国家赔偿程序追究，而一般主体实施则可以提附带民事诉讼。因此D错误；

综上所述，本题答案为B。

3. 韩某和苏某共同殴打他人，致被害人李某死亡、吴某轻伤，韩某还抢走吴某的手机。后韩某被抓获，苏某在逃。关于本案的附带民事诉讼，下列哪一选项是正确的？（2014－2－32，单）[1]

A. 李某的父母和祖父母都有权提起附带民事诉讼

B. 韩某和苏某应一并列为附带民事诉讼的被告人

C. 吴某可通过附带民事诉讼要求韩某赔偿手机

D. 吴某在侦查阶段与韩某就民事赔偿达成调解协议并全部履行后又提起附带民事诉讼，法院不予受理

【解析】A项，附带民事诉讼的原告应当具备诉讼权利能力，根据《刑事诉讼法》第101条第1款规定，被害人死亡或者丧失行为能力的情况下，被害人的法定代理人、近亲属有权提起附带民事诉讼。本案中，被害人李某死亡，李某的父母有权提起附带民事诉讼，刑事诉讼中的近亲属仅包括：夫妻、父母、子女、同胞兄弟姐妹，李某的祖父母不属于法定代理人或者近亲属，无权提起民事诉讼。A项错误。

B项，《刑诉解释》第183条规定："共同犯罪案件，同案犯在逃的，不应列为附带民事诉讼被告人。逃跑的同案犯到案后，被害人或者其法定代理人、近亲属可以对其提起附带民事诉讼，但已经从其他共同犯罪人处获得足额赔偿的除外。"本案中，苏某在逃，不应列为附带民事诉讼被告人。B项错误。

C项，根据《刑诉解释》第176条规定，被告人非法占有、处置被害人财产的，应当依法予以追缴或者责令退赔。被害人提起附带民事诉讼的，人民法院不予受理。本案中，被抢走的手机并没有损坏，被害人只能通过追缴或者退赔程序处理，不能提起附带民事诉讼。C项错误。

D项，《刑诉解释》第185条规定："侦查、审查起诉期间，有权提起附带民事诉讼的人提出赔偿要求，经公安机关、人民检察院调解，当事人双方已经达成协议并全部履行，被害人或者其法定代理人、近亲属又提起附带民事诉讼的，人民法院不予受理，但有证据证明调解违反

---

[1] D

自愿、合法原则的除外。"可见，D 项正确。

综上所述，本题答案为 D。

4. 张一、李二、王三因口角与赵四发生斗殴，赵四因伤势过重死亡。其中张一系未成年人，王三情节轻微未被起诉，李二在一审开庭前意外死亡。

（1）本案依法负有民事赔偿责任的人是？（2013 - 2 - 95，任）[1]

A. 张一、李二   B. 张一父母、李二父母

C. 张一父母、王三   D. 张一父母、李二父母、王三

【解析】《刑诉解释》第 180 条规定："附带民事诉讼中依法负有赔偿责任的人包括：（1）刑事被告人以及未被追究刑事责任的其他共同侵害人；（2）刑事被告人的监护人；（3）死刑罪犯的遗产继承人；（4）共同犯罪案件中，案件审结前死亡的被告人的遗产继承人；（5）对被害人的物质损失依法应当承担赔偿责任的其他单位和个人。附带民事诉讼被告人的亲友自愿代为赔偿的，可以准许。"

A 项，李二在案件审结前已经死亡，不能承担民事赔偿责任，A 项错误。

B 项，张一是未成年人，其父母属于上述第（2）类责任人。李二已死亡，其父母属于上述第（4）类责任人。B 项正确。

C 项，王三未被起诉，属于上述第（1）类责任人。张一的父母是"未成年被告人的监护人"，属于负有民事赔偿的责任人。C 项正确。

D 项，融合了 B、C 项中的主体，因此 D 正确。

综上所述，本题答案为 D。理论上，该题应当选 B、C、D。但官方答案给的是 D，可能是因为 D 项表述的最全面。考生不用过于纠结，掌握好题目背后的知识点即可。

（2）在一审过程中，如果发生附带民事诉讼原、被告当事人不到庭情形，法院的下列做法正确的是？（2013 - 2 - 96，任）[2]

A. 赵四父母经传唤，无正当理由不到庭，法院应当择期审理

B. 赵四父母到庭后未经法庭许可中途退庭，法庭应当按撤诉处理

C. 王三经传唤，无正当理由不到庭，法庭应当采取强制手段强制其到庭

D. 李二父母未经法庭许可中途退庭，就附带民事诉讼部分，法庭应当缺席判决

【解析】A、B 项，《刑诉解释》第 195 条第 1 款规定："附带民事诉讼原告人经传唤，无正当理由拒不到庭，或者未经法庭许可中途退庭的，应当按撤诉处理。"赵四父母经传唤，无正当理由不到庭，法庭应当按撤诉处理而不是择期审理；赵四父母到庭后未经法庭许可中途退庭，法庭应当按撤诉处理。因此，A 项错误，B 项正确。

C、D 项，《刑诉解释》第 195 条第 2 款规定："刑事被告人以外的附带民事诉讼被告人经传唤，无正当理由拒不到庭，或者未经法庭许可中途退庭的，附带民事部分可以缺席判决。"王三经传唤，无正当理由不到庭，法庭可以缺席判决，而不是采取强制手段强制其到庭；李二父母未经法庭许可中途退庭，就附带民事诉讼部分，法庭可以缺席判决而不是应当。因此，CD 项错误。

综上所述，本题答案为 B。

---

[1] D   [2] B

二、附带民事诉讼程序

1. 为勒索钱财，左某绑架王某之女并将其杀害，一审法院判处左某死刑缓期两年执行，并赔偿附带民事诉讼原告人王某人民币35万元。检察院未提出抗诉，左某和王某对附带民事部分提起上诉。关于本案的审理，下列说法正确的有哪些？（2021，模拟题）[1]

A. 二审法院应将刑事部分和附带民事部分一并审理

B. 二审审结前可暂缓将左某送监执行

C. 若二审期间王某提出独立的诉讼请求，二审法院调解不成的，可以告知王某另行起诉

D. 二审法院不得增加左某的赔偿数额

【解析】A项，《刑诉解释》第409条规定："第二审人民法院审理对附带民事部分提出上诉，刑事部分已经发生法律效力的案件，应当对全案进行审查，并按照下列情形分别处理：（一）第一审判决的刑事部分并无不当的，只需就附带民事部分作出处理；（二）第一审判决的刑事部分确有错误的，依照审判监督程序对刑事部分进行再审，并将附带民事部分与刑事部分一并审理。"上述规定是刑事诉讼中的全面审查原则，在该种情况下二审法院应当一并审理。因此，A项正确。

B项，《刑诉解释》第408条第2款规定："应当送监执行的第一审刑事被告人是第二审附带民事诉讼被告人的，在第二审附带民事诉讼案件审结前，可以暂缓送监执行。"因此，B项正确。

C项，《刑诉解释》第410条规定："第二审期间，第一审附带民事诉讼原告人增加独立的诉讼请求或者第一审附带民事诉讼被告人提出反诉的，第二审人民法院可以根据自愿、合法的原则进行调解；调解不成的，告知当事人另行起诉。"可知，C项正确。

D项，根据题目可知，王某和左某均提起了上诉，由于王某是附带民事诉讼得原告，所以二审法院可以增加左某的赔偿数额，并不违反上诉不加刑原则的要求。因此，D项错误。

综上所述，本题答案为ABC项。

2. 张某因超速驾驶发生交通事故，不慎将行人A撞成重伤，且把B停放在路边的摩托车撞毁了。张某因害怕承担责任在肇事后逃逸。S区公安局在张某哥哥的协助下将张某抓获归案。S区检察院以交通肇事罪对张某提起公诉。关于本案，下列说法正确的是？（2018仿真题）[2]

A. 张某就民事赔偿问题与A没有达成和解，而与B达成了和解，法院应当对张某从轻处罚

B. B只有向法院提起附带民事诉讼后，才能委托诉讼代理人

C. B向法院提起附带民事诉讼后，张某与B达成和解，但张某不能即时履行全部赔偿义务，S区法院应当制作附带民事和解书

D. 对张某哥哥协助公安机关抓获张某的行为，因为不是法定量刑情节，法院可不予以审理

【解析】A项，《刑诉解释》第596条规定："对达成和解协议的案件，人民法院应当对被告人从轻处罚；符合非监禁刑适用条件的，应当适用非监禁刑；判处法定最低刑仍然过重的，可以减轻处罚；综合全案认为犯罪情节轻微不需要判处刑罚的，可以免予刑事处罚。共同犯罪

案件，部分被告人与被害人达成和解协议的，可以依法对该部分被告人从宽处罚，但应当注意全案的量刑平衡。"据此，只要被告人与被害人达成和解协议，不管是与部分被害人还是全部被害人达成和解协议，法院均应当对被告人从轻处罚。因此，A选项正确。

B项，《刑事诉讼法》第46条第1款规定："公诉案件的被害人及其法定代理人或者近亲属，附带民事诉讼的当事人及其法定代理人，自案件移送审查起诉之日起，有权委托诉讼代理人。自诉案件的自诉人及其法定代理人，附带民事诉讼的当事人及其法定代理人，有权随时委托诉讼代理人。"本案为公诉案件，B作为被害人，自案件移送审查起诉之日起，即有权委托诉讼代理人。因此，B选项错误。

C项，《刑诉解释》第595条规定："被害人或者其法定代理人、近亲属提起附带民事诉讼后，双方愿意和解，但被告人不能即时履行全部赔偿义务的，人民法院应当制作附带民事调解书。"此种情形下，人民法院应当制作调解书而非和解书。因此，C选项错误。

D项，《关于办理死刑案件审查判断证据若干问题的规定》第36条规定：在对被告人作出有罪认定后，人民法院认定被告人的量刑事实，除审查法定情节外，还应审查以下影响量刑的情节：（1）案件起因；（2）被害人有无过错及过错程度，是否对矛盾激化负有责任及责任大小；（3）被告人的近亲属是否协助抓获被告人；（4）被告人平时表现及有无悔罪态度；（5）被害人附带民事诉讼赔偿情况，被告人是否取得被害人或者被害人近亲属谅解；（6）其他影响量刑的情节。既有从轻、减轻处罚等情节，又有从重处罚等情节的，应当依法综合相关情节予以考虑。不能排除被告人具有从轻、减轻处罚等量刑情节的，判处死刑应当特别慎重。据此，尽管张某哥哥协助抓获张某并非法定量刑情节，但属于酌定量刑情节，法院应当予以审理。因此，D选项错误。

综上，本题答案为A。

3. 王某被姜某打伤致残，在开庭审判前向法院提起附带民事诉讼，关于本案的处理，说法正确的是？[1]

A. 对于王某提出财产保全的申请，法院可以采取查封、扣押或者冻结被告人财产的措施

B. 经法院调解，调解达成协议的，应当制作调解书

C. 调解达成协议并即时履行完毕的，可以不制作调解书，但应当制作笔录

D. 应当结合被告人赔偿被害人物质损失的情况认定其悔罪表现，并在量刑时予以考虑。追缴、退赔的情况，应当作为量刑情节考虑

【解析】A项，根据《刑诉解释》第189条规定，人民法院对可能因被告人的行为或者其他原因，使附带民事判决难以执行的案件，根据附带民事诉讼原告人的申请，可以裁定采取保全措施，查封、扣押或者冻结被告人的财产，因此A项正确

B、C项，《刑诉解释》第190条规定："人民法院审理附带民事诉讼案件，可以根据自愿、合法的原则进行调解。经调解达成协议的，应当制作调解书。调解书经双方当事人签收后即具有法律效力。调解达成协议并即时履行完毕的，可以不制作调解书，经双方当事人、审判人员、书记员签名后即发生法律效力。"B、C项正确。

D项，《刑诉解释》第194条规定："审理刑事附带民事诉讼案件，人民法院应当结合被告人赔偿被害人物质损失的情况认定其悔罪表现，并在量刑时予以考虑。"第176条规定："被告

人非法占有、处置被害人财产的，应当依法予以追缴或者责令退赔。被害人提起附带民事诉讼的，人民法院不予受理。追缴、退赔的情况，可以作为量刑情节考虑。"因此，对于追缴、退赔的情况，是"可以"作为量刑情节考虑，"应当"的表述错误。D选项错误。

综上所述，本题答案为A、B、C。

4. 赵某（16周岁，高中学生）在游乐园游玩时因琐事与李某（15周岁，高中学生）发生争执，赵某殴打李某致其轻伤。李某向法院提起自诉，要求追究赵某的刑事责任。关于本案，说法错误的是？（2018仿真题）[1]

A. 法院受理李某的自诉案件后，李某自愿撤诉，2个月后，李某又以同一事实对赵某提起自诉，法院应当受理

B. 赵某的父亲是一名律师，其可以同时担任赵某的辩护人

C. 李某的母亲可以为李某委托诉讼代理人

D. 法院在审理本案时，可以进行调解

【解析】A项，《刑诉解释》第320条第2款规定："具有下列情形之一的，应当说服自诉人撤回起诉；自诉人不撤回起诉的，裁定不予受理：……（六）除因证据不足而撤诉的以外，自诉人撤诉后，就同一事实又告诉的；…。"A选项错误。

B项，《刑事诉讼法》第33条第1款规定："犯罪嫌疑人、被告人除自己行使辩护权以外，还可以委托一至二人作为辩护人。下列的人可以被委托为辩护人：（一）律师；（二）人民团体或者犯罪嫌疑人、被告人所在单位推荐的人；（三）犯罪嫌疑人、被告人的监护人、亲友。"赵某的父亲不仅是被告人的监护人，还有律师身份，可以担任赵某的辩护人的，B选项正确。

C项，《刑事诉讼法》第46条第1款规定："……自诉案件的自诉人及其法定代理人，附带民事诉讼的当事人及其法定代理人，有权随时委托诉讼代理人。"本案中，李某母亲作为自诉人的法定代理人有权随时委托诉讼代理人，故C选项正确。

D项，《刑事诉讼法》第212条第1款规定："人民法院对自诉案件，可以进行调解；自诉人在宣告判决前，可以同被告人自行和解或者撤回自诉。本法第二百一十条第三项规定的案件不适用调解。"以及第210条规定："自诉案件包括下列案件：（一）告诉才处理的案件；（二）被害人有证据证明的轻微刑事案件；（三）被害人有证据证明对被告人侵犯自己人身、财产权利的行为应当依法追究刑事责任，而公安机关或者人民检察院不予追究被告人刑事责任的案件。"法院对于告诉才处理的案件和被害人有证据证明的轻微刑事案件可以进行调解。本案是故意伤害案（轻伤），属于被害人有证据证明的轻微刑事案件，故本案可以进行调解，D选项正确。

综上，本题答案为A。

5. 王某被姜某打伤致残，在开庭审判前向法院提起附带民事诉讼，并提出财产保全的申请。法院对于该申请的处理，下列哪一选项是正确的？（2013-2-32，单）[2]

A. 不予受理

B. 可以采取查封、扣押或者冻结被告人财产的措施

C. 只有在王某提供担保后，法院才予以财产保全

D. 移送财产所在地的法院采取保全措施

【解析】A项，《刑事诉讼法》第101条规定："被害人由于被告人的犯罪行为而遭受物质

---

[1] A [2] B

损失的，在刑事诉讼过程中，有权提起附带民事诉讼。"本题中，王某被姜某打伤，在开庭审判前向法院提起诉讼，属于在刑事诉讼过程中，符合《刑事诉讼法》第101条的规定，法院应当受理。故 A 项错误。

B 项，《刑事诉讼法》第102条规定："人民法院在必要的时候，可以采取保全措施，查封、扣押或者冻结被告人的财产。附带民事诉讼原告人或者人民检察院可以申请人民法院采取保全措施。人民法院采取保全措施，适用民事诉讼法的有关规定。"B 项正确。

C 项，《刑诉解释》第189条规定："人民法院对可能因被告人的行为或者其他原因，使附带民事判决难以执行的案件，根据附带民事诉讼原告人的申请，可以裁定采取保全措施，查封、扣押或者冻结被告人的财产；附带民事诉讼原告人未提出申请的，必要时，人民法院也可以采取保全措施。有权提起附带民事诉讼的人因情况紧急，不立即申请保全将会使其合法权益受到难以弥补的损害的，可以在提起附带民事诉讼前，向被保全财产所在地、被申请人居住地或者对案件有管辖权的人民法院申请采取保全措施。"财产保全可以被区分为诉前财产保全和诉中财产保全，其中，诉中财产保全，法院是"可以"责令王某提供担保，并非只有王某提供担保后才予以财产保全。故 C 项错误。

D 项，根据上述《刑诉解释》第189条的规定，可知被保全财产所在地，被申请人居住地和案件有管辖权的法院均有权采取保全措施，并非需要移交财产所在地法院采取。故 D 项错误。

综上所述，本题答案为 B。

6. 关于附带民事诉讼案件诉讼程序中的保全措施，下列哪一说法是正确的？（2012 - 2 - 30，单）[1]

A. 法院应当采取保全措施

B. 附带民事诉讼原告人和检察院都可以申请法院采取保全措施

C. 采取保全措施，不受《民事诉讼法》规定的限制

D. 财产保全的范围不限于犯罪嫌疑人、被告人的财产或与本案有关的财产

【解析】《刑事诉讼法》第102条规定："人民法院在必要的时候，可以采取保全措施，查封、扣押或者冻结被告人的财产。附带民事诉讼原告人或者人民检察院可以申请人民法院采取保全措施。人民法院采取保全措施，适用民事诉讼法的有关规定。"

A 项，附带民事诉讼中，"应当"的表述错误，A 项错误。

B 项，根据上述法条，B 项正确。

C 项，根据上述法条，保全措施适用《民事诉讼法》的有关规定，C 项错误。

D 项，根据《刑事诉讼法》的规定，财产保全限于被告人的财产。法院可以采取查封、扣押、冻结手段，这些手段的实施需要遵守《民事诉讼法》的相关规定。《民事诉讼法》规定保全的财产应与本案有关。故 D 项错误。

综上所述，本题选 B。

7. 在罗某放火案中，钱某、孙某和吴某 3 家房屋均被烧毁。一审时，钱某和孙某提起要求罗某赔偿损失的附带民事诉讼，吴某未主张。一审判决宣告后，吴某欲让罗某赔偿财产损失。下列哪一说法是正确的？（2011 - 2 - 28，单）[2]

A. 吴某可另行提起附带民事诉讼

B. 吴某不得再提起附带民事诉讼，可在刑事判决生效后另行提起民事诉讼

C. 吴某可提出上诉，请求法院在二审程序中判令罗某予以赔偿

D. 吴某既可另行提起附带民事诉讼，也可单独提起民事诉讼

【解析】A、B、D项，《刑诉解释》第198条的规定："第一审期间未提起附带民事诉讼，在第二审期间提起的，第二审人民法院可以依法进行调解；调解不成的，告知当事人可以在刑事判决、裁定生效后另行提起民事诉讼。"因此，AD项错误，B项正确。

C项，吴某既然在一审中并未提起附带民事诉讼，就无权提出上诉。因此，C项错误。

综上所述，故本题答案为B。

三、综合

1. 甲于2018年3月份生产、销售了一批不符合食品安全标准的膨化零食，在市场流通后多人因食用而出现不适症状，于是检察院以甲涉嫌生产、销售不符合安全标准的食品罪向法院提起公诉，另外检察院认为甲的行为致多人出现健康问题，损害了不特定消费者的生命健康权，在提起公诉的同时提起附带民事公益诉讼，关于本案的处理，下列选项正确的是？（2019仿真题）[1]

A. 本案应由中级法院管辖，因其涉及公益诉讼

B. 检察院可以就附带民事公益诉讼判决提起上诉

C. 检察院可以在提起附带民事公益诉讼的同时，要求甲通过公开媒体向社会公众赔礼道歉

D. 法院对甲判处罚金的同时要求甲向检察院交付赔偿款，法院的做法符合法律规定

【解析】A项，《关于检察公益诉讼案件适用法律若干问题的解释》第20条规定："人民检察院对破坏生态环境和资源保护，食品药品安全领域侵害众多消费者合法权益，侵害英雄烈士等的姓名、肖像、名誉、荣誉等损害社会公共利益的犯罪行为提起刑事公诉时，可以向人民法院一并提起附带民事公益诉讼，由人民法院同一审判组织审理。人民检察院提起的刑事附带民事公益诉讼案件由审理刑事案件的人民法院管辖。"本案不属于刑事诉讼法中规定由中院进行管辖的特殊情形，因此，本案应当由基层人民法院管辖。A项错误。

B项，《关于检察公益诉讼案件适用法律若干问题的解释》第10条规定："人民检察院不服人民法院第一审判决、裁定的，可以向上一级人民法院提起上诉。"据此，检察院可以就附带民事公益诉讼判决提出上诉。B项正确。

C项，《民法典》第179条规定："承担民事责任的方式主要有：（一）停止侵害；（二）排除妨碍；（三）消除危险；（四）返还财产；（五）恢复原状；（六）修理、重作、更换；（七）继续履行；（八）赔偿损失；（九）支付违约金；（十）消除影响、恢复名誉；（十一）赔礼道歉。法律规定惩罚性赔偿的，依照其规定。本条规定的承担民事责任的方式，可以单独适用，也可以合并适用。"据此，检察院在提起附带民事公益诉讼的同时，要求甲通过公开媒体向社会公众赔礼道歉的行为并无不当。C项正确。

D项，《刑诉解释》第193条规定："人民检察院提起附带民事诉讼的，人民法院经审理，认为附带民事诉讼被告人依法应当承担赔偿责任的，应当判令附带民事诉讼被告人直接向遭受损失的单位作出赔偿；遭受损失的单位已经终止，有权利义务继受人的，应当判令其向继受人

---

[1] BCD

作出赔偿；没有权利义务继受人的，应当判令其向人民检察院交付赔偿款，由人民检察院上缴国库。"据此，法院的做法符合法律规定。D项正确。

综上本题选择 B，C，D。

2. 一企业因破坏生态环境，损害社会公共利益的犯罪行为，某区人民检察院向某区人民法院提起公诉时对案件附带提起了公益诉讼，关于本案说法不符合法律规定的是？(2019 仿真题)[1]

　　A. 公益诉讼应当归中级人民法院管辖，所以区人民法院应当不予受理本案

　　B. 人民检察院对附带民事部分不服可以上诉

　　C. 不特定的消费者遭受损失的时候，法院应当判决被告人将损失赔偿给检察院

　　D. 被告人可以对附带公益诉讼提起反诉

【解析】A项，《关于检察公益诉讼案件适用法律若干问题的解释》第4条规定："人民检察院以公益诉讼起诉人身份提起公益诉讼，依照民事诉讼法、行政诉讼法享有相应的诉讼权利，履行相应的诉讼义务，但法律、司法解释另有规定的除外。"第20条第2款规定："人民检察院提起的刑事附带民事公益诉讼案件由审理刑事案件的人民法院管辖。"可知，刑事案件的管辖权归区法院，因而区人民法院可以一并受理附带民事的公益诉讼。所以 A 项错误。

B项，《关于检察公益诉讼案件适用法律若干问题的解释》第10条规定："人民检察院不服人民法院第一审判决、裁定的，可以向上一级法院提起上诉。"本案中，检察院是以原告人的身份提起来的，因此可以向上一级法院提起上诉，B选项正确。

C项，应当直接赔给遭受损失的消费者，故 C 项错误。

D项，上述法规第16条规定："人民检察院提起的民事公益诉讼案件中，被告以反诉方式提出诉讼请求的，人民法院不予受理。"可知 D 项错误。

综上所述，本题答案是 ACD。

3. 司法工作人员甲涉嫌刑讯逼供被检察院立案侦查，检察院在侦查过程中发现甲在另一起案件的办理中涉嫌受贿和暴力取证，关于本案的处理，下列哪些选项是正确的？(2019 仿真题)[2]

　　A. 对于甲涉嫌的刑讯逼供案，检察院可以根据需要采取技术侦查措施

　　B. 对于甲涉嫌的暴力取证案，检察院可以立案侦查

　　C. 对于甲涉嫌的受贿案，检察院与监察委员会沟通后，认为由检察院管辖更为适宜的，可以由检察院立案侦查

　　D. 在甲涉嫌的暴力取证案中，法院对于被害人提起的附带民事诉讼应当不予受理

【解析】A项，《高检规则》第227条规定："人民检察院在立案后，对于利用职权实施的严重侵犯公民人身权利的重大犯罪案件，经过严格的批准手续，可以采取技术侦查措施，交有关机关执行。"本案当事人是司法工作人员，并涉嫌刑讯逼供，属于本案中检察院根据需要可以对甲涉嫌的刑讯逼供案进行技术侦查措施。A项正确。

B项、C项，《高检规则》第13条第1款规定："人民检察院在对诉讼活动实行法律监督中发现的司法工作人员利用职权实施的非法拘禁、刑讯逼供、非法搜查等侵犯公民权利、损害司法公正的犯罪，可以由人民检察院立案侦查。"本案中甲涉嫌暴力取证，已经侵犯公民权利、损害司法公正，因此检察院可以立案侦查。对于甲涉嫌受贿案，《监察法》第11条规定："监察委员会依照本法和有关法律规定履行监督、调查、处置职责：（一）对公职人员开展廉政教

育，对其依法履职、秉公用权、廉洁从政从业以及道德操守情况进行监督检查；（二）对涉嫌贪污贿赂、滥用职权、玩忽职守、权力寻租、利益输送、徇私舞弊以及浪费国家资财等职务违法和职务犯罪进行调查；（三）对违法的公职人员依法作出政务处分决定；对履行职责不力、失职失责的领导人员进行问责；对涉嫌职务犯罪的，将调查结果移送人民检察院依法审查、提起公诉；向监察对象所在单位提出监察建议。"据此甲受贿案应属于监察机关管辖案件范围，不属于检察院管辖范围。B项正确，C项错误。

D项，《刑诉解释》第177条规定："国家机关工作人员在行使职权时，侵犯他人人身、财产权利构成犯罪，被害人或者其法定代理人、近亲属提起附带民事诉讼的，人民法院不予受理，但应当告知其可以依法申请国家赔偿。"本案中，甲作为司法工作人员，属于国家机关工作人员。对其行使职权时侵犯的受害人提起的附带民事诉讼，法院应当不予受理，但应当告知其可以依法申请国家赔偿。D项错误。

综上，本题答案为A、B。

4. 甲、乙殴打丙，致丙长期昏迷，乙在案发后潜逃，检察院以故意伤害罪对甲提起公诉。关于本案，下列哪些选项是正确的？(2016-2-71，多)[1]

A. 丙的妻子、儿子和弟弟都可成为附带民事诉讼原告人

B. 甲、乙可作为附带民事诉讼共同被告人，对故意伤害丙造成的物质损失承担连带赔偿责任

C. 丙因昏迷无法继续履行与某公司签订的合同造成的财产损失不属于附带民事诉讼的赔偿范围

D. 如甲的朋友愿意代为赔偿，法院应准许并可作为酌定量刑情节考虑

【解析】A项，《刑事诉讼法》第101条第1款规定："被害人由于被告人的犯罪行为而遭受物质损失的，在刑事诉讼过程中，有权提起附带民事诉讼。被害人死亡或者丧失行为能力的，被害人的法定代理人、近亲属有权提起附带民事诉讼。"丙的妻子、儿子、弟弟属于被害人的近亲属，可以提起附带民事诉讼。A项正确。

B项，对于共同犯罪案件的附带民事诉讼，根据《刑诉解释》第183条规定，共同犯罪案件，同案犯在逃的，不应列为附带民事诉讼被告人。乙在逃，属于上述"同案犯在逃"情形不能被列为附带民事诉讼共同被告人，B项错误。

C项，附带民事诉讼的赔偿限于犯罪行为直接造成的物质损害，《刑诉解释》第192条规定，具体包括：犯罪行为造成被害人人身损害的，应当赔偿医疗费、护理费、交通费等为治疗和康复支付的合理费用，以及因误工减少的收入。造成被害人残疾的，还应当赔偿残疾生活辅助具费等费用；造成被害人死亡的，还应当赔偿丧葬费等费用。以及由于财物被犯罪分子破坏而遭受的物质损失。本案中，丙被殴打产生的医疗费等费用属于因犯罪行为直接侵害造成的物质损失，而因被伤害继而导致的合同无法履行，不属于犯罪行为造成被害人人身损害的赔偿范围，因此C项正确。

D项，《刑诉解释》第180条第2款规定："附带民事诉讼被告人的亲友自愿代为赔偿的，可以准许。"可见，D项正确。

综上所述，本题应当选A、C、D。

---

[1] ACD

第十章 期间、送达

一、期间的特殊计算

1. 卢某妨害公务案于 2016 年 9 月 21 日一审宣判，并当庭送达判决书。卢某于 9 月 30 日将上诉书交给看守所监管人员黄某，但黄某因忙于个人事务直至 10 月 8 日上班时才寄出，上诉书于 10 月 10 日寄到法院。关于一审判决生效，下列哪一选项是正确的？（2017 – 2 – 29，单）[1]

A. 一审判决于 9 月 30 日生效

B. 因黄某耽误上诉期间，卢某将上诉书交予黄某时，上诉期间中止

C. 因黄某过失耽误上诉期间，卢某可申请期间恢复

D. 上诉书寄到法院时一审判决尚未生效

【解析】ABD 项，《刑事诉讼法》第 105 条规定："期间以时、日、月计算。期间开始的时和日不算在期间以内。法定期间不包括路途上的时间。上诉状或者其他文件在期满前已经交邮的，不算过期。期间的最后一日为节假日的，以节假日后的第一日为期满日期，但犯罪嫌疑人、被告人或者罪犯在押期间，应当至期满之日为止，不得因节假日而延长。"可知，判决 2016 年 9 月 21 日一审宣判并送达，自 9 月 22 日开始计算 10 天的上诉期，9 月 30 日尚未达 10 日。因此，A 项错误。上诉期截止日原为 10 月 1 日，但考虑到法定节假日因素，应以 10 月 8 日为截止日。黄某因忙于个人事务直至 10 月 8 日上班时才寄出，是在期满前已经交邮的，不算过期，上诉书于 10 月 10 日寄到法院，10 月 8 ~ 10 月 10 日算路途上的时间。一审判决尚未生效。因此，B 项错误，D 项正确。

C 项，《刑事诉讼法》第 106 条第 1 款规定："当事人由于不能抗拒的原因或者有其他正当理由而耽误期限的，在障碍消除后五日以内，可以申请继续进行应当在期满以前完成的诉讼活动。"可知，黄某过失耽误上诉期间，但黄某不是当事人，卢某不能申请恢复。因此，C 项错误。

综上所述，本题正确答案为 D。

2. 关于办案期限重新计算的说法，下列哪一选项是正确的？（2015 – 2 – 31，单）[2]

A. 甲盗窃汽车案，在侦查过程中发现其还涉嫌盗窃 1 辆普通自行车，重新计算侦查羁押期限

B. 乙受贿案，检察院审查起诉时发现一笔受贿款项证据不足，退回补充侦查后再次移送审查起诉时，重新计算审查起诉期限

---

[1] D [2] B

C. 丙聚众斗殴案，在处理完丙提出的有关检察院书记员应当回避的申请后，重新计算一审审理期限

D. 丁贩卖毒品案，二审法院决定开庭审理并通知同级检察院阅卷，检察院阅卷结束后，重新计算二审审理期限

【解析】 A项，《高检规则》第315条规定："人民检察院在侦查期间发现犯罪嫌疑人另有重要罪行的，自发现之日起依照本规则第三百零五条的规定重新计算侦查羁押期限。另有重要罪行是指与逮捕时的罪行不同种的重大犯罪或者同种的影响罪名认定、量刑档次的重大犯罪。" A中，在侦查过程中发现其还涉嫌盗窃1辆普通自行车，这既不是不同种重大犯罪，亦不属于能够影响罪名认定、量刑档次的重大犯罪，不属于另有重要罪行，故无需重新计算侦查羁押。A项错误。

B项，《高检规则》第346条规定："退回监察机关补充调查、退回公安机关补充侦查的案件，均应当在一个月以内补充调查、补充侦查完毕。补充调查、补充侦查以二次为限。补充调查、补充侦查完毕移送起诉后，人民检察院重新计算审查起诉期限。人民检察院负责诉讼的部门退回本院负责侦查的部门补充侦查的期限、次数按照本条第一款至第三款的规定执行。"可知，退回补充调查后再次移送审查起诉时，应重新计算审查起诉期限，所以B项正确。

C项，如果当事人及其法定代理人申请出庭的检察人员回避的，人民法院应当决定休庭，并通知人民检察院。休庭的时间需要计入审限，不会导致一审审限重新计算。C项错误。

D项，《刑事诉讼法》第235条规定："人民检察院提出抗诉的案件或者第二审人民法院开庭审理的公诉案件，同级人民检察院都应当派员出席法庭。第二审人民法院应当在决定开庭审理后及时通知人民检察院查阅案卷。人民检察院应当在1个月以内查阅完毕。人民检察院查阅案卷的时间不计入审理期限。"可见，没有"检察院阅卷结束后，重新计算二审审理期限"的规定。D项错误。

综上所述，本题答案为B。

3. 关于期间的计算，下列哪一选项是正确的？（2014 - 2 - 33，单）[1]

A. 重新计算期限包括公检法的办案期限和当事人行使诉讼权利的期限两种情况

B. 上诉状或其他法律文书在期满前已交邮的不算过期，已交邮是指在期间届满前将上诉状或其他法律文书递交邮局或投入邮筒内

C. 法定期间不包括路途上的时间，比如有关诉讼文书材料在公检法之间传递的时间应当从法定期间内扣除

D. 犯罪嫌疑人、被告人在押的案件，在羁押场所以外对患有严重疾病的犯罪嫌疑人、被告人进行医治的时间，应当从法定羁押期间内扣除

【解析】 A项，重新计算期限仅包括公检法的办案期限，而不包括当事人行使诉讼权利的期限，譬如，在侦查期间，发现犯罪嫌疑人另有重要罪行的，重新计算侦查羁押期限。又如，人民检察院和人民法院改变管辖的公诉案件，从改变后的办案机关收到案件之日起计算办案期限。对于当事人行使诉讼权利的期限没有重新计算的规定，如果当事人耽误了期限，只能申请恢复期限。A项错误。

B项，《刑事诉讼法》第105条第3款规定："法定期间不包括路途上的时间。上诉状或者

---

〔1〕 C

其他文件在期满前已经交邮的，不算过期。"根据该条规定，"路途上的时间"是指"司法机关邮寄送达诉讼文书在路途上所占用的时间"，交邮"应当以邮件上的邮戳为证"。故 B 项错误。

C 项，根据《刑事诉讼法》第 105 条第 3 款的规定，C 选项中"有关诉讼文书材料在公检法之间传递的时间"即属于该种情形，应当从法定期间扣除，故 C 项正确。

D 项，《刑事诉讼法》第 149 条规定："对犯罪嫌疑人作精神病鉴定的时间不计入办案期限。其他鉴定期间都应当计入办案期限。"另从保障犯罪嫌疑人诉讼权利的角度推论，只要犯罪嫌疑人、被告人在押，期间即应计入羁押期限，即使对患有严重疾病的犯罪嫌疑人、被告人在羁押场所外进行医治，医治的时间也不应当从法定羁押期间内扣除。D 项错误。

综上所述，本题答案为 C。

二、送达

1. 被告人徐某为未成年人，法院书记员到其住处送达起诉书副本，徐某及其父母拒绝签收。关于该书记员处理这一问题的做法，下列哪些选项是正确的？(2013 - 2 - 70，多)[1]

A. 邀请见证人到场

B. 在起诉书副本上注明拒收的事由和日期，该书记员和见证人签名或盖章

C. 采取拍照、录像等方式记录送达过程

D. 将起诉书副本留在徐某住处

【解析】《刑诉解释》第 204 条规定："送达诉讼文书，应当由收件人签收。收件人不在的，可以由其成年家属或者所在单位负责收件的人员代收。收件人或者代收人在送达回证上签收的日期为送达日期。收件人或者代收人拒绝签收的，送达人可以邀请见证人到场，说明情况，在送达回证上注明拒收的事由和日期，由送达人、见证人签名或者盖章，将诉讼文书留在收件人、代收人的住处或者单位；也可以把诉讼文书留在受送达人的住处，并采用拍照、录像等方式记录送达过程，即视为送达。"

A、C、D 项，可见，A、C、D 项符合上述规定，正确。

B 项，应当在"送达回证"上注明拒收的事由和日期。B 项错误。

综上所述，本题答案为 A、C、D。

---

[1] ACD

第十一章　立　案

一、立案的材料来源

1. 关于初查下列说法符合法律规定的有？（2019 年回忆版真题）[1]

A. 公安机关在初查中对初查对象的通话进行监听

B. 初查中侦查机关扣押了初查对象的手机以便保存手机里的数据

C. 在一起贩毒案中侦查人员怀疑犯罪嫌疑人还有部分毒品，隐匿警察身份的人引诱其做交易

D. 暴力取证罪可以采取技术侦查手段

【解析】A 项，监听属于技术侦查措施，只有在立案后才可以对犯罪嫌疑人、被告人采取。所以 A 项错误。

B 项，初查中不可以限制初查对象的财产，即不能查封、扣押、冻结其财产，本案扣押手机违反法律规定。

C 项，《公安部规定》第 271 条规定："为了查明案情，在必要的时候，经县级以上公安机关负责人决定，可以由侦查人员或者公安机关指定的其他人员隐匿身份实施侦查。隐匿身份实施侦查时，不得使用促使他人产生犯罪意图的方法诱使他人犯罪，不得采用可能危害公共安全或者发生重大人身危险的方法。"可知侦查人员引诱他人犯罪的做法错误。

D 项，《刑事诉讼法》第 150 条第 2 款规定："人民检察院在立案后，对于利用职权实施的严重侵犯公民人身权利的重大犯罪案件，根据侦查犯罪的需要，经过严格的批准手续，可以采取技术侦查措施，按照规定交有关机关执行。"暴力取证属于检察院的自侦案件，可以采取技术侦查。所以 D 项正确。

综上所述，本题答案为 D。

2. 1996 年 11 月，某市发生一起故意杀人案。2017 年 3 月，当地公安机关根据案发时现场物证中提取的 DNA 抓获犯罪嫌疑人陆某。2017 年 7 月，最高检察院对陆某涉嫌故意杀人案核准追诉。在最高检察院核准前，关于本案处理，下列哪一选项是正确的？（2017 - 2 - 23，单）[2]

A. 不得侦查本案　　　　　　　　　　B. 可对陆某先行拘留

C. 不得对陆某批准逮捕　　　　　　　D. 可对陆某提起公诉

【解析】《高检规则》第 320 条规定："法定最高刑为无期徒刑、死刑的犯罪，已过二十年追诉期限的，不再追诉。如果认为必须追诉的，须报请最高人民检察院核准。"本题涉及的故

---

[1]　D　[2]　B

意杀人属于法定最高刑为无期徒刑、死刑的，经过 20 年后追诉的需经最高人民检察院核准，而最高人民检察院核准的内容是否向法院提起公诉以追究其刑事责任，但在提起公诉前的侦查活动并非需要等核准后才能进行。

AC 项，《高检规则》第 321 条第 2 款规定："公安机关报请核准追诉并提请逮捕犯罪嫌疑人，人民检察院经审查认为必须追诉而且符合法定逮捕条件的，可以依法批准逮捕，同时要求公安机关在报请核准追诉期间不得停止对案件的侦查。"因此，AC 项错误。

B 项，《高检规则》第 321 条第 1 款规定："须报请最高人民检察院核准追诉的案件，公安机关在核准之前可以依法对犯罪嫌疑人采取强制措施。"故公安机关在最高人民检察院核准前可以对犯罪嫌疑人采取包括拘留在内的强制措施。因此，B 项正确。

D 项，《高检规则》第 321 条第 3 款规定："未经最高人民检察院核准，不得对案件提起公诉。"因此，D 项错误。

综上所述，本题答案为 B。

3. 公安机关获知有多年吸毒史的王某近期可能从事毒品制售活动，遂对其展开初步调查工作。关于这一阶段公安机关可以采取的措施，下列哪些选项是正确的？（2016 - 2 - 72，多）[1]

A. 监听　　　　　　　　　　　B. 查询王某的银行存款
C. 询问王某　　　　　　　　　D. 通缉

【解析】A 项，《公安部规定》第 264 条规定："技术侦查措施是指由设区的市一级以上公安机关负责技术侦查的部门实施的记录监控、行踪监控、通信监控、场所监控等措施。技术侦查措施的适用对象是犯罪嫌疑人、被告人以及与犯罪活动直接关联的人员。"本案尚处于初查阶段，公安机关不可对王某进行监听。因此，A 项错误。

BC 项，《公安部规定》第 174 条规定："对接受的案件，或者发现的犯罪线索，公安机关应当迅速进行审查。发现案件事实或者线索不明的，必要时，经办案部门负责人批准，可以进行调查核实。调查核实过程中，公安机关可以依照有关法律和规定采取询问、查询、勘验、鉴定和调取证据材料等不限制被调查对象人身、财产权利的措施。但是，不得对被调查对象采取强制措施，不得查封、扣押、冻结被调查对象的财产，不得采取技术侦查措施。"故查询王某的银行存款、询问王某均属于公安机关在初查阶段可以采取的措施。因此，BC 项正确。

D 项，《公安部规定》第 274 条第 1 款规定："应当逮捕的犯罪嫌疑人在逃的，经县级以上公安机关负责人批准，可以发布通缉令，采取有效措施，追捕归案。"本案尚处于初查阶段，不可对王某实施逮捕，也就无法通缉王某。因此，D 项错误。

综上所述，本题答案为 B、C。

二、立案监督

1. 李某到县公安机关称其被陈某强奸，公安机关传讯了陈某，陈某称他与李某是恋爱关系。公安机关遂作出不立案决定，对于公安机关不立案决定，下列说法正确的是？[2]

A. 李某有权在收到《不予立案通知书》后 7 日内向原决定的公安机关申请复议
B. 人民检察院认为公安机关对应当立案的案件而不立案的，应当通知公安机关立案
C. 对于公安机关不立案的决定，李某有权向法院直接提起自诉

---

[1]　BC　[2]　ABC

D. 对于公安机关不立案的决定，检察院有权撤销该决定退赔的情况，应当作为量刑情节考虑

【解析】A选项，根据《公安部规定》第179条，控告人对不予立案决定不服的，可以在收到不予立案通知书后七日以内向作出决定的公安机关申请复议，A选项正确。

B、D选项，《刑事诉讼法》第113条规定："人民检察院认为公安机关对应当立案侦查的案件而不立案侦查的，或者被害人认为公安机关对应当立案侦查的案件而不立案侦查，向人民检察院提出的，人民检察院应当要求公安机关说明不立案的理由。人民检察院认为公安机关不立案理由不能成立的，应当通知公安机关立案，公安机关接到通知后应当立案。"因此，人民检察院应当先要求公安机关说明不立案的理由，而非直接通知公安机关立案，也无撤销权。B、D选项错误。

C选项，《刑事诉讼法》第210条规定："自诉案件包括下列案件：（一）告诉才处理的案件；（二）被害人有证据证明的轻微刑事案件；（三）被害人有证据证明对被告人侵犯自己人身、财产权利的行为应当依法追究刑事责任，而公安机关或者人民检察院不予追究被告人刑事责任的案件。"强奸罪属于依法应当提起公诉的案件，若公安机关不予立案，李某可以依据上述条款第（三）项的规定向人民法院提起自诉。C选项正确。

综上所述，本题答案为A、B、C。

2. 罗辉与郭鹏系大学好友，两人毕业后共同出资在甲省M市设立佳绩公司经营日化用品。公司设立后不久，二人分别以公司的名义骗取银行的贷款，贷款到期后佳绩公司以现有资金无法支付本金及利息，案发后罗辉和郭鹏被M市公安机关立案侦查，罗辉得知消息后潜逃至相邻的乙省，公安机关只抓捕到郭鹏一人，关于本案的处理，下列哪些说法是正确的？（2019仿真题）[1]

A. 如果公安机关对于郭鹏的骗取贷款行为和其他相关事实已调查清楚，可以将郭鹏单独移送检察院审查起诉

B. 公安机关移送审查起诉后，检察院在审查时如果认为本案系单位犯罪，事实清楚，证据确实充分，可以直接增加佳绩公司为犯罪嫌疑人

C. 对于罗辉，M市公安机关不能直接发布通缉令，而应当逐级报请公安部发布

D. 案件诉至法院后，法院应当在作出判决前调查郭鹏的财产状况

【解析】A项，《高检规则》第158条第3款规定："对于移送起诉的案件，犯罪嫌疑人在逃的，应当要求公安机关采取措施保证犯罪嫌疑人到案后再移送起诉。共同犯罪案件中部分犯罪嫌疑人在逃的，对在案犯罪嫌疑人的移送起诉应当受理。"本案中郭鹏犯罪事实已经查清，可以移送审查起诉。A项正确。

B项，《刑事诉讼法》第19条规定："刑事案件的侦查由公安机关进行，法律另有规定的除外。人民检察院在对诉讼活动实行法律监督中发现的司法工作人员利用职权实施的非法拘禁、刑讯逼供、非法搜查等侵犯公民权利、损害司法公正的犯罪，可以由人民检察院立案侦查。对于公安机关管辖的国家机关工作人员利用职权实施的重大犯罪案件，需要由人民检察院直接受理的时候，经省级以上人民检察院决定，可以由人民检察院立案侦查。自诉案件，由人民法院直接受理。"本案属于公安机关负责侦查的管辖案件，检察院没有管辖权，没有经过侦

---

[1] AC

查程序不能直接追加公司为犯罪嫌疑人，B项错误。

C项，《公安部规定》第274条第2款规定："县级以上公安机关在自己管辖的地区内，可以直接发布通缉令；超出自己管辖的地区，应当报请有权决定的上级公安机关发布。"本案中罗辉已经不在M市管辖范围，因此M市公安机关应当报请有权决定的上级公安机关发布，即公安部发布，C项正确。

D项，《刑诉解释》第294条规定："合议庭评议案件，应当根据已经查明的事实、证据和有关法律规定，在充分考虑控辩双方意见的基础上，确定被告人是否有罪、构成何罪，有无从重、从轻、减轻或者免除处罚情节，应否处以刑罚、判处何种刑罚，附带民事诉讼如何解决，查封、扣押、冻结的财物及其孳息如何处理等，并依法作出判决、裁定。"因此本案中法院在作出判决前无需调查郭鹏的财产状况。D项错误。

综上，本题选择A，C。

3. 张某发现甲企业在生产有毒有害食品，于是向A县质量监督局举报。A县质量监督局受理后经过调查发现甲企业已经构成生产有毒有害食品罪，遂将案件移送给A县公安局立案侦查。A县公安局审查后作出不予立案的决定。关于张某与A县质量监督局的诉讼权利，下列哪一选项是正确的？（2018年回忆版真题）[1]

A. 张某可以向作出不予立案决定的公安机关申请复议

B. 张某可以向作出不予立案决定的公安机关的上一级公安机关申请复核

C. A县质量监督局可以向作出不予立案决定的公安机关申请复议

D. A县质量监督局可以向作出不予立案决定的公安机关的上一级公安机关申请复核

【解析】 A、B项，《公安部规定》第179条规定："控告人对不予立案决定不服的，可以在收到不予立案通知书后七日以内向作出决定的公安机关申请复议；公安机关应当在收到复议申请后三十日以内作出决定，并将决定书送达控告人。控告人对不予立案的复议决定不服的，可以在收到复议决定书后七日以内向上一级公安机关申请复核；上一级公安机关应当在收到复核申请后三十日以内作出决定。对上级公安机关撤销不予立案决定的，下级公安机关应当执行。案情重大、复杂的，公安机关可以延长复议、复核时限，但是延长时限不得超过三十日，并书面告知申请人。"据此，控告人对公安机关不立案决定不服的，可以先复议后复核。本案中，张某并不是控告人身份，而是举报人身份，因此不享有控告人的复议复核权。据此，A、B选项错误。

C、D项，《公安部规定》第181条规定："移送案件的行政执法机关对不予立案决定不服的，可以在收到不予立案通知书后3日以内向作出决定的公安机关申请复议；公安机关应当在收到行政执法机关的复议申请后3日以内作出决定，并书面通知移送案件的行政执法机关。"由此可见，移送案件的行政执法机关对公安机关不立案决定不服的，可以申请复议，但不能申请复核。据此，C项正确，D项错误。

综上，本题答案为C。

4. 环卫工人马某在垃圾桶内发现一名刚出生的婴儿后向公安机关报案，公安机关紧急将婴儿送医院成功抢救后未予立案。关于本案的立案程序，下列哪一选项是正确的？（2017－2－30，单）[2]

---

[1] C 〔2〕 D

A. 确定遗弃婴儿的原因后才能立案

B. 马某对公安机关不予立案的决定可申请复议

C. 了解婴儿被谁遗弃的知情人可向检察院控告

D. 检察院可向公安机关发出要求说明不立案理由通知书

【解析】A项，根据《公安部规定》第178条我们可知：认为有犯罪事实需要追究刑事责任，且属于自己管辖的，经县级以上公安机关负责人批准，予以立案。公安机关的立案标准为同时满足有犯罪事实、需要追究刑事责任、符合管辖的规定三个条件，无需确定遗弃婴儿的原因后才能立案，故A项错误。

B项，《公安部规定》第179条规定："控告人对不予立案决定不服的，可以在收到不予立案通知书后七日以内向作出决定的公安机关申请复议……"控告人有权对不予立案的决定申请复议、复核，但本案中马某是报案人，而非申请对不予立案决定不服的控告人，所以B错误。

C项，了解婴儿被谁遗弃的知情人为与案件无直接利害关系的个人，可向检察院举报，不是控告。考生须注意区分举报和控告。因此C错误。

D项，根据《刑事诉讼法》第113条及《六机关规定》第18条的规定可知，对于检察院认为应当立案而公安机关不立案的案件，检察院对此进行监督，向公安机关发出要求说明不立案理由通知书，要求公安机关对不予立案进行说理，因此D项正确。

综上所述，本题答案为D。

5. 甲、乙二人在餐厅吃饭时言语不合进而互相推搡，乙突然倒地死亡，县公安局以甲涉嫌过失致人死亡立案侦查。经鉴定乙系特殊体质，其死亡属意外事件，县公安局随即撤销案件。关于乙的近亲属的诉讼权利，下列哪一选项是正确的？（2016－2－33，单）[1]

A. 就撤销案件向县公安局申请复议

B. 就撤销案件向县公安局的上一级公安局申请复核

C. 向检察院侦查监督部门申请立案监督

D. 直接向法院对甲提起刑事附带民事诉讼

【解析】AB项，《公安部规定》第179条第1款、第2款规定："控告人对不予立案决定不服的，可以在收到不予立案通知书后七日以内向作出决定的公安机关申请复议；公安机关应当在收到复议申请后三十日以内作出决定，并将决定书送达控告人。控告人对不予立案的复议决定不服的，可以在收到复议决定书后七日以内向上一级公安机关申请复核；上一级公安机关应当在收到复核申请后三十日以内作出决定。对上级公安机关撤销不予立案决定的，下级公安机关应当执行。"《高检规则》第557条第1款规定："被害人及其法定代理人、近亲属或者行政执法机关，认为公安机关对其控告或者移送的案件应当立案侦查而不立案侦查，或者当事人认为公安机关不应当立案而立案，向人民检察院提出的，人民检察院应当受理并进行审查。"法律并未规定被害人的近亲属可以向撤销案件的公安机关申请复议或者向其上一级公安机关申请复核。上述规定是对"不予立案"或"不应当立案而立案"的救济手段，并非对"撤销案件"的救济手段。因此，AB项错误。

C项，《高检规则》第558条规定："人民检察院负责控告申诉检察的部门受理对公安机关应当立案而不立案或者不应当立案而立案的控告、申诉，应当根据事实、法律进行审查。认为

---

[1] D

需要公安机关说明不立案或者立案理由的，应当及时将案件移送负责捕诉的部门办理；认为公安机关立案或者不立案决定正确的，应当制作相关法律文书，答复控告人、申诉人。"本题不属于应当立案而不立案或者不应当立案而立案的情形，不适用该规定。就算是立案监督，也应当向检察院控告申诉检察部门申请立案监督，而不是向侦查监督部门申请。因此，C项错误。注意：新《高检规则》将受理对公安机关应当立案而不立案或者不应当立案而立案的控告、申诉的"控告检察部门"修改为"控告申诉检察部门"。

D项，《刑诉解释》第1条规定："人民法院直接受理的自诉案件包括：……（三）被害人有证据证明对被告人侵犯自己人身、财产权利的行为应当依法追究刑事责任，且有证据证明曾经提出控告，而公安机关或者人民检察院不予追究被告人刑事责任的案件。"本案中，公安机关已经作出了撤销案件的决定，属于公诉转自诉案件。《刑事诉讼法》第114条规定："对于自诉案件，被害人有权向人民法院直接起诉。被害人死亡或者丧失行为能力的，被害人的法定代理人、近亲属有权向人民法院起诉。人民法院应当依法受理。"本题中，被害人乙已经死亡，其近亲属有权向人民法院起诉。因此，D项正确。

综上所述，本题答案为D。

6. 甲公司以虚构工程及伪造文件的方式，骗取乙工程保证金400余万元。公安机关接到乙控告后，以尚无明确证据证明甲涉嫌犯罪为由不予立案。关于本案，下列哪一选项是正确的？（2015 - 2 - 32，单）[1]

　　A. 乙应先申请公安机关复议，只有不服复议决定的才能请求检察院立案监督

　　B. 乙请求立案监督，检察院审查后认为公安机关应立案的，可通知公安机关立案

　　C. 公安机关接到检察院立案通知后仍不立案的，经省级检察院决定，检察院可自行立案侦查

　　D. 乙可直接向法院提起自诉

【解析】A项，控告人对于公安机关不予立案的决定不服的，根据《公安部规定》第179条的规定可知：控告人可以在收到不予立案通知书后7日以内向作出决定的公安机关申请复议；公安机关应当在收到复议申请后30日以内作出决定，并将决定书送达控告人。控告人对不予立案的复议决定不服的，可以在收到复议决定书后7日以内向上一级公安机关申请复核——即先复议后复核；根据《高检规则》第557条第1款的规定，被害人及其法定代理人、近亲属或者行政执法机关，认为公安机关对其控告或者移送的案件应当立案侦查而不立案侦查，或者当事人认为公安机关不应当立案而立案，向检察院提出的，检察院应当受理并进行审查。根据上述规定可知，不服公安机关不立案决定的，控告人可以向公安机关申请复议，但是复议并不是必经程序，因此故A项错误；

B项，人民检察院是法律监督机关，对公安机关的立案活动也进行监督。《刑事诉讼法》第113条的规定："人民检察院认为公安机关对应当立案侦查的案件而不立案侦查的，或者被害人认为公安机关对应当立案侦查的案件而不立案侦查，向人民检察院提出的，人民检察院应当要求公安机关说明不立案的理由。人民检察院认为公安机关不立案理由不能成立的，应当通知公安机关立案，公安机关接到通知后应当立案。"可知，检察院对公安机关不立案进行监督应先让公安机关说明理由，理由不成立后可再通知公安机关立案，而不是直接通知立案，故B

---

[1] D

项表述错误。

C项，公安机关收到检察院的立案通知书后应当立案的，若不立案的，根据《高检规则》第564条的规定我们可知，人民检察院应当发出纠正违法通知书予以纠正。公安机关仍不纠正的，报上一级人民检察院协商同级公安机关处理，且根据《高检规则》第13条第2款的规定，对于公安机关管辖的国家机关工作人员利用职权实施的重大犯罪案件，需要由人民检察院直接受理的，经省级以上人民检察院决定，可以由人民检察院立案侦查。因此对于公安机关收到通知立案书或者通知撤销案件书后超过期限不予立案或复议的，应先提出纠正违法通知书，若仍不采取行动，则报上一级检察院协同同级公安机关处理，故C项表述错误。

D项，我国规定的自诉分为三种：告诉才处理的犯罪；公诉兼自诉；公诉转自诉，即《刑事诉讼法》第210条规定："（一）告诉才处理的案件；（二）被害人有证据证明的轻微刑事案件；（三）被害人有证据证明对被告人侵犯自己人身、财产权利的行为应当依法追究刑事责任，而公安机关或者检察院不予追究被告人刑事责任的案件。"本案属于第3项，因此对于公安机关不予立案的，乙可以直接向法院提起自诉。因此D项正确。

综上所述，本题答案为D。

7. 卢某坠楼身亡，公安机关排除他杀，不予立案。但卢某的父母坚称他杀可能性大，应当立案，请求检察院监督。检察院的下列哪一做法是正确的？（2013－2－34，单）〔1〕

A. 要求公安机关说明不立案理由

B. 拒绝受理并向卢某的父母解释不立案原因

C. 认为符合立案条件的，可以立案并交由公安机关侦查

D. 认为公安机关不立案理由不能成立的，应当建议公安机关立案

【解析】《刑事诉讼法》第113条规定："人民检察院认为公安机关对应当立案侦查的案件而不立案侦查的，或者被害人认为公安机关对应当立案侦查的案件而不立案侦查，向人民检察院提出的，人民检察院应当要求公安机关说明不立案的理由。人民检察院认为公安机关不立案理由不能成立的，应当通知公安机关立案，公安机关接到通知后应当立案。"

A项，根据上述规定，被害人认为公安机关对应当立案侦查的案件而不立案侦查，向人民检察院提出的，人民检察院应当要求公安机关说明不立案的理由，因此A项正确。

B项，根据上述规定，应当受理被害人认为公安机关对应当立案侦查的案件而不立案侦查的监督请求，因此B项错误。

C项，人民检察院认为公安机关不立案理由不能成立的，应当通知公安机关立案。对于C项，检察院不会直接立案，故C项错误。

D项，通知和建议含义不同，通知较建议更加正式，通知的强制性大于建议。故D项错误。

综上所述，本题答案为A。

---

〔1〕 A

第十二章 侦 查

一、侦查概述

（一）侦查的司法控制

1. 在朱某危险驾驶案的辩护过程中，辩护律师查看了侦查机关录制的讯问同步录像。同步录像中的下列哪些行为违反法律规定？（2017-2-73，多）[1]

A. 后续讯问的侦查人员与首次讯问的侦查人员完全不同

B. 朱某请求自行书写供述，侦查人员予以拒绝

C. 首次讯问时未告知朱某可聘请律师

D. 其中一次讯问持续了 14 个小时

【解析】A 项，负责讯问的侦查人员只是向犯罪嫌疑人提出问题并记录讯问情况，《刑事诉讼法》及其司法解释并未禁止更换侦查人员。故 A 项并不违法。因此，A 项不当选。

B 项，《公安部规定》第 207 规定："犯罪嫌疑人请求自行书写供述的，应当准许；……"因此，B 项当选。

C 项，《公安部规定》第 43 条第 1 款规定："公安机关在第一次讯问犯罪嫌疑人或者对犯罪嫌疑人采取强制措施的时候，应当告知犯罪嫌疑人有权委托律师作为辩护人，并告知其如果因经济困难或者其他原因没有委托辩护律师的，可以向法律援助机构申请法律援助。告知的情形应当记录在案。"首次讯问时未告知朱某可聘请律师的做法错误。因此，C 项当选。

D 项，《刑事诉讼法》第 119 条第 2 款规定："传唤、拘传持续的时间不得超过十二小时；案情特别重大、复杂，需要采取拘留、逮捕措施的，传唤、拘传持续的时间不得超过二十四小时。"危险驾驶罪不属于案情特别重大、复杂的案件，对朱某的讯问时间不得超过 12 小时。因此，D 项当选。

综上所述，本题正确答案 B、C、D。

2. 对侦查所实施的司法控制，包括对某些侦查行为进行事后审查。下列哪一选项是正确的？（2013-2-35，单）[2]

A. 事后审查的对象主要包括逮捕、羁押、搜查等

B. 事后审查主要针对的是强行性侦查措施

C. 采取这类侦查行为不可以由侦查机关独立作出决定

D. 对于这类行为，公民认为侦查机关侵犯其合法权益的，可以寻求司法途径进行救济

【解析】根据侦查行为是否带有强制性、是否会侵犯犯罪嫌疑人的人身、财产权利，可以

---

[1] BCD 　[2] D

将侦查行为区分为强制性侦查措施和任意性侦查措施。强制性侦查措施主要包括：强制措施、搜查、扣押、查封、冻结、技术侦查措施等。而任意性侦查措施包括：勘验、检查、鉴定、询问等等。如果不对侦查行为尤其是强制性侦查措施进行控制和监督，司法实践中可能会出现侵犯人权的现象。检察机关作为法律监督机关，依法行使法律监督职权。根据监督的时间不同，检察机关对侦查行为的监督可以被区分为事前监督和事后监督。事前监督指的是，侦查机关无权自行决定适用侦查措施，需要事先报请检察院批准、决定后方可实施的制度。事后监督指的是，侦查机关有权自行决定适用侦查措施，无需事先报请检察院批准、决定，检察院只在侦查措施实施后根据侦查机关的报备或者当事人的申诉对侦查措施进行审查的制度。一般认为，对于强制性侦查措施，譬如逮捕，需要接受事前审查。而对于任意性侦查措施，只接受事后审查即可。此外，若当事人和辩护人、诉讼代理人、利害关系人对于司法机关及其工作人员存在法定侵权行为（不放人、不退钱、乱扣乱用不解除）的，有权申诉或者控告。

A项，逮捕、羁押、搜查属于事前审查的对象，而非事后。因此，A项错误。

B项，事前审查主要针对的是强行性侦查措施；事后审查主要针对的是任意性侦查措施。因此，B项错误。

C项，对于事后审查可由侦查机关独立地作出决定。因此，C项错误。

D项，对于事后审查，公民对于侦查机关在侦查过程中对其合法权益的侵害，可以寻求司法途径进行救济，也可以是采取提起行政诉讼的方式进行。因此，D项正确。

综上所述，本题答案为D。

二、侦查行为

1. 搜查是指侦查人员对犯罪嫌疑人以及可能隐藏罪犯或者罪证的人的身体、物品、住处和其他有关的地方进行搜索、检查的一种侦查行为，下列关于搜查的说法正确的是？（根据2021年回忆版知识点编写）[1]

A. 搜查只能由公、检、法专门机关进行，其他任何机关、单位和个人都无权对公民人身和住宅进行搜查

B. 搜查妇女的身体，应当由女工作人员或者医师进行

C. 搜查的时候，应当有被搜查人及他的家属、邻居还有见证人同时在场

D. 搜查时，必须向被搜查人出示搜查证，但是侦查人员在执行逮捕、拘留的时候，遇有紧急情况，不另用搜查证也可以进行搜查

【解析】A项，法院没有搜查权，也没有刑事拘留权，因此A项说搜查说法院可以进行，A项错误。

B项，《刑事诉讼法》第139条第2款规定："搜查搜查妇女的身体，应当由女工作人员进行。"故B项错误。

C项，《刑事诉讼法》第139条第1款规定："在搜查的时候，应当有被搜查人或者他的家属、邻居或者其他见证人在场。"C项错误。

D项，《刑事诉讼法》第138条第1款规定："进行搜查，必须向被搜查人出示搜查证。在执行逮捕、拘留的时候，遇有紧急情况，不另用搜查证也可以进行搜查。"D项正确。

综上，本题答案为D选项。

---

[1] D

2. 出租车司机张三被乘客举报贩卖毒品，A区公安机关接到线索后立即对张三进行初查，发现其确有重大嫌疑，便正式对该案进行立案侦查。关于本案的侦查行为，下列哪些选项是不正确的？（2019仿真题）[1]

A. A区公安机关在初查过程中可对张三实施监听，但要经上一级公安局局长批准

B. 在公安机关查明张三确有毒品准备出售时，侦查人员可以隐匿身份，向张三表示希望购买毒品，以便更好地获取犯罪证据

C. 在毒品交易现场对张三进行拘留时，侦查人员在无搜查证的情况下对张三当时驾驶的汽车进行搜查符合法律规定

D. 出租车公司的电子数据记录了张三的行驶轨迹，侦查人员为掌握这一证据可凭立案决定书进行调取

【解析】A项，《公安部规定》第174条："对接受的案件，或者发现的犯罪线索，公安机关应当迅速进行审查。发现案件事实或者线索不明的，必要时，经办案部门负责人批准，可以进行调查核实。调查核实过程中，公安机关可以依照有关法律和规定采取询问、查询、勘验、鉴定和调取证据材料等不限制被调查对象人身、财产权利的措施。但是，不得对被调查对象采取强制措施，不得查封、扣押、冻结被调查对象的财产，不得采取技术侦查措施。"据此，A区公安机关在初查过程中不能对张三实施监听。A项错误。

B项，《公安部规定》第271条："为了查明案情，在必要的时候，经县级以上公安机关负责人决定，可以由侦查人员或者公安机关指定的其他人员隐匿身份实施侦查。隐匿身份实施侦查时，不得使用促使他人产生犯罪意图的方法诱使他人犯罪，不得采用可能危害公共安全或者发生重大人身危险的方法。"本案中，侦查人员隐匿身份实施侦查，使得张三产生犯意所得的证据不能作为定罪依据。B项错误。

C项，《公安部规定》第224条："执行拘留、逮捕的时候，遇有下列紧急情况之一的，不用搜查证也可以进行搜查：（一）可能随身携带凶器的；（二）可能隐藏爆炸、剧毒等危险物品的；（三）可能隐匿、毁弃、转移犯罪证据的；（四）可能隐匿其他犯罪嫌疑人的；（五）其他突然发生的紧急情况。"本案中侦查人员在交易现场对张三进行拘留的紧急情况下，可以不用搜查证进行搜查。C项正确。

D项，《公安部规定》第62条："公安机关向有关单位和个人调取证据，应当经办案部门负责人批准，开具调取证据通知书，明确调取的证据和提供时限。被调取单位及其经办人、持有证据的个人应当在通知书上盖章或者签名，拒绝盖章或者签名的，公安机关应当注明。必要时，应当采用录音录像方式固定证据内容及取证过程。"据此，本案中侦查人员凭立案决定书对张三在出租车公司的电子数据记录进行调取不符合规定。D项错误。

综上，本题选择A，B，C。

3. 下列关于监察机关调查程序表述正确的是？（2019年回忆版真题）[2]

A. 监察机关将案件移送人民检察院审查起诉后，检察院有权直接决定通缉犯罪嫌疑人

B. 监察机关有向法院直接提起公诉的权利

C. 监察机关不服人民检察院的不起诉决定，可以向同级人民检察院申请复议

D. 监察机关移送人民检察院审查起诉后，如果有证据证明犯罪嫌疑人有犯罪事实，可能

---

〔1〕　ABD　〔2〕　AD

判处 10 年有期徒刑以上刑罚的、人民检察院应当对其径行逮捕

【解析】A 项，监察机关将案件移送入民检察院审查起诉后，依据《高检规则》第 233 条规定，各级人民检察院需要在本区内通缉犯罪嫌疑人的，可以直接决定通缉；需要在本辖区外通缉犯罪嫌疑人的，由有决定权的上级人民检察院决定，由公安机关发布。可知，选项 A 正确。

B 项，《监察法》第 45 条第 1 款第 4 项规定："对涉嫌职务犯罪的，监察机关经调查认为事实清楚，证据确实、充分的，制作起诉意见书，连同案卷材料、证据一并移送人民检察院依法审查、提起公诉。"可知监察机关自己没有提起公诉的权利，选项 B 不正确。

C 项，《监察法》第 47 条第 4 款规定："人民检察院对于有《中华人民共和国刑事诉讼法》规定的不起诉的情形的，经上一级人民检察院批准，依法作出不起诉的决定。监察机关认为不起诉的决定有错误的，可以向上一人民检察院提请复议。"可知，选项 C 错误。

D 项，《刑事诉讼法》第 81 条第 3 款规定："对有证据证明有犯罪事实，可能判处 10 年有期徒刑以上刑罚的，或者有证据证明有犯罪事实，可能判处徒刑以上刑罚，曾经故意犯罪或者身份不明的，应当予以逮捕。"

综上所述，本题答案为 AD。

4. 司法工作人员甲涉嫌刑讯逼供被检察院立案侦查，检察院在侦查过程中发现甲在另一起案件的办理中涉嫌受贿和暴力取证，关于本案的处理，下列哪些选项是正确的？（2019 回忆版真题）[1]

A. 对于甲涉嫌的刑讯逼供案，检察院可以根据需要采取技术侦查措施

B. 对于甲涉嫌的暴力取证案，检察院可以立案侦查

C. 对于甲涉嫌的受贿案，检察院与监察委员会沟通后，认为由检察院管辖更为适宜的，可以由检察院立案侦查

D. 在甲涉嫌的暴力取证案中，法院对于被害人提起的附带民事诉讼应当不予受理

【解析】A 项，《高检规则》第 227 条："人民检察院在立案后，对于利用职权实施的严重侵犯公民人身权利的重大犯罪案件，经过严格的批准手续，可以采取技术侦查措施，交有关机关执行。"据此，本案中检察院根据需要可以对甲涉嫌的刑诉逼供案进行技术侦查措施。A 项正确。

B 项、C 项，《高检规则》第 13 条第 1 款："人民检察院在对诉讼活动实行法律监督中发现的司法工作人员利用职权实施的非法拘禁、刑讯逼供、非法搜查等侵犯公民权利、损害司法公正的犯罪，可以由人民检察院立案侦查。"本案中甲涉嫌暴力取证，已经侵犯公民权利、损害司法公正，因此检察院可以立案侦查。对于甲涉嫌受贿案，《监察法》第 11 条："监察委员会依照本法和有关法律规定履行监督、调查、处置职责：（一）对公职人员开展廉政教育，对其依法履职、秉公用权、廉洁从政从业以及道德操守情况进行监督检查；（二）对涉嫌贪污贿赂、滥用职权、玩忽职守、权力寻租、利益输送、徇私舞弊以及浪费国家资财等职务违法和职务犯罪进行调查；（三）对违法的公职人员依法作出政务处分决定；对履行职责不力、失职失责的领导人员进行问责；对涉嫌职务犯罪的，将调查结果移送人民检察院依法审查、提起公诉；向监察对象所在单位提出监察建议。"据此甲受贿案不属于检察院管辖案件范围。B 项正

---

[1] AB

确，C项错误。

D项，《刑诉解释》第177条："国家机关工作人员在行使职权时，侵犯他人人身、财产权利构成犯罪，被害人或者其法定代理人、近亲属提起附带民事诉讼的，人民法院不予受理，但应当告知其可以依法申请国家赔偿。"本案中，甲作为司法工作人员，属于国家机关工作人员。对其行使职权时侵犯的受害人提起的附带民事诉讼，法院应当不予受理，但应当告知其可以依法申请国家赔偿。D项错误。

综上，本题答案为A，B。

5. 某建设工程公司总经理王某涉嫌工程重大安全事故罪被立案侦查。侦查机关聘请某省工程质量监督检测中心进行检验，检验人张某出具的检验报告认为，该建设工程公司违反国家规定，降低工程质量标准是造成重大安全事故的主要原因。关于本案，下列说法正确的是？（2018 回忆版真题）[1]

A. 张某在本案中是鉴定人身份，属于应当回避的对象

B. 经法院通知，张某需出庭作证

C. 张某出具的检验报告可以作为证据来使用

D. 张某所进行的检验属于勘验、检查的一种形式

【解析】A项，《刑诉解释》第100条第1款规定："因无鉴定机构，或者根据法律、司法解释的规定，指派、聘请有专门知识的人就案件的专门性问题出具的报告，可以作为证据使用。"据此，尽管检验人是具有专门知识的人，且接受聘请，但案件中检验人并非鉴定人的身份。故A选项错误。

需要指出的是，《刑诉解释》第100条第2款规定："对前款规定的报告的审查与认定，参照适用本节的有关规定。"而该解释第98条规定："鉴定意见具有下列情形之一的，不得作为定案的根据……（二）鉴定人不具备法定资质，不具有相关专业技术或者职称，或者违反回避规定的……"由此可以推知，检验人属于回避的对象。

B项，《刑诉解释》第100条第3款规定："经人民法院通知，出具报告的人拒不出庭作证的，有关报告不得作为定案的根据。"故B选项正确。

C项，《刑诉解释》第100条第1款规定："因无鉴定机构，或者根据法律、司法解释的规定，指派、聘请有专门知识的人就案件的专门性问题出具的报告，可以作为证据使用可以作为证据使用。"故C选项正确。

D项，勘验、检查是指侦查人员对与犯罪有关的场所、物品、尸体、人身进行勘查和检验的一种侦查行为。二者的适用主体都只能是侦查人员，且勘的对象是现场、物品和尸体；而检查则是针对活人的身体。而本案中的检验主体并非侦查人员，不属于勘验、检查的一种，故D选项错误。

综上，本题答案为B，C。

6. 某嫌疑人可能构成贩卖毒品罪，公安机关对此案立案侦查。侦查中决定采取监听通话和隐藏身份的手段进行。关于本案下列说法正确的是？（2018 年回忆版真题）[2]

A. 对于有可能向其买毒品的人，公安机关不能进行电话监听

B. 采取监听通话和隐藏身份进行侦查均需报省公安机关

---

[1] BC 　[2] D

C. 监听内容涉及国家秘密的内容审判时不得采用

D. 如申请监听通话和隐藏身份后即将满 3 个月，侦查机关想更换为另一种技术侦查则应重新审批

【解析】 A 项，《公安部规定》第 272 条规定："对涉及给付毒品等违禁品或者财物的犯罪活动，为查明参与该项犯罪的人员和犯罪事实，根据侦查需要，经县级以上公安机关负责人决定，可以实施控制下交付。"而《公安部规定》第 264 条第 2 款规定："技术侦查措施的适用对象是犯罪嫌疑人、被告人以及与犯罪活动直接关联的人员。"可知购买毒品的人员都可以采取技侦手段，进行控制下交付。所以 A 错误。

B 项，《公安部规定》第 271 条第 1 款规定："为了查明案情，在必要的时候，经县级以上公安机关负责人决定，可以由侦查人员或者公安机关指定的其他人员隐匿身份实施侦查。"其第 265 条第 1 款规定："需要采取技术侦查措施的，应当制作呈请采取技术侦查措施报告书，报设区的市一级以上公安机关负责人批准，制作采取技术侦查措施决定书。"所以不管是监听通话还是隐藏身份进行侦查都不需要报省公安机关，而是报市一级以上。B 项错误。

C 项，根据《刑事诉讼法》第 152 条第 2、3 款规定："侦查人员对采取技术侦查措施过程中知悉的国家秘密、商业秘密和个人隐私，应当保密；对采取技术侦查措施获取的与案件无关的材料，必须及时销毁。采取技术侦查措施获取的材料，只能用于对犯罪的侦查、起诉和审判，不得用于其他用途。"即即使涉及国家秘密依然可以使用，只是需保密。所以 C 项错误。

D 项，《公安部规定》第 267 条规定："采取技术侦查措施，必须严格按照批准的措施种类、适用对象和期限执行。在有效期限内，需要变更技术侦查措施种类或者适用对象的，应当按照本规定第 265 条规定重新办理批准手续。"所以 D 项正确。

综上所述，本题答案为 D。

7. 关于侦查辨认，下列哪一选项是正确的？(2017 - 2 - 31，单)[1]

A. 强制猥亵案，让犯罪嫌疑人对被害人进行辨认

B. 盗窃案，让犯罪嫌疑人到现场辨认藏匿赃物的房屋

C. 故意伤害案，让犯罪嫌疑人和被害人一起对凶器进行辨认

D. 刑讯逼供案，让被害人在 4 张照片中辨认犯罪嫌疑人

【解析】 AB 项，辨认是指为了查明案情，在必要时让被害人、证人以及犯罪嫌疑人对与犯罪有关的物品、文件、场所或者犯罪嫌疑人进行辨认。没有犯罪嫌疑人辨认被害人的规定。B 项盗窃案中，犯罪嫌疑人到现场辨认藏匿赃物的房屋是符合法律规定的。因此，A 项错误，B 项正确。

C 项，《刑诉解释》第 104 条规定："对辨认笔录应当着重审查辨认的过程、方法，以及辨认笔录的制作是否符合有关规定。"第 105 条规定："辨认笔录具有下列情形之一的，不得作为定案的根据：（一）辨认不是在调查人员、侦查人员主持下进行的；（二）辨认前使辨认人见到辨认对象的；（三）辨认活动没有个别进行的；（四）辨认对象没有混杂在具有类似特征的其他对象中，或者供辨认的对象数量不符合规定的；（五）辨认中给辨认人明显暗示或者明显有指认嫌疑的；（六）违反有关规定、不能确定辨认笔录真实性的其他情形。"几个辨认人对同一被辨认对象进行辨认时，应当由每名辨认人单独进行，不能被害人和犯罪嫌疑人一起对凶

---

[1] B

器进行辨认。因此，C 项错误。

D 项，《高检规则》第 226 条第 2 款规定："辨认犯罪嫌疑人时，被辨认的人数不得少于七人，照片不得少于十张。"故被害人在 4 张照片中辨认犯罪嫌疑人数量不符合法律规定。因此，D 项错误。

综上所述，本题答案为 B。

8. 某小学发生一起猥亵儿童案件，三年级女生甲向校长许某报称被老师杨某猥亵。许某报案后，侦查人员通过询问许某了解到甲向其陈述的被杨某猥亵的经过。侦查人员还通过询问甲了解到，另外两名女生乙和丙也可能被杨某猥亵，乙曾和甲谈到被杨某猥亵的经过，甲曾目睹杨某在课间猥亵丙。讯问杨某时，杨某否认实施猥亵行为，并表示他曾举报许某贪污，许某报案是对他的打击报复。关于本案侦查措施，下列选项正确的是：(2017 - 2 - 95，不)[1]

A. 经出示工作证件，侦查人员可在学校询问甲

B. 询问乙时，可由学校的其他老师在场并代行乙的诉讼权利

C. 可通过侦查实验确定甲能否在其所描述的时间、地点看到杨某猥亵丙

D. 搜查杨某在学校内的宿舍时，可由许某在场担任见证人

【解析】A 项，《刑事诉讼法》第 127 条规定："询问被害人，适用本节各条规定。"因此，询问被害人，适用询问证人的规定。法律规定侦查人员询问证人，可以在现场进行，也可以到证人所在单位、住处或者证人提出的地点进行，在必要的时候，可以通知证人到检察院或者公安机关提供证言。在现场询问证人，应当出示工作证件，到证人所在单位、住处或者证人提出的地点询问证人，应当出示检察院或者公安机关的证明文件。甲属于本案的被害人以及其他案件的证人。本案中学校是现场，侦查人员经出示工作证件可以在学校询问甲。故 A 项表述正确。

B 项，询问未成年人时应当遵守《刑事诉讼法》第 281 条第 1 款的规定："对于未成年人刑事案件，在讯问和审判的时候，应当通知未成年犯罪嫌疑人、被告人的法定代理人到场。无法通知、法定代理人不能到场或者法定代理人是共犯的，也可以通知未成年犯罪嫌疑人、被告人的其他成年亲属，所在学校、单位、居住地基层组织或者未成年人保护组织的代表到场，并将有关情况记录在案。到场的法定代理人可以代为行使未成年犯罪嫌疑人、被告人的诉讼权利。"故 B 项表述错误。

C 项，《公安部规定》221 条规定："为了查明案情，在必要的时候，经县级以上公安机关负责人批准，可以进行侦查实验。进行侦查实验，应当全程录音录像，并制作侦查实验笔录，由参加实验的人签名。进行侦查实验，禁止一切足以造成危险、侮辱人格或者有伤风化的行为。"本项所述的侦查实验目的在于在特定的条件下甲能否看到案件的发生，不存在有伤风化的情形。故 C 项表述正确。

D 项，《刑诉解释》第 80 条规定："下列人员不得担任见证人：（一）生理上、精神上有缺陷或者年幼，不具有相应辨别能力或者不能正确表达的人；（二）与案件有利害关系，可能影响案件公正处理的人；（三）行使勘验、检查、搜查、扣押、组织辨认等监察调查、刑事诉讼职权的监察、公安、司法机关的工作人员或者其聘用的人员。对见证人是否属于前款规定的人员，人民法院可以通过相关笔录载明的见证人的姓名、身份证件种类及号码、联系方式以及

---

[1] AC

常住人口信息登记表等材料进行审查。由于客观原因无法由符合条件的人员担任见证人的，应当在笔录材料中注明情况，并对相关活动进行全程录音录像。"故 D 选项错误。

综上所述，此题选 AC。

9. 赵某、石某抢劫杀害李某，被路过的王某、张某看见并报案。赵某、石某被抓获后，2 名侦查人员负责组织辨认。请回答第（1）～（2）题。

（1）关于辨认的程序，下列选项正确的是：（2014－2－92，任）[1]

A. 在辨认尸体时，只将李某尸体与另一尸体作为辨认对象

B. 在 2 名侦查人员的主持下，将赵某混杂在 9 名具有类似特征的人员中，由王某、张某个别进行辨认

C. 在对石某进行辨认时，9 名被辨认人员中的 4 名民警因紧急任务离开，在 2 名侦查人员的主持下，将石某混杂在 5 名人员中，由王某、张某个别进行辨认

D. 根据王某、张某的要求，辨认在不暴露他们身份的情况下进行

【解析】《公安部规定》第 259 条规定："辨认应当在侦查人员的主持下进行。主持辨认的侦查人员不得少于二人。几名辨认人对同一辨认对象进行辨认时，应当由辨认人个别进行。"另《公安部规定》第 260 条规定："辨认时，应当将辨认对象混杂在特征相类似的其他对象中，不得在辨认前向辨认人展示辨认对象及其影像资料，不得给辨认人任何暗示。辨认犯罪嫌疑人时，被辨认的人数不得少于七人；对犯罪嫌疑人照片进行辨认的，不得少于十人的照片。辨认物品时，混杂的同类物品不得少于五件；对物品的照片进行辨认的，不得少于十个物品的照片。对场所、尸体等特定辨认对象进行辨认，或者辨认人能够准确描述物品独有特征的，陪衬物不受数量的限制。"

A 项，对尸体进行辨认，陪衬物不受数量限制，只将李某尸体与另一尸体作为辨认对象的行为合法。所以，A 项正确。

B 项，辨认犯罪嫌疑人赵某时，被辨认的人数多于七人，且由王某、张某分别辨认，符合程序的规定。所以，B 项正确。

C 项，由于被辨认对象少于七人，不符合法定人数要求。所以，C 项错误。

D 项，《公安部规定》第 261 条规定："对犯罪嫌疑人的辨认，辨认人不愿意公开进行时，可以在不暴露辨认人的情况下进行，并应当为其保守秘密。"所以，D 项正确。

综上所述，本题应当选 A、B、D。

（2）关于辨认笔录的审查与认定，下列选项正确的是：（2014－2－93，任）[2]

A. 如对尸体的辨认过程没有录像，则辨认结果不得作为定案证据

B. 如侦查人员组织辨认时没有见证人在场，则辨认结果不得作为定案的根据

C. 如在辨认前没有详细向辨认人询问被辨认对象的具体特征，则辨认结果不得作为定案证据

D. 如对赵某的辨认只有笔录，没有赵某的照片，无法获悉辨认真实情况的，也可补正或进行合理解释

【解析】A 项，《公安部规定》第 260 条规定："辨认时，应当将辨认对象混杂在特征相类似的其他对象中，不得在辨认前向辨认人展示辨认对象及其影像资料，不得给辨认人任何暗

[1] ABD　[2] D

示。辨认犯罪嫌疑人时，被辨认的人数不得少于7人；对犯罪嫌疑人照片进行辨认的，不得少于10人的照片。辨认物品时，混杂的同类物品不得少于5件；对物品的照片进行辨认的，不得少于10个物品的照片。对场所、尸体等特定辨认对象进行辨认，或者辨认人能够准确描述物品独有特征的，陪衬物不受数量的限制。"可知辨认尸体，陪衬物不受数量的限制，"将李某尸体与另一尸体作为辨认对象"表述正确，故A项正确。

B项，根据《公安部规定》第260条可知，辨认犯罪嫌疑人人数不得少于7人，因此将赵某混杂在9名具有类似特征的人员中，由王某、张某个别进行辨认表述正确，因此B项正确。

C项，根据《公安部规定》第260条可知，辨认犯罪嫌疑人人数不得少于7人，因此在对石某进行辨认时，9名被辨认人员中的4名民警因紧急任务离开被辨认人仅剩5人，少于7人的要求，因此C项错误。

D项，《公安部规定》第261条规定："对犯罪嫌疑人的辨认，辨认人不愿意公开进行时，可以在不暴露辨认人的情况下进行，并应当为其保守秘密。"可见，"根据王某、张某的要求，辨认在不暴露他们身份的情况下进行"表述正确。

综上所述，本题答案为D。

10. 关于讯问犯罪嫌疑人，下列哪些选项是正确的？（2014 - 2 - 70，多）[1]

A. 在拘留犯罪嫌疑人之前，一律不得对其进行讯问

B. 在拘留犯罪嫌疑人之后，可在送看守所羁押前进行讯问

C. 犯罪嫌疑人被拘留送看守所之后，讯问应当在看守所内进行

D. 对于被指定居所监视居住的犯罪嫌疑人，应当在指定的居所进行讯问

【解析】A项，《刑事诉讼法》第119条第1款规定："对不需要逮捕、拘留的犯罪嫌疑人，可以传唤到犯罪嫌疑人所在市、县内的指定地点或者到他的住处进行讯问，但是应当出示人民检察院或者公安机关的证明文件。对在现场发现的犯罪嫌疑人，经出示工作证件，可以口头传唤，但应当在讯问笔录中注明。"因此，在拘留犯罪嫌疑人之前，仍然可以传唤犯罪嫌疑人，对其进行讯问。所以，A项错误。

B项，讯问并非一定要在看守所内进行，但采取拘留、逮捕措施后要在法定时间内送看守所羁押。所以在拘留犯罪嫌疑人之后，可以在送看守所之前讯问。所以，B项正确。

C项，《刑事诉讼法》第118条第2款规定："犯罪嫌疑人被送交看守所羁押以后，侦查人员对其进行讯问，应当在看守所内进行。"所以，C项正确。

D项，《刑事诉讼法》第119条规定："对不需要逮捕、拘留的犯罪嫌疑人，可以传唤到犯罪嫌疑人所在市、县内的指定地点或者到他的住处进行讯问，但是应当出示人民检察院或者公安机关的证明文件……"据此可知，并未要求应当在指定的居所进行讯问。所以，D项错误。

综上所述，本题答案为B、C。

11. 关于勘验、检查，下列哪一选项是正确的？（2014 - 2 - 34，单）[2]

A. 为保证侦查活动的规范性与合法性，只有侦查人员可进行勘验、检查

B. 侦查人员进行勘验、检查，必须持有侦查机关的证明文件

C. 检查妇女的身体，应当由女工作人员或者女医师进行

D. 勘验、检查应当有见证人在场，勘验、检查笔录上没有见证人签名的，不得作为定案

---

〔1〕 BC 〔2〕 B

的根据

【解析】A项，《刑事诉讼法》第128条规定："侦查人员对于与犯罪有关的场所、物品、人身、尸体应当进行勘验或者检查。在必要的时候，可以指派或者聘请具有专门知识的人，在侦查人员的主持下进行勘验、检查。"所以，并非只有侦查人员可进行勘验、检查，A项错误。

B项，《刑事诉讼法》第130条规定："侦查人员执行勘验、检查，必须持有人民检察院或者公安机关的证明文件。"对于检察院自侦案件，检察院是侦查机关，对于公安机关侦查的案件，公安机关是侦查机关。所以，B项正确。

C项，《刑事诉讼法》第132条规定："为了确定被害人、犯罪嫌疑人的某些特征、伤害情况或者生理状态，可以对人身进行检查，可以提取指纹信息，采集血液、尿液等生物样本。犯罪嫌疑人如果拒绝检查，侦查人员认为必要的时候，可以强制检查。检查妇女的身体，应当由女工作人员或者医师进行。"未要求女医师，所以C项错误。

D项，《刑事诉讼法》第133条规定："勘验、检查的情况应当写成笔录，由参加勘验、检查的人和见证人签名或者盖章。"《刑诉解释》第103条规定："勘验、检查笔录存在明显不符合法律、有关规定的情形，不能作出合理解释的，不得作为定案的根据。"所以，勘验、检查笔录上没有见证人签名的，但可以作出合理解释或者说明的，可以作为定案的根据，D项错误。

综上所述，本题答案为B。

12. 某地法院审理齐某组织、领导、参加黑社会性质组织罪，关于对作证人员的保护，下列哪些选项是正确的？（2014 - 2 - 69，多）[1]

A. 可指派专人对被害人甲的人身和住宅进行保护

B. 证人乙可申请不公开真实姓名、住址等个人信息

C. 法院通知侦查人员丙出庭说明讯问的合法性，为防止黑社会组织报复，对其采取不向被告人暴露外貌、真实声音的措施

D. 为保护警方卧底丁的人身安全，丁可不出庭作证，由审判人员在庭外核实丁的证言

【解析】AB项，《刑事诉讼法》第64条第1款规定："对于危害国家安全犯罪、恐怖活动犯罪、黑社会性质的组织犯罪、毒品犯罪等案件，证人、鉴定人、被害人因在诉讼中作证，本人或者其近亲属的人身安全面临危险的，人民法院、人民检察院和公安机关应当采取以下一项或者多项保护措施：（一）不公开真实姓名、住址和工作单位等个人信息；（二）采取不暴露外貌、真实声音等出庭作证措施；（三）禁止特定的人员接触证人、鉴定人、被害人及其近亲属；（四）对人身和住宅采取专门性保护措施；（五）其他必要的保护措施。"A对应（四），B对应（一），因此，AB项正确。

C项，丙是侦查人员而不是法律规定中的"证人、鉴定人、被害人"，因此不属于保护对象；同时侦查人员正是可能实施刑讯逼供的人，其对取证合法性的说明不属于证人证言，也就不适用上述证人保护的相关规定。因此，C项错误。

D项，《刑事诉讼法》第154条规定："依照本节规定采取侦查措施收集的材料在刑事诉讼中可以作为证据使用。如果使用该证据可能危及有关人员的人身安全，或者可能产生其他严重后果的，应当采取不暴露有关人员身份、技术方法等保护措施，必要的时候，可以由审判人员

---

[1] ABD

在庭外对证据进行核实。"因此，D项正确。

综上所述，本题答案为 A、B、D。

13. 在一起聚众斗殴案件发生时，证人甲、乙、丙、丁四人在现场目睹事实经过，侦查人员对上述四名证人进行询问。关于询问证人的程序和方式，下列哪一选项是错误的？（2013 - 2 - 30，单）[1]

A. 在现场立即询问证人甲

B. 传唤证人乙到公安机关提供证言

C. 到证人丙租住的房屋询问证人丙

D. 到证人丁提出的其工作单位附近的快餐厅询问证人丁

【解析】《刑事诉讼法》第124条第1款规定："侦查人员询问证人，可以在现场进行，也可以到证人所在单位、住处或者证人提出的地点进行，在必要的时候，可以通知证人到人民检察院或者公安机关提供证言。在现场询问证人，应当出示工作证件，到证人所在单位、住处或者证人提出的地点询问证人，应当出示人民检察院或者公安机关的证明文件。"

A项，在现场询问证人甲符合上述法条的规定，侦查人员询问证人，可以在现场进行。因此，A项正确，不当选。

B项，根据上述规定，在必要的时候，可以通知证人到公安机关提供证言。对证人是通知，而非传唤。因此，B项错误，当选。

C项，到丙租住的房屋询问证人属于证人的住处。因此，C项正确，不当选。

D项，证人丁所提出的工作单位的快餐厅属于证人提出的地点。因此，D项正确，不当选。

综上所述，本题答案为 B。

14. 侦查措施是查明案件事实的手段，与公民的权利保障密切相关。请回答下列第（1）~（3）题。

（1）关于讯问犯罪嫌疑人的地点，下列选项正确的是：（2012 - 2 - 92，任）[2]

A. 对不需要逮捕、拘留的犯罪嫌疑人，可以传唤到犯罪嫌疑人所在市、县的公安局进行讯问

B. 对不需要逮捕、拘留的犯罪嫌疑人，可以传唤到犯罪嫌疑人所在市、县的公司内进行讯问

C. 对于已经被逮捕羁押的犯罪嫌疑人，应当在看守所内进行讯问

D. 犯罪现场发现的犯罪嫌疑人，可以当场口头传唤，但须出示工作证并在讯问笔录中注明

【解析】《刑事诉讼法》第119条第1款规定："对不需要逮捕、拘留的犯罪嫌疑人，可以传唤到犯罪嫌疑人所在市、县内的指定地点或者到他的住处进行讯问，但是应当出示人民检察院或者公安机关的证明文件。对在现场发现的犯罪嫌疑人，经出示工作证件，可以口头传唤，但应当在讯问笔录中注明。"

A项，根据上述规定：对不需要逮捕、拘留的犯罪嫌疑人，可以传唤到犯罪嫌疑人所在市、县内的指定地点或者到他的住处进行讯问，但是应当出示人民检察院或者公安机关的证明

---

[1] B [2] ACD

文件。对在现场发现的犯罪嫌疑人，经出示工作证件，可以口头传唤，但应当在讯问笔录中注明。因此可以传唤犯罪嫌疑人至公安局进行讯问，因此 A 项正确。

B 项，《公安部规定》第 198 条规定："讯问犯罪嫌疑人，除下列情形以外，应当在公安机关执法办案场所的讯问室进行：①紧急情况下在现场进行讯问的；②对有严重伤病或者残疾、行动不便的，以及正在怀孕的犯罪嫌疑人，在其住处或者就诊的医疗机构进行讯问的。对于已送交看守所羁押的犯罪嫌疑人，应当在看守所讯问室进行讯问。对于正在被执行行政拘留、强制隔离戒毒的人员以及正在监狱服刑的罪犯，可以在其执行场所进行讯问。对于不需要拘留、逮捕的犯罪嫌疑人，经办案部门负责人批准，可以传唤到犯罪嫌疑人所在市、县公安机关执法办案场所或者到他的住处进行讯问。"据此，只能传唤到所在市县公安机关执法办案场所讯问，不能传唤到公司内，B 项错误。

C 项，《刑事诉讼法》第 118 条第 2 款规定："犯罪嫌疑人被送交看守所羁押以后，侦查人员对其进行讯问，应当在看守所内进行。"因此 C 项正确。

D 项，对在现场发现的犯罪嫌疑人，经出示工作证件，可以口头传唤，但应当在讯问笔录中注明，D 项正确。

综上所述，本题答案为 A、C、D。

（2）关于询问被害人，下列选项正确的是：（2012 - 2 - 93，任）[1]

A. 侦查人员可以在现场进行询问

B. 侦查人员可以在指定的地点进行询问

C. 侦查人员可以通知被害人到侦查机关接受询问

D. 询问笔录应当交被害人核对，如记载有遗漏或者差错，被害人可以提出补充或者改正

【解析】A 项，《刑事诉讼法》第 124 条第 1 款规定："侦查人员询问证人，可以在现场进行，也可以到证人所在单位、住处或者证人提出的地点进行，在必要的时候，可以通知证人到人民检察院或者公安机关提供证言。在现场询问证人，应当出示工作证件，到证人所在单位、住处或者证人提出的地点询问证人，应当出示人民检察院或者公安机关的证明文件。"《刑事诉讼法》第 127 条规定："询问被害人，适用本节各条的规定。"因此可以在现场对被害人进行询问，故 A 项正确。

B 项，根据上述规定可知，可以到被害人指定的地点询问而不能笼统地说在"指定的地点"询问，故 B 项错误。

C 项，根据上述规定可知，可以通知证人到人民检察院或者公安机关提供证言，故 C 项正确。

D 项，《刑事诉讼法》第 122 条规定："讯问笔录应当交犯罪嫌疑人核对，对于没有阅读能力的，应当向他宣读。如果记载有遗漏或者差错，犯罪嫌疑人可以提出补充或者改正。犯罪嫌疑人承认笔录没有错误后，应当签名或者盖章。侦查人员也应当在笔录上签名。犯罪嫌疑人请求自行书写供述的，应当准许。必要的时候，侦查人员也可以要犯罪嫌疑人亲笔书写供词。"《刑事诉讼法》第 126 条规定："本法第 122 条的规定，也适用于询问证人。"可见关于讯问笔录的规定可以适用于询问证人，而询问被害人，适用询问证人的规定。故，询问被害人可以适用讯问笔录的规定。即，询问笔录应当交被害人核对，如记载有遗漏或者差错，被害人可以提

---

[1] ACD

出补充或者改正，D 项正确。

综上所述，本题答案为 A、C、D。

（3）关于查封、扣押措施，下列选项正确的是：（2012 - 2 - 94，任）[1]

A. 查封、扣押犯罪嫌疑人与案件有关的各种财物、文件只能在勘验、搜查中实施

B. 根据侦查犯罪的需要，可以依照规定扣押犯罪嫌疑人的存款、汇款、债券、股票、基金份额等财产

C. 侦查人员认为需要扣押犯罪嫌疑人的邮件、电报的时候，可通知邮电机关将有关的邮件、电报检交扣押

D. 对于查封、扣押的财物、文件、邮件、电报，经查明确实与案件无关的，应当在 3 日以内解除查封、扣押，予以退还

【解析】A 项，《刑事诉讼法》第 141 条第 1 款规定："在侦查活动中发现的可用以证明犯罪嫌疑人有罪或者无罪的各种财物、文件，应当查封、扣押；与案件无关的财物、文件，不得查封、扣押。"可知，在侦查活动中发现的可用以证明犯罪嫌疑人有罪或者无罪的各种财物、文件就可以查封、扣押，不限制于勘验、搜查程序。因此，A 项错误。

B 项，《刑事诉讼法》第 144 条第 1 款规定："人民检察院、公安机关根据侦查犯罪的需要，可以依照规定查询、冻结犯罪嫌疑人的存款、汇款、债券、股票、基金份额等财产。有关单位和个人应当配合。"可知，根据侦查犯罪的需要，可以依照规定查询、冻结犯罪嫌疑人的存款、汇款、债券、股票、基金份额等财产，但是不得扣押。因此，B 项错误。

C 项，《刑事诉讼法》第 143 条第 1 款规定："侦查人员认为需要扣押犯罪嫌疑人的邮件、电报的时候，经公安机关或者人民检察院批准，即可通知邮电机关将有关的邮件、电报检交扣押。"可知，侦查人员经公安机关或者人民检察院批准，才可以实施扣押邮件、电报的行为。因此，C 项错误。

D 项，《刑事诉讼法》第 145 条规定："对查封、扣押的财物、文件、邮件、电报或者冻结的存款、汇款、债券、股票、基金份额等财产，经查明确实与案件无关的，应当在三日以内解除查封、扣押、冻结，予以退还。"因此，D 项正确。

综上所述，本题答案为 D。

15. 关于技术侦查，下列哪些说法是正确的？（2012 - 2 - 71，多）[2]

A. 适用于严重危害社会的犯罪案件

B. 必须在立案后实施

C. 公安机关和检察院都有权决定并实施

D. 获得的材料需要经过转化才能在法庭上使用

【解析】《刑事诉讼法》第 150 条规定："公安机关在立案后，对于危害国家安全犯罪、恐怖活动犯罪、黑社会性质的组织犯罪、重大毒品犯罪或者其他严重危害社会的犯罪案件，根据侦查犯罪的需要，经过严格的批准手续，可以采取技术侦查措施。人民检察院在立案后，对于利用职权实施的严重侵犯公民人身权利的重大犯罪案件，根据侦查犯罪的需要，经过严格的批准手续，可以采取技术侦查措施，按照规定交有关机关执行。追捕被通缉或者批准、决定逮捕的在逃的犯罪嫌疑人、被告人，经过批准，可以采取追捕所必需的技术侦查措施。"

――――――――――――――

[1] D　[2] AB

A 项，技术侦查适用于严重危害社会的犯罪案件和利用职权实施的严重侵犯公民人身权利的重大犯罪案件。因此，A 项正确。

B 项，技术侦查在公安机关或者人民检察院立案后实施。因此，B 项正确。

C 项，检察院有决定采取技术侦查的权力，但具体实施需交由有关机关执行。因此，C 项错误。

D 项，《刑事诉讼法》第 154 条规定："依照本节规定采取侦查措施收集的材料在刑事诉讼中可以作为证据使用。如果使用该证据可能危及有关人员的人身安全，或者可能产生其他严重后果的，应当采取不暴露有关人员身份、技术方法等保护措施，必要的时候，可以由审判人员在庭外对证据进行核实。"可知，侦查措施收集的材料在刑事诉讼中可以作为证据使用，不需要经过转化。因此，D 项错误。综上所述，本题答案为 A、B。

三、侦查终结

1. 关于侦查程序中的辩护权保障和情况告知，下列哪一选项是正确的？（2012 - 2 - 39，单）[1]

A. 辩护律师提出要求的，侦查机关可以听取辩护律师的意见，并记录在案

B. 辩护律师提出书面意见的，可以附卷

C. 侦查终结移送审查起诉时，将案件移送情况告知犯罪嫌疑人或者其辩护律师

D. 侦查终结移送审查起诉时，将案件移送情况告知犯罪嫌疑人及其辩护律师

【解析】A 项，《刑事诉讼法》第 161 条规定："在案件侦查终结前，辩护律师提出要求的，侦查机关应当听取辩护律师的意见，并记录在案。辩护律师提出书面意见的，应当附卷。"可知，"可以"听取的表述错误，应为"应当"听取。A 项错误。

B 项，根据上述规定，可知"可以"附卷的表述错误，应为"应当"附卷。B 项错误。

C 项，《刑事诉讼法》第 162 条第 1 款规定："公安机关侦查终结的案件，应当做到犯罪事实清楚，证据确实、充分，并且写出起诉意见书，连同案卷材料、证据一并移送同级人民检察院审查决定；同时将案件移送情况告知犯罪嫌疑人及其辩护律师。"可知，告知犯罪嫌疑人"或者"辩护律师的表述错误，应为"及其"。C 项错误。

D 项，根据上述规定可知，D 项正确。

综上所述，本题答案为 D。

四、补充侦查

1. 关于补充侦查，下列哪些选项是正确的？（2015 - 2 - 70，多）[2]

A. 审查批捕阶段，只有不批准逮捕的，才能通知公安机关补充侦查

B. 审查起诉阶段的补充侦查以两次为限

C. 审判阶段检察院应自行侦查，不得退回公安机关补充侦查

D. 审判阶段法院不得建议检察院补充侦查

【解析】A 项，《刑事诉讼法》第 90 条规定："检察院对于公安机关提请批准逮捕的案件进行审查后，应当根据情况分别作出批准逮捕或者不批准逮捕的决定。对于批准逮捕的决定，公安机关应当立即执行，并且将执行情况及时通知检察院。对于不批准逮捕的，人民检察院应当说明理由，需要补充侦查的，应当同时通知公安机关。"可知，A 项正确。

---

[1]　D　[2]　ABC

B 项,《高检规则》第 346 条第 2 款规定:"补充调查、补充侦查以二次为限。"可知,B 项正确。

C 项,《高检规则》第 422 条第 1 款规定:"在审判过程中,对于需要补充提供法庭审判所必需的证据或者补充侦查的,人民检察院应当自行收集证据和进行侦查,必要时可以要求监察机关或者公安机关提供协助;也可以书面要求监察机关或者公安机关补充提供证据。"可知,C 项正确。

D 项,《刑诉解释》第 277 条第 2 款规定:"审判期间,被告人提出新的立功线索的,人民法院可以建议人民检察院补充侦查。"可知,D 项错误。

综上所述,本题正确答案为 A、B、C。

第十三章 起 诉

一、公诉理论

1. 只要有足够证据证明犯罪嫌疑人构成犯罪，检察机关就必须提起公诉。关于这一制度的法理基础，下列哪一选项是正确的？（2013－2－36，单）[1]

A. 起诉便宜主义　　　　　　　　　B. 起诉法定主义

C. 公诉垄断主义　　　　　　　　　D. 私人诉追主义

【解析】A项，起诉便宜主义是指当被告人的行为在具备起诉条件时，是否起诉，由检察官根据被告人及其行为的具体情况以及刑事政策等因素自由裁量。本题不属于起诉便宜主义，A项错误。

B项，起诉法定主义是指只要被告人的行为符合法定起诉条件，检察机关就必须起诉，不享有自由裁量的权力，且不论情节。本题属于起诉法定主义，B项正确。

C项，公诉垄断主义是指刑事案件的起诉权被国家垄断，排除被害人自诉。本题不属于公诉垄断主义，C项错误。

D项，私人诉追主义是指将刑事案件的起诉权归于私人。本题不属于私人诉追主义，D项错误。

综上所述，本题答案为B。

2. 关于我国刑事起诉制度，下列哪些选项是正确的？（2010－2－70，多）[2]

A. 实行公诉为主、自诉为辅的犯罪追诉机制

B. 公诉为主表明公诉机关可主动干预自诉

C. 实行的起诉原则为起诉法定主义为主，兼采起诉便宜主义

D. 起诉法定为主要求凡构成犯罪的必须起诉

【解析】A项，当今各国对刑事案件起诉权的分配主要有两种做法：一种是起诉独占主义，即起诉权只能由国家专设的专门机关和官员独占（通常是检察机关和检察官），不存在自诉形式，如美国、法国、日本等；另一种是公诉和自诉并存，公诉为主、自诉为辅，我国和俄罗斯、德国、奥地利等国即属于该种做法。A项正确。

B项，公诉和自诉各有各的条件，公诉为主只能说明在我国公诉案件居多，但不能说明公诉案件可以干预或者影响自诉案件，B项错误。

C项，在公诉案件中，起诉法定主义，是指凡具有犯罪嫌疑并且具备起诉条件的案件，检察官就必须依职权进行起诉，不能依案件具体情况而自由裁量起诉与否；起诉便宜主义，是指

---

[1]　B　[2]　AC

检察官虽认为具备犯罪嫌疑且符合起诉条件，仍可斟酌具体情况决定是否起诉。根据我国相关法律的规定，原则上要求对于符合起诉条件的要一律予以起诉，只是在酌定不起诉中人民检察院才拥有对符合起诉条件的案件斟酌具体情况决定起诉与否的自由裁量权。可知，C 项正确。

D 项，起诉法定要求凡构成犯罪的必须起诉，但起诉法定"为主"则要求起诉便宜为辅。D 项错误。

综上所述，本题答案为 A、C。

二、审查起诉

1. 薛某（15 岁）对付某寻衅滋事一案，经公安提请，检察院决定对薛某适用逮捕措施。薛某在侦查阶段拒不认罪认罚，在审查起诉阶段认罪认罚，但是在赔偿方面未与付某达成一致。关于本案，检察院应当如何处理？（2021 回忆版真题）[1]

A. 检察院可以建议法院适用速裁程序进行审理

B. 可积极促成薛某与付某进行刑事和解

C. 应及时对薛某进行羁押必要性审查

D. 检察院对薛某提起量刑建议之后，可以自行开展社会调查

【解析】A 项，本案中，犯罪嫌疑人薛某 15 岁，属于未成年人。《高检规则》第 438 条第 2 项规定："具有下列情形之一的，人民检察院不得建议人民法院适用速裁程序：（二）被告人是未成年人的；……"可知，检察院不得建议法院适用速裁程序审理本案。因此，A 项错误。

B 项，本案中，薛某涉嫌寻衅滋事，《公安部规定》第 334 条第 3 项规定："有下列情形之一的，不属于因民间纠纷引起的犯罪案件：……（三）涉及寻衅滋事的；……"可知，本案不属于因民间纠纷引起的犯罪案件。又根据《高检规则》第 492 条第 1 款规定："下列公诉案件，双方当事人可以和解：（一）因民间纠纷引起，涉嫌刑法分则第四章、第五章规定的犯罪案件，可能判处三年有期徒刑以下刑罚的；（二）除渎职犯罪以外的可能判处七年有期徒刑以下刑罚的过失犯罪案件。"可知，本案不属于上述情形之一，不得适用刑事和解程序。因此，B 项错误。

C 项，《高检规则》第 573 条规定："犯罪嫌疑人、被告人被逮捕后，人民检察院仍应当对羁押的必要性进行审查。"可知，本案中，检察院在薛某被逮捕后应及时对其进行羁押必要性审查。因此，C 项正确。

D 项，《高检规则》第 461 条第 1 款规定："人民检察院根据情况可以对未成年犯罪嫌疑人的成长经历、犯罪原因、监护教育等情况进行调查，并制作社会调查报告，作为办案和教育的参考。"同时，《认罪认罚从宽指导意见》第 36 条规定："审查起诉阶段的社会调查。犯罪嫌疑人认罪认罚，人民检察院拟提出缓刑或者管制量刑建议的，可以及时委托犯罪嫌疑人居住地的社区矫正机构进行调查评估，也可以自行调查评估。……"因此，D 项正确。

综上所述，本题的答案为 C、D。

2. 检察院审查批准逮捕时，遇有下列哪些情形依法应当讯问犯罪嫌疑人？（2012 - 2 - 26，单）[2]

A. 侦查机关拘留犯罪嫌疑人 36 小时以后将其送交看守所羁押

B. 犯罪嫌疑人要求向检察人员当面陈述的

---

[1]　CD　[2]　ABC

C. 犯罪嫌疑人认罪认罚的

D. 共同犯罪的

【解析】A项，《刑事诉讼法》第85条第2款规定："拘留后，应当立即将被拘留人送看守所羁押，至迟不得超过二十四小时。……"《刑事诉讼法》第88条第1款第3项规定："人民检察院审查批准逮捕，可以讯问犯罪嫌疑人；有下列情形之一的，应当讯问犯罪嫌疑人：……（三）侦查活动可能有重大违法行为的。"拘留36小时后才将犯罪嫌疑人送交看守所羁押的行为违反了第85条第2款的规定，属于第88条第1款第3项情形，应当对其进行讯问，A项正确。

B项，《刑事诉讼法》第88条第1款第2项规定："人民检察院审查批准逮捕，可以讯问犯罪嫌疑人；有下列情形之一的，应当讯问犯罪嫌疑人：……（二）犯罪嫌疑人要求向检察人员当面陈述的；……"可知，B项正确。

C项，《高检规则》第280条第1款第（5）项规定："人民检察院办理审查逮捕案件，可以讯问犯罪嫌疑人；具有下列情形之一的，应当讯问犯罪嫌疑人：……（五）犯罪嫌疑人认罪认罚的；……"可知，C项正确。

D项，共同犯罪不属于《刑事诉讼法》第88条第1款、《高检规则》第280条第1款规定的依法应当讯问的情形，D项错误。

综上所述，本题答案为A、B、C。

3. 甲、乙共同实施抢劫，该案经两次退回补充侦查后，检察院发现甲在两年前曾实施诈骗犯罪。关于本案，下列哪一选项是正确的？（2016－2－35，单）[1]

A. 应将全案退回公安机关依法处理

B. 对新发现的犯罪自行侦查，查清犯罪事实后一并提起公诉

C. 将新发现的犯罪移送公安机关侦查，待公安机关查明事实移送审查起诉后一并提起公诉

D. 将新发现的犯罪移送公安机关立案侦查，对已查清的犯罪事实提起公诉

【解析】《高检规则》第349条规定："人民检察院对已经退回监察机关二次补充调查或者退回公安机关二次补充侦查的案件，在审查起诉中又发现新的犯罪事实，应当将犯罪线索移送监察机关或公安机关。对已经查清的犯罪事实，应当依法提起公诉。"本题中，检察院发现甲在两年前曾实施诈骗犯罪属于"发现新的犯罪事实"，应当将该犯罪线索移送公安机关，对已查清的犯罪事实提起公诉。D项正确。

综上所述，本题答案为D。

4. 高某涉嫌抢劫犯罪，公安机关经二次补充侦查后将案件移送检察机关，检察机关审查发现高某可能还实施了另一起盗窃犯罪。检察机关关于此案的处理，下列哪一选项是正确的？（2013－2－25，单）[2]

A. 再次退回公安机关补充侦查，并要求在一个月内补充侦查完毕

B. 要求公安机关收集并提供新发现的盗窃犯罪的证据材料

C. 对新发现的盗窃犯罪自行侦查，并要求公安机关提供协助

D. 将新发现的盗窃犯罪移送公安机关另行立案侦查，对已经查清的抢劫犯罪提起公诉

---

〔1〕 D 〔2〕 D

【解析】《高检规则》第349条规定："人民检察院对已经退回监察机关二次补充调查或者退回公安机关二次补充侦查的案件，在审查起诉中又发现新的犯罪事实的，应当将犯罪线索移送监察机关或公安机关。对已经查清的犯罪事实，应当依法提起公诉。"本题中，检察机关发现新的犯罪事实，应当移送公安机关立案侦查，如果抢劫罪已查清的，应当依法提起公诉。D项正确。

综上所述，本题答案为D。

三、不起诉

1. 有关单位或个人对于检察院作出不起诉决定不服有权要求救济。下列关于不同单位或个人的救济，表述正确的是？（2020仿真题）[1]

A. 公安机关针对自己移送检察院审查起诉的案件而检察院作出不起诉决定的，可以向作出决定的检察院申请复议

B. 公安机关对复议结果不服的，可以向作出不起诉决定检察院的上一级检察院申请复核

C. 监察机关针对其移送给检察院起诉的案件而检察院作出不起诉决定的，可以向作出决定的检察院申请复议

D. 监察机关对复议结果不服的，可以向作出不起诉决定检察院的上一级检察院申请复核

【解析】A、B项，《刑事诉讼法》第179条规定："对于公安机关移送起诉的案件，人民检察院决定不起诉的，应当将不起诉决定书送达公安机关。公安机关认为不起诉的决定有错误的时候，可以要求复议，如果意见不被接受，可以向上一级人民检察院提请复核。"可知，A、B项正确。

C项，《监察法》第47条第4款规定："人民检察院对于有《中华人民共和国刑事诉讼法》规定的不起诉的情形的，经上一级人民检察院批准，依法作出不起诉的决定。监察机关认为不起诉的决定有错误的，可以向上一级人民检察院提请复议。"可知，监察机关不服不起诉决定的，应当向上一级检察院而不是作出决定的检察院申请复议，C项错误。

D项，根据上述规定可知监察机关向上一级检察院申请的是复议而不是复核，D项错误。

综上所述，本题答案为A、B。

2. 王某涉嫌盗窃罪被立案侦查。侦查终结后移送检察院审查起诉。因为王某认罪认罚，且案件情节轻微，按照刑法规定不需要判处刑罚，因此检察院对王某作出酌定不起诉的决定。在作出不起诉决定后，王某不积极履行赔礼道歉、赔偿损失等义务，下列关于检察院审查后的处理，说法正确的是？（2020仿真题）[2]

A. 检察院审查后如发现王某的情节显著轻微，应撤销原不起诉决定，依法重新作出不起诉决定

B. 检察院审查后如发现王某没有犯罪事实，应当撤销原不起诉决定，并将案卷材料退回侦查机关，建议其撤销案件

C. 检察院审查后认为案件仍然属于犯罪情节轻微，依照刑法规定不需要判处刑罚或者免除刑罚的，应当维持原不起诉决定

D. 排除认罪认罚因素后，符合起诉条件的，应当根据案件具体情况撤销原不起诉决定，依法对王某提起公诉

【解析】 A项，《刑事诉讼法》第16条第1项规定："有下列情形之一的，不追究刑事责任，已经追究的，应当撤销案件，或者不起诉，或者终止审理，或者宣告无罪：……（一）情节显著轻微、危害不大，不认为是犯罪的；……"《高检规则》第278条第1项规定："发现犯罪嫌疑人没有犯罪事实，或者符合刑事诉讼法第十六条规定的情形之一的，应当撤销原不起诉决定，依照刑事诉讼法第一百七十七条第一款的规定重新作出不起诉决定。"可知，A项正确。

B项，根据上述规定可知，检察院撤销原不起诉决定后，应当依法重新作出法定不起诉决定，而非退回侦查机关并建议撤销案件。B项错误。

C项，《高检规则》第278条第2项规定："犯罪嫌疑人犯罪情节轻微，依照刑法不需要判处刑罚或者免除刑罚的，可以维持原不起诉决定。"可知，"应当"维持原不起诉决定的表述错误，应为"可以"维持。C项错误。

D项，《高检规则》第278条第3项规定："排除认罪认罚因素后，符合起诉条件的，应当根据案件具体情况撤销原不起诉决定，依法提起公诉。"可知，D项正确。

综上所述，本题答案为A、D。

3. 小甲（17周岁）和乙为父子，因生活所迫，小甲在乙的教唆下贩卖淫秽物品牟利，两人后来被公安机关立案侦查并采取强制措施，小甲被取保候审，乙被批准逮捕，关于本案的处理，下列哪一选项是正确的？（2019仿真题）[1]

A. 若公安机关对小甲和乙都提请批准逮捕，检察院在对小甲和乙审查批捕时均应当进行讯问

B. 案件移送审查起诉后，检察院对小甲可以决定适用附条件不起诉，并要求其在考察期间不得进入娱乐场所

C. 因小甲是未成年人，本案分案起诉后应由不同的审判组织进行审理

D. 检察院在对小甲作出附条件不起诉的决定之前应征得其父乙的同意

【解析】 A项，《高检规则》第280条第1款规定："人民检察院办理审查逮捕案件，可以讯问犯罪嫌疑人；具有下列情形之一的，应当讯问犯罪嫌疑人：（一）对是否符合逮捕条件有疑问的；（二）犯罪嫌疑人要求向检察人员当面陈述的；（三）侦查活动可能有重大违法行为的；（四）案情重大、疑难、复杂的；（五）犯罪嫌疑人认罪认罚的；（六）犯罪嫌疑人系未成年人的；（七）犯罪嫌疑人是盲、聋、哑人或者是尚未完全丧失辨认或者控制自己行为能力的精神病人的。"本案小甲与乙均不属于该条所规定的"应当讯问"的情形，A项错误。

B项，《高检规则》第476条第（3）项规定："人民检察院可以要求被附条件不起诉的未成年犯罪嫌疑人接受下列矫治和教育：……（三）不得进入特定场所，与特定的人员会见或者通信，从事特定的活动；……"可知，B项正确。

C项，《刑诉解释》第551条第1款规定："对分案起诉至同一人民法院的未成年人与成年人共同犯罪案件，可以由同一个审判组织审理；不宜由同一个审判组织审理的，可以分别审理。"由于本案不存在不宜由同一审判组织审理的情形，因此"可以"由同一个审判组织审理，而非"应当"由不同的审判组织审理。C项错误。

D项，《高检规则》第469条第2款规定："人民检察院在作出附条件不起诉的决定以前，应当听取公安机关、被害人、未成年犯罪嫌疑人及其法定代理人、辩护人的意见，并制作笔录

附卷。"可知，检察院在对小甲作出附条件不起诉的决定之前只需听取乙的意见，而无需征得其同意。D项错误。

综上所述，本题答案为B。

4. 叶某涉嫌飞车抢夺行人财物被立案侦查。移送审查起诉后，检察院认为实施该抢夺行为的另有其人。关于本案处理，下列哪一选项是正确的？(2017-2-32单)[1]

A. 检察院可将案卷材料退回公安机关并建议公安机关撤销案件

B. 在两次退回公安机关补充侦查后，检察院应作出证据不足不起诉的决定

C. 检察院作出不起诉决定后，被害人不服向法院提起自诉，法院受理后，不起诉决定视为自动撤销

D. 如最高检察院认为对叶某的不起诉决定确有错误的，可直接撤销不起诉决定

【解析】A、B项，《高检规则》第365条第2款规定："对于犯罪事实并非犯罪嫌疑人所为，需要重新调查或者侦查的，应当在作出不起诉决定后书面说明理由，将案卷材料退回监察机关或者公安机关并建议重新调查或者侦查。"可知，本题中检察院将案件退回公安机关后，应当建议公安机关"重新侦查"，而非"撤销案件"或"补充侦查"。A、B项错误。

C项，《高检规则》第384条规定："人民检察院收到人民法院受理被害人对被不起诉人起诉的通知后，应当终止复查，将作出不起诉决定所依据的有关案卷材料移送人民法院。"可知，不起诉决定不会因为被害人提起自诉而自动撤销。C项错误。

D项，《高检规则》第389条规定："最高人民检察院对地方各级人民检察院的起诉、不起诉决定，上级人民检察院对下级人民检察院的起诉、不起诉决定，发现确有错误的，应当予以撤销或者指令下级人民检察院纠正。"可知，最高检有权直接撤销地方各级检察院作出的不起诉决定，D项正确。

综上所述，本题答案为D。

5. 甲、乙、丙、丁四人涉嫌多次结伙盗窃，公安机关侦查终结移送审查起诉后，甲突然死亡。检察院审查后发现，甲和乙共同盗窃1次，数额未达刑事立案标准；乙和丙共同盗窃1次，数额刚达刑事立案标准；甲、丙、丁三人共同盗窃1次，数额巨大，但经两次退回公安机关补充侦查后仍证据不足；乙对其参与的2起盗窃有自首情节。关于本案，下列哪一选项是正确的？(2015-2-33，单)[2]

A. 对甲可作出酌定不起诉决定　　　　B. 对乙可作出法定不起诉决定

C. 对丙应作出证据不足不起诉决定　　D. 对丁应作出证据不足不起诉决定

【解析】A项，《刑事诉讼法》第16条第5项规定："有下列情形之一的，不追究刑事责任，已经追究的，应当撤销案件，或者不起诉，或者终止审理，或者宣告无罪：……（五）犯罪嫌疑人、被告人死亡的；……"本案中，犯罪嫌疑人甲死亡，检察院应当对其作出法定不起诉决定。A项错误。

B项，乙共盗窃2次，第一次数额未达刑事立案标准，符合《刑事诉讼法》第16条第1项规定的"情节显著轻微、危害不大，不认为是犯罪"，属于法定不起诉情形；第二次数额刚达刑事立案标准，符合《刑事诉讼法》第177条规定的"犯罪情节轻微，依照刑法规定不需要判处刑罚或者免除刑罚"，且乙有自首情节，属于酌定不起诉情形。此时不得单独作出法定

不起诉的决定，B 项错误。

C 项，丙共盗窃 2 次，第一次数额刚达刑事立案标准，符合《刑事诉讼法》第 177 条规定的"犯罪情节轻微，依照刑法规定不需要判处刑罚或者免除刑罚"，属于酌定不起诉情形；第二次盗窃符合《刑事诉讼法》第 175 条第 4 款规定的"对于二次补充侦查的案件，人民检察院仍然认为证据不足，不符合起诉条件的，应当作出不起诉的决定"，属于证据不足不起诉情形。此时不得单独作出证据不足不起诉的决定，C 项错误。

D 项，符合《刑事诉讼法》第 175 条第 4 款规定的"对于二次补充侦查的案件，人民检察院仍然认为证据不足，不符合起诉条件的，应当作出不起诉的决定"，属于证据不足不起诉情形。检察院应当直接对丁作出证据不足不起诉决定，D 项正确。

综上所述，本题答案为 D。

6. 检察院对孙某敲诈勒索案审查起诉后认为，作为此案关键证据的孙某口供系刑讯所获，依法应予排除。在排除该口供后，其他证据显然不足以支持起诉，因而作出不起诉决定。关于该案处理，下列哪一选项是错误的？(2014 - 2 - 35，单)[1]

A. 检察院的不起诉属于存疑不起诉
B. 检察院未经退回补充侦查即作出不起诉决定违反《刑事诉讼法》的规定
C. 检察院排除刑讯获得的口供，体现了法律监督机关的属性
D. 检察院不起诉后，又发现新的证据，符合起诉条件时，可提起公诉

【解析】A 项，存疑不起诉是指《刑事诉讼法》第 175 条第 4 款规定："对于二次补充侦查的案件，人民检察院仍然认为证据不足，不符合起诉条件的，应当作出不起诉的决定。"可知，A 项正确。

B 项，对于证据不足不起诉，《高检规则》第 73 条第 1 款规定："人民检察院经审查认定存在非法取证行为的，对该证据应当予以排除，其他证据不能证明犯罪嫌疑人实施犯罪行为的，应当不批准或者决定逮捕。已经移送起诉的，可以依法将案件退回监察机关补充调查或者退回公安机关补充侦查，或者作出不起诉决定。被排除的非法证据应当随案移送，并写明为依法排除的非法证据。"可知，检察机关直接作出不起诉决定不违反《刑事诉讼法》规定，B 项。

C 项，检察机关是我国的法律监督机关，有权对侦查行为的合法性进行监督。C 项正确。

D 项，《高检规则》第 369 条规定："人民检察院根据《刑事诉讼法》第一百七十五条第四款规定（证据不足不起诉）决定不起诉的，在发现新的证据，符合起诉条件时，可以提起公诉。"可知，D 项正确。

综上所述，本题答案为 B。

7. 被害人对于检察院作出不起诉决定不服而在 7 日内提出申诉时，下列哪一说法是正确的？(2011 - 2 - 31，单)[2]

A. 由作出决定的检察院受理被害人的申诉
B. 由与作出决定的检察院相对应的法院受理被害人的申诉
C. 被害人提出申诉同时又向法院起诉的，法院应裁定驳回起诉
D. 被害人提出申诉后又撤回的，仍可向法院起诉

【解析】A、B 项，《刑事诉讼法》第 180 条规定："对于有被害人的案件，决定不起诉的，

人民检察院应当将不起诉决定书送达被害人。被害人如果不服，可以自收到决定书后七日以内向上一级人民检察院申诉，请求提起公诉。……"可知，受理被害人申诉的法院应为作出不起诉决定的上一级检察院。A、B项错误。

C、D项，《刑事诉讼法》第 180 条规定："……对人民检察院维持不起诉决定的，被害人可以向人民法院起诉。被害人也可以不经申诉，直接向人民法院起诉。……"可知，被害人申诉与自诉之间没有前后顺序问题，因此，法院不得因被害人同时提出了申诉而裁定驳回其起诉，被害人撤回申诉后仍可以向法院提起自诉。C项错误，D项正确。

综上所述，本题答案为 D。

第十四章　刑事审判概述

一、刑事审判原则

1. 评议前因特殊原因合议庭部分成员不能继续履职，需要重新开庭，以下说法正确的是？(2021 回忆版真题，多)[1]

A. 体现了集中审理原则
B. 合议庭成员全部更换
C. 体现直接原则
D. 应该重新审判

【解析】AD 项，集中审理原则的含义是法院开庭审理案件，应在不更换审判人员的条件下连续进行，不得中断审理。集中审理原则的主要要求有：（1）每起案件自始至终由同一法庭进行审判；（2）法庭成员不可更换，对于法庭成员因故不能继续参加审理的，应由始终在场的候补法官、候补陪审员替换；（3）集中证据调查与法庭辩论；（4）庭审不中断并迅速作出裁判。因此，AD 项正确。

B 项，合议庭部分成员不能继续履职的，只需更换部分新的合议庭成员即可，无需全部更换。因此，B 项错误。

C 项，直接原则包括直接审理原则和直接采证原则，是指法官必须与诉讼参与人直接接触，直接审查案件事实材料和证据。直接原则与本题无关，因此，C 项错误。

综上所述，本题答案为 A、D。

2. 下列哪一选项属于两审终审制的例外？(2017－2－33，单)[2]

A. 自诉案件的刑事调解书经双方当事人签收后，即具有法律效力，不得上诉
B. 地方各级法院的第一审判决，法定期限内没有上诉、抗诉，期满即发生法律效力
C. 在法定刑以下判处刑罚的判决，报请最高法院核准后生效
D. 法院可通过再审，撤销或者改变已生效的二审判决

【解析】两审终审制是指一个案件最多经过两级法院审判即告终结，不得上诉和提出二审抗诉。

A 项，《刑诉解释》第 328 条规定："人民法院审理自诉案件，……调解书经双方当事人签收后，即具有法律效力。……"两审终审制的前提是案件需经过审判，而自诉案件中的调解虽然是一调终局，但没有经过审判。A 项错误。

B 项，二审判决在上诉、抗诉期限届满后生效，没有违反两审终审制，不是两审终审制的例外。B 项错误。

C 项，《刑诉解释》第 414 条规定："报请最高人民法院核准在法定刑以下判处刑罚的案

---

[1]　AD　[2]　C

件，应当按照下列情形分别处理：（一）被告人未上诉、人民检察院未抗诉的，在上诉、抗诉期满后三日以内报请上一级人民法院复核。上级人民法院同意原判的，应当书面层报最高人民法院核准；不同意的，应当裁定发回重新审判，或者按照第二审程序提审；（二）被告人上诉或者人民检察院抗诉的，上一级人民法院维持原判，或者改判后仍在法定刑以下判处刑罚的，应当依照前项规定层报最高人民法院核准。"可知，C 项属于两审终审制的例外，正确。

D 项，审判监督程序的对象是已经发生法律效力的判决、裁定，不是两审终审制的例外。D 项错误。

综上所述，本题答案为 C。

3. 我国刑事审判模式正处于由职权主义走向控辩式的改革过程之中，2012 年《刑事诉讼法》修改内容中，下列哪一选项体现了这一趋势？（2015 - 2 - 34，单）[1]

A. 扩大刑事简易程序的适用范围　　　B. 延长第一审程序的审理期限

C. 允许法院强制证人出庭作证　　　　D. 增设当事人和解的公诉案件诉讼程序

【解析】控辩式刑事审判模式有以下几点要求：（1）庭前审查由实体性审查改为程序性审查；（2）强化控方的举证责任和辩方的辩护职能，弱化法官的事实调查功能；（3）扩大辩护方的权利范围，强化庭审的对抗性。

A、B、D 项，未能直接体现上述控辩式刑事审判模式的特点。A、B、D 项错误。

C 项，法院强制证人出庭的目的就是保障控辩双方与证人的质证权，强化控辩双方的积极对抗，体现了控辩式刑事审判模式的要求，C 项正确。

综上所述，本题答案为 C。

4. 刑事审判具有亲历性特征。下列哪一选项不符合亲历性要求？（2014 - 2 - 36，单）[2]

A. 证人因路途遥远无法出庭，采用远程作证方式在庭审过程中作证

B. 首次开庭并对出庭证人的证言质证后，某合议庭成员因病无法参与审理，由另一人民陪审员担任合议庭成员继续审理并作出判决

C. 某案件独任审判员在公诉人和辩护人共同参与下对部分证据进行庭外调查核实

D. 第二审法院对决定不开庭审理的案件，通过讯问被告人，听取被害人、辩护人和诉讼代理人的意见进行审理

【解析】刑事审判的亲历性也可以被表述为直接言词原则和集中审理原则。

A 项，证人本人虽未在物理意义上到庭，但通过网络远程作证，他仍能参与法庭审理、接受诉讼各方的询问，因此符合亲历性要求。A 项正确。

B 项，另一人民陪审员在案件审理中途加入合议庭，对加入之前的审理不具有亲历性，违背了集中审理原则。B 项错误。

C 项，虽然法官是庭外调查，但却是在公诉人和辩护人共同参与下进行的，因此符合亲历性要求。C 项正确。

D 项，虽然法官不开庭审理，但法官仍然讯问被告人，听取被害人、辩护人和诉讼代理人的意见，因此符合亲历性的要求。D 项正确。

综上所述，本题答案为 B。

---

〔1〕 C　〔2〕 B

5. 开庭审判过程中，一名陪审员离开法庭处理个人事务，辩护律师提出异议并要求休庭，审判长予以拒绝，40分钟后陪审员返回法庭继续参与审理。陪审员长时间离开法庭的行为违背下列哪一审判原则？（2013－2－37，单）[1]

　　A. 职权主义原则　　　　　　　　　B. 证据裁判规则

　　C. 直接言词原则　　　　　　　　　D. 集中审理原则

　　【解析】A项，我国的审判原则包括：（1）公开审理原则；（2）直接言词原则；（3）辩论原则；（4）集中审理原则。职权主义原则是指法官在审判程序中居于主导和控制地位，控辩双方的发言需要服从法官指挥的审判原则。该原则不是我国的审判原则。A项错误。

　　B项，证据裁判规则是指对于诉讼中案件事实的认定，只能依据有关的证据进行，没有证据就不得认定案件事实。"证据裁判"与"自由心证"是我国两大证据原则，而非审判原则，B项错误。

　　C项，陪审员在离开法庭的这段时间内无法直接参与案件的审理，直接审查判断证据，并直接询问控辩双方，这违背了直接言词原则的要求。C项正确。

　　D项，集中审理原则强调"不换人、不换庭、不中断"。本案中一名陪审员离开法庭，但合议庭其他成员没有更换，庭审也没有中断，因此没有违反集中审理原则。D项错误。

　　综上所述，本题答案为C。

6. 审判长在法庭审理过程中突发心脏病，无法继续参与审判，需在庭外另行指派其他审判人员参加审判。法院院长的下列哪一做法是正确的？（2011－2－32，单）[2]

　　A. 指派一名陪审员担任审判长重新审理

　　B. 指派一名审判员担任审判长继续审理

　　C. 指派一名陪审员并指定原合议庭一名审判员担任审判长继续审理

　　D. 指定一名审判员担任审判长重新审理

　　【解析】A项，《人民陪审员法》第14条规定："人民陪审员和法官组成合议庭审判案件，由法官担任审判长，可以组成三人合议庭，也可以由法官三人与人民陪审员四人组成七人合议庭。"可知，陪审员不能担任审判长，A项错误。

　　B、C、D项，集中审理原则要求法院开庭审理案件应在不更换审判人员的条件下连续进行，不得中断审理。如庭审因不可抗拒原因导致中断的，在更换审判人员后应当重新进行审理，不能继续审理。因此，B、C项错误，D项正确。

　　综上所述，本题答案为D。

7. 《刑事诉讼法》规定，未成年人犯罪的案件一律或一般不公开审理。关于该规定中未成年人"年龄"的理解，下列哪一选项是正确的？（2010－2－30，单）[3]

　　A. 张某被采取强制措施时17岁，不应当公开审理

　　B. 李某在审理时15岁，不应当公开审理

　　C. 钱某犯罪时16岁，不应当公开审理

　　D. 赵某被立案时18岁，不应当公开审理

　　【解析】《刑事诉讼法》第285条规定："审判的时候被告人不满十八周岁的案件，不公开审理。但是，经未成年被告人及其法定代理人同意，未成年被告人所在学校和未成年人保护组

---

[1] C　[2] D　[3] B

织可以派代表到场。"

A、C 项，张某和钱某虽未满 18 周岁，但均不是在审判时的年龄。A、C 项错误。

B 项，李某在审判时未满 18 周岁，不得公开审理。B 项正确。

D 项，赵某被立案时已年满 18 周岁，审判时也已属于成年人，应当公开审理。D 项错误。

综上所述，本题正确答案为 B。

8. 下列哪些选项体现了集中审理原则的要求？（2010 - 2 - 73，多）[1]

A. 案件一旦开始审理即不得更换法官

B. 法庭审理应不中断地进行

C. 更换法官或者庭审中断时间较长的，应重新进行审理

D. 法庭审理应当公开进行

【解析】A、B 项，集中审理原则是指，法院开庭审理案件应在不更换审判人员的条件下连续进行，不得中断审理。集中审理原则的内容主要包括：（1）不换庭，也即一个案件组成一个审判庭进行审理；（2）不换人，也即法庭成员不可更换；（3）不中断，也即集中证据调查与法庭辩论；（4）庭审不中断并迅速作出裁判。可知，A、B 项正确。

C 项，重新进行审理能够保证后续庭审的不中断。C 项正确。

D 项，属于公开审判原则，不属于集中审理原则。D 项错误。

综上所述，本题答案为 A、B、C。

二、审判组织

1. 下列哪些情形下，合议庭成员不承担责任？（2013 - 2 - 73，多）[2]

A. 发现了新的无罪证据，合议庭作出的判决被改判的

B. 合议庭认为审前供述虽非自愿，但能够与其他证据相印证，因此予以采纳，该供述后来被上级法院排除后而改判的

C. 辩护方提出被告人不在犯罪现场的线索和证据材料，合议庭不予调查，作出有罪判决而被改判无罪的

D. 合议庭对某一事实的认定以生效的民事判决为依据，后来该民事判决被撤销，导致刑事判决发回重审的

【解析】《关于进一步加强合议庭职责的若干规定》第 10 条规定："……合议庭审理案件有下列情形之一的，合议庭成员不承担责任：……（二）因对案件事实和证据认识上的偏差而导致案件被改判或者发回重审的；（三）因新的证据而导致案件被改判或者发回重审的；……（五）因裁判所依据的其他法律文书被撤销或变更而导致案件被改判或者发回重审的；……"

A 项，符合上述第（3）项情形，A 项正确。

B 项，符合上述第（2）项情形，B 项正确。

D 项，符合上述第（5）项情形，D 项正确。

C 项，《人民法院审判人员违法审判责任追究办法（试行）》第 2 条规定："人民法院审判人员在审判、执行工作中，故意违反与审判工作有关的法律、法规，或者因过失违反与审判工作有关的法律、法规造成严重后果的，应当承担违法审判责任。"第 9 条进一步规定了审判人

---

[1] ABC　[2] ABD

员违法审判责任的追究范围："依职权应当对影响案件主要事实认定的证据进行鉴定、勘验、查询、核对，或者应当采取证据保全措施而故意不进行，导致裁判错误的。"可知，合议庭对于辩护人提出的线索和证据材料不予调查导致裁判错误，合议庭成员应当承担责任，C 项错误。

综上所述，本题答案为 A、B、D。

2. 某市法院审理本市第一起醉酒驾车刑事案件。下列哪一说法是正确的？（2011 - 2 - 34，单）[1]

A. 审判长可以提请庭长组织相关审判人员共同讨论

B. 法院院长可以主动组织相关审判人员共同讨论并作出决定

C. 庭长按照规定组织相关审判人员共同讨论形成的意见对合议庭有约束力

D. 法院院长可以指令庭长组织相关审判人员共同讨论

【解析】A 项，《关于进一步加强合议庭职责的若干规定》第 7 条第 1 款第 1 项规定："……下列案件可以由审判长提请院长或者庭长决定组织相关审判人员共同讨论，合议庭成员应当参加：（二）重大、疑难、复杂或者新类型的案件；"本案中，醉酒驾车犯罪属于新类型的案件，符合该项情形，A 项正确。

B、D 项，根据上述规定，只能由审判长提请院长或者庭长决定审判人员共同讨论，不能由法院院长主动组织或者指令共同讨论，B、D 项错误。

C 项，《关于进一步加强合议庭职责的若干规定》第 7 条第 2 款规定："上述案件的讨论意见供合议庭参考，不影响合议庭依法作出裁判。"可知，C 项错误。

综上所述，本题答案为 A。

3. 根据最高人民法院《关于进一步加强合议庭职责的若干规定》，关于合议庭，下列哪些说法是正确的？（2010 - 2 - 72，多）[2]

A. 合议庭是法院的基本审判组织，由审判员和人民陪审员随机组成

B. 合议庭成员因对案件事实和证据认识上的偏差而导致案件被改判或者发回重审的不承担责任

C. 合议庭成员因法律修订或者政策调整而导致案件被改判或者发回重审的不承担责任

D. 开庭审理时，合议庭成员从事与该庭审无关的活动，当事人提出异议合议庭不纠正的，当事人可以要求延期审理，并将有关情况记入庭审笔录。

【解析】A 项，《人民法院组织法》第 30 条第 1 款规定："合议庭由法官组成，或者由法官和人民陪审员组成，成员为三人以上单数。"可知，合议庭并不必然由审判员和人民陪审员共同组成，审判员也可单独组成合议庭。A 项错误。

B、C 项，《关于进一步加强合议庭职责的若干规定》第 10 条第 2 项、第 4 项规定，合议庭审理案件有下列情形之一的，合议庭成员不承担责任：（2）因对案件事实和证据认识上的偏差而导致案件被改判或者发回重审的；（4）因法律修订或者政策调整而导致案件被改判或者发回重审的。可知，B、C 项正确。

D 项，《关于进一步加强合议庭职责的若干规定》第 5 条规定："……合议庭成员未参加庭审、中途退庭或者从事与该庭审无关的活动，当事人提出异议的，应当纠正。合议庭仍不纠正

的，当事人可以要求休庭，并将有关情况记入庭审笔录。"可知，当事人可以要求"休庭"而非"延期审理"。D项错误。

综上所述，本题答案为B、C。

三、人民陪审员制度

1. 关于人民陪审员制度，下列说法正确的是？（2020仿真题）[1]

A. 甲省高级人民法院审判案件由人民陪审员参加合议庭审判的，在其所在地的基层人民法院的人民陪审员名单中随机抽取确定。

B. 乙市中级人民法院审理张三可能判死刑的案件，有人民陪审员参加的，可以组成3人合议庭，也可以由法官3人与人民陪审员4人组成7人合议庭。

C. 丙区基层法院审理李四盗窃一案，由人民陪审员与法官组成三人合议庭进行审理，人民陪审员对事实认定、法律适用，独立发表意见，行使表决权。

D. 丁市中级人民法院审理一起死刑案件，由人民陪审员与法官7人组成合议庭，人民陪审员对事实认定、法律适用，独立发表意见，行使表决权。

【解析】A项，《人民陪审员法》第19条第2款规定："中级人民法院、高级人民法院审判案件需要由人民陪审员参加合议庭审判的，在其辖区内的基层人民法院的人民陪审员名单中随机抽取确定。"可知，"所在地"的表述错误，应为"辖区内"。A项错误。

B项，《人民陪审员法》第16条第1项规定："人民法院审判下列第一审案件，由人民陪审员和法官组成七人合议庭进行：（一）可能判处十年以上有期徒刑、无期徒刑、死刑，社会影响重大的刑事案件。"可知，本案一审可能对张三判处死刑，应当由人民陪审员和法官组成7人合议庭进行审理，不得组成3人合议庭。B项错误。

C项，《人民陪审员法》第21条规定："人民陪审员参加三人合议庭审判案件，对事实认定、法律适用，独立发表意见，行使表决权。"可知，C项正确。

D项，《人民陪审员法》第22条规定："人民陪审员参加七人合议庭审判案件，对事实认定，独立发表意见，并与法官共同表决；对法律适用，可以发表意见，但不参加表决。"可知，人民陪审员在7人合议庭中不得参与法律适用部分的表决。D项错误。

综上所述，本题答案为C。

2. 罗某作为人民陪审员参与D市中级法院的案件审理工作。关于罗某的下列哪一说法是正确的？（2015-2-35，单）[2]

A. 担任人民陪审员，必须经D市人大常委会任命

B. 同法官享有同等权利，也能担任合议庭审判长

C. 可参与中级法院二审案件审理，并对事实认定、法律适用独立行使表决权

D. 可要求合议庭将案件提请院长决定是否提交审委会讨论决定

【解析】A项，《人民陪审员法》第10条规定："司法行政机关会同基层人民法院，从通过资格审查的人民陪审员候选人名单中随机抽选确定人民陪审员人选，由基层人民法院院长提请同级人民代表大会常务委员会任命。"可知，罗某由基层人大常委会任命即可。A项错误。

B项，《人民陪审员法》第2条第2款规定："人民陪审员依照本法产生，依法参加人民法院的审判活动，除法律另有规定外，同法官有同等权利。"根据《人民陪审员法》第14条规

定："人民陪审员和法官组成合议庭审判案件，由法官担任审判长，……"可知，陪审员和法官享有同等权利的表述正确，能够担任审判长的表述错误。B项错误。

C项，《人民陪审员法》第15条第1款规定："人民法院审判第一审刑事、民事、行政案件，有下列情形之一的，由人民陪审员和法官组成合议庭进行：（一）涉及群体利益、公共利益的；（二）人民群众广泛关注或者其他社会影响较大的；（三）案情复杂或者有其他情形，需要由人民陪审员参加审判的。"可知，人民陪审员只能参加第一审案件的审理，无权参加第二审案件的审理。C项错误。

D项，《人民陪审员法》第23条第2款规定："合议庭组成人员意见有重大分歧的，人民陪审员或者法官可以要求合议庭将案件提请院长决定是否提交审判委员会讨论决定。"可知，D项正确。

综上所述，本题答案为D。

3. 关于我国人民陪审员制度与一些国家的陪审团制度存在的差异，下列哪一选项是正确的？（2013－2－26，单）[1]

A. 人民陪审员制度目的在于协助法院完成审判任务，陪审团制度目的在于制约法官

B. 人民陪审员与法官行使相同职权，陪审团与法官存在职权分工

C. 人民陪审员在成年公民中随机选任，陪审团从有选民资格的人员中聘任

D. 是否适用人民陪审员制度取决于当事人的意愿，陪审团适用于所有案件

【解析】A项，我国人民陪审员制度目的不在于"协助"法院完成审判任务，而是和法官"共同"完成审判任务，合作解决被告人的刑事责任问题。陪审团的目的在于制约法官权力，剥夺法官滥用定罪权的可能性，将定罪权牢牢掌握在人民手中。A项错误。

B项，我国的陪审员既负责定罪又负责量刑，除法律另有规定外，人民陪审员同法官有同等权利。而陪审团与法官存在职权分工，陪审团负责定罪，法官负责量刑。陪审团中的陪审员具有对被告人是否有罪进行实质裁决的权力。法官实际上没有对被告人定罪的权力，只能在陪审团确定被告人罪名成立后对其进行量刑。B项正确。

C项，我国的陪审员需要满足年满28周岁、品性正派等条件。而陪审团中的陪审员的条件在英美法系国家各有不同，多从年龄、经验、专业、生活背景等方面进行限制，不仅仅只要求有选民资格。C项错误。

D项，在我国，陪审员可以参加各级法院第一审刑事案件的审理，但具体个案审理中是否需要陪审员还需要考虑案件影响等诸多因素。在美国，90%以上的刑事案件是通过辩诉交易制度终结的，只有10%不到的案件进入正式审判程序，在进入正式审判程序的案件中也并非全都由陪审团审理。D项错误。

综上所述，本题答案为B。

4. 陪审员王某参加一起案件审判。被告辩护人当庭提出被告有正当防卫和自首情节，公诉人予以否定，提请合议庭不予采信，审判长没有就此进行调查。王某对审判长没有征询合议庭其他成员意见就决定不予调查，在评议时提出异议，但审判长不同意。对此，关于王某可以行使的权力，下列哪一选项是正确的？（2011－2－35，单）[2]

A. 要求合议庭将案件提请院长决定是否展开调查

B. 要求合议庭将案件提交审判委员会讨论决定

C. 提请院长决定是否提交审判委员会讨论决定

D. 要求合议庭提请院长决定是否提交审判委员会讨论决定

【解析】《人民陪审员法》第 23 条第 2 款规定："合议庭组成人员意见有重大分歧的，人民陪审员或者法官可以要求合议庭将案件提请院长决定是否提交审判委员会讨论决定。"可知，D 项正确，A、B、C 项错误。

综上所述，本题答案为 D。

第十五章 第一审程序

一、对公诉案件的庭前审查

1. 高某利用职务便利多次收受贿赂，还雇凶将举报他的下属王某打成重伤。关于本案庭前会议，下列哪些选项是正确的？（2015 - 2 - 72，多）[1]

A. 高某可就案件管辖提出异议

B. 王某提起附带民事诉讼的，可调解

C. 高某提出其口供系刑讯所得，法官可在审查讯问时同步录像的基础上决定是否排除口供

D. 庭前会议上出示过的证据，庭审时举证、质证可简化

【解析】 A项，根据《刑诉解释》第228条第1款第1项规定："庭前会议可以就下列事项向控辩双方了解情况，听取意见：（一）是否对案件管辖有异议；"可知，庭前会议中被告人高某有权就案件管辖提出异议，A项正确。

B项，根据《刑诉解释》第228条第2款规定："庭前会议中，人民法院可以开展附带民事调解。"可知，被害人王某提起附带民事诉讼的，可以在庭前会议中调解。B项正确。

C项，根据《刑诉解释》第228条第1款第4项规定："庭前会议可以就下列事项向控辩双方了解情况，听取意见：（四）是否申请排除非法证据；"根据《刑诉解释》第230条第3款规定："庭前会议准备就非法证据排除了解情况、听取意见，或者准备询问控辩双方对证据材料的意见的，应当通知被告人到场。有多名被告人的案件，可以根据情况确定参加庭前会议的被告人。"可知，庭前会议中，法官可以对是否申请排除非法证据这一程序性事项进行处理，但不能对非法证据本身进行实质性审查，也不决定是否将非法证据排除。C项错误。

D项，根据《刑诉解释》第229条规定："庭前会议中，审判人员可以询问控辩双方对证据材料有无异议，对有异议的证据，应当在庭审时重点调查；无异议的，庭审时举证、质证可以简化。"可知，在庭前会议中出示过的证据，只有控辩双方均无异议的，庭审时举证、质证才可以简化。D项错误。

综上所述，本题答案为 A、B。

2. 法院对检察院提起公诉的案件进行庭前审查，下列哪些做法是正确的？（2010 - 2 - 71，多）[2]

A. 发现被告人张某在起诉前已从看守所脱逃的，退回检察院

B. 法院裁定准许撤诉的抢劫案，检察院因被害人范某不断上访重新起诉的，不予受理

---

[1] AB [2] AC

C. 起诉时提供的一名外地证人石某没有列明住址和通讯处的，通知检察院补送

D. 某被告人被抓获后始终一言不发，也没有任何有关姓名、年龄、住址、单位等方面的信息或线索的，不予受理

【解析】 当年司法部答案为A、B、C，根据现行法律应当选A、C。

A项，根据《刑诉解释》第219条第1款第3项规定："人民法院对提起公诉的案件审查后，应当按照下列情形分别处理：（三）被告人不在案的，应当退回人民检察院；但是，对人民检察院按照缺席审判程序提起公诉的，应当依照本解释第二十四章的规定作出处理；"张某在起诉前已从看守所脱逃，符合上述情形，法院应当将本案退回检察院。A项正确。

B项，根据《刑诉解释》第219条第1款第6项规定："人民法院对提起公诉的案件审查后，应当按照下列情形分别处理：（六）依照本解释第二百九十六条规定裁定准许撤诉的案件，没有新的影响定罪量刑的事实、证据，重新起诉的，应当退回人民检察院；"检察院没有新的事实和证据，仅因被害人不断上诉而重新起诉，符合上述情形，法院应当将本案退回检察院。B项错误。

C项，根据《刑诉解释》第219条第1款第4项规定："人民法院对提起公诉的案件审查后，应当按照下列情形分别处理：（四）不符合前条第二项至第九项规定之一，需要补充材料的，应当通知人民检察院在三日以内补送；"证人没有列明个人信息符合上述情形，法院应当通知人民检察院在3日内补送。C项正确。

D项：根据《刑诉解释》第219条第1款第7项规定："人民法院对提起公诉的案件审查后，应当按照下列情形分别处理：（七）被告人真实身份不明，但符合刑事诉讼法第一百六十条第二款规定的，应当依法受理。"缺乏证明被告人真实身份的信息的，符合上述规定，人民法院应当予以受理。D项错误。

综上所述，本题答案为A、C。

二、开庭前的准备

1. 某国有银行涉嫌违法发放贷款造成重大损失，该行行长因系直接负责的主管人员也被追究刑事责任，信贷科科长齐某因较为熟悉银行贷款业务被确定为单位的诉讼代表人。关于本案审理程序，下列哪一选项是正确的？（2015－2－37，单）[1]

A. 如该案在开庭审理前召开庭前会议，应通知齐某参加

B. 齐某无正当理由拒不出庭的，可拘传其到庭

C. 齐某可当庭拒绝银行委托的辩护律师为该行辩护

D. 齐某没有最后陈述的权利

【解析】 A项，根据《刑诉解释》第230条第3款规定："庭前会议准备就非法证据排除了解情况、听取意见，或者准备询问控辩双方对证据材料的意见的，应当通知被告人到场。有多名被告人的案件，可以根据情况确定参加庭前会议的被告人。"可知，一般情况下法院"可以"通知被告人参加庭前会议，只有在需要处理特定事项时才"应当"通知被告人到场。本案不符合上述情形，法院并不必须通知齐某参加庭前会议。A项错误。

B项，根据《刑诉解释》第337条第2款第1项规定："诉讼代表人系被告单位的法定代表人、实际控制人或者主要负责人，无正当理由拒不出庭的，可以拘传其到庭；……"本案

---

〔1〕 C

中，齐某并非"被告单位的法定代表人、实际控制人或者主要负责人"，因此，不得拘传齐某。B项错误。

C项，根据《刑诉解释》第311条第2款规定："被告人当庭拒绝辩护人辩护，要求另行委托辩护人或者指派律师的，合议庭应当准许。……"齐某作为单位被告人，有权当庭拒绝银行委托的辩护律师为其行辩护，C项正确。

D项，最后陈述是被告人的一项不可剥夺的基本诉讼权利，齐某作为单位被告人有权进行最后陈述。D项错误。

综上所述，本题答案为C。

2. 关于庭前会议，下列哪些选项是正确的？（2014－2－71，多）[1]

A. 被告人有参加庭前会议的权利

B. 被害人提起附带民事诉讼的，审判人员可在庭前会议中进行调解

C. 辩护人申请排除非法证据的，可在庭前会议中就是否排除作出决定

D. 控辩双方可在庭前会议中就出庭作证的证人名单进行讨论

【解析】A项，根据《刑诉解释》第230条第3款规定："庭前会议准备就非法证据排除了解情况、听取意见，或者准备询问控辩双方对证据材料的意见的，应当通知被告人到场。有多名被告人的案件，可以根据情况确定参加庭前会议的被告人。"可知，参加庭前会议并非被告人的权利，只有特定情况下才应当通知被告人参加庭前会议。A项错误。

B项，根据《刑诉解释》第228条第2款规定："庭前会议中，人民法院可以开展附带民事调解。"可知，B项正确。

C项，根据《刑诉解释》第228条第1款第4项规定："庭前会议可以就下列事项向控辩双方了解情况，听取意见：（四）是否申请排除非法证据；"可知，召开庭前会议时，审判人员只能就是否申请排除非法证据这一程序性事项向控辩双方了解情况，听取意见，但不能对非法证据进行实体处理。C项错误。

D项，根据《刑诉解释》第228条第1款第8项规定："庭前会议可以就下列事项向控辩双方了解情况，听取意见：（八）是否申请证人、鉴定人、有专门知识的人、调查人员、侦查人员或者其他人员出庭，是否对出庭人员名单有异议；"可知，D项正确。

综上所述，本题答案为B、D。

三、法庭审判

1. 关于刑事诉讼中的证人出庭作证，下列说法正确的是？（2021仿真题）[2]

A. 丁某对法院因其拒不出庭作证的拘留处罚决定提出复议，拘留处罚暂缓执行

B. 法院认为证人刘某有篡改证言的可能性，将强制出庭令交公安机关执行

C. 江某因身处国外短期无法回国而通过视频作证

D. 被害人的配偶某某经法院通知无正当理由拒不出庭作证，法院强制其到庭作证

【解析】A项：根据《刑事诉讼法》第193条第2款规定："证人没有正当理由拒绝出庭或者出庭后拒绝作证的，予以训诫，情节严重的，经院长批准，处以十日以下的拘留。被处罚人对拘留决定不服的，可以向上一级人民法院申请复议。复议期间不停止执行。"可知，丁某对拘留处罚决定提出复议的，复议期间不停止执行该拘留决定。因此，A项错误。

---

〔1〕 BD　〔2〕 CD

B项：根据《刑诉解释》第255条规定："强制证人出庭的，应当由院长签发强制证人出庭令，由法警执行。必要时，可以商请公安机关协助。"可知，强制证人出庭一般由法警执行，只有在必要时才商请公安机关协助。因此，B项错误。

C项：根据《刑诉解释》第253条第1款第3项、第2款规定："证人具有下列情形之一，无法出庭作证的，人民法院可以准许其不出庭：……（三）身处国外短期无法回国的；……具有前款规定情形的，可以通过视频等方式作证。"可知，江某属于上述情形，可以通过视频方式作证。因此，C项正确。

D项：根据《刑事诉讼法》第193条第1款的规定："经人民法院通知，证人没有正当理由不出庭作证的，人民法院可以强制其到庭，但是被告人的配偶、父母、子女除外。"可知，被害人的配偶不属于上述除外情形，可以强制其出庭作证。因此，D项正确。

综上所述，本题答案为C、D。

2. 张三因故意伤害罪被检察院提起公诉，后张三觉得侦查人员收集证据的程序不合法便向法院申请排除非法证据，合议庭因此召开了庭前会议，其后法院对此案开庭审理，法庭审理包括了下列环节：①公诉人对被告人张三进行讯问；②辩方证人李四出庭作证；③公诉人宣读起诉书；④张三对控方出示的作案工具匕首进行辨认；⑤法庭宣布庭前会议对证据收集合法性的审查情况。关于以上庭审环节的先后顺序，排列正确的是哪一项？（2019仿真题）[1]

A. ③①⑤②④　　　　　　　　　　　　B. ③⑤①②④

C. ⑤③①②④　　　　　　　　　　　　D. ③⑤①④②

【解析】A、C项，根据《人民法院办理刑事案件庭前会议规程（试行）》第24条规定："对于召开庭前会议的案件，在宣读起诉书后，法庭应当宣布庭前会议报告的主要内容；……"根据《人民法院办理刑事案件排除非法证据规程（试行）》第19条规定："法庭决定对证据收集的合法性进行调查的，一般按照以下步骤进行：（一）召开庭前会议的案件，法庭应当在宣读起诉书后，宣布庭前会议中对证据收集合法性的审查情况，以及控辩双方的争议焦点；……"据此，可以判断③应当先于⑤。A、C项错误。

B、D项，《刑诉解释》第9章第3节"宣布开庭与法庭调查"规定了开庭和法庭调查的流程：第242条第1款："在审判长主持下，公诉人可以就起诉书指控的犯罪事实讯问被告人。"第246条第2款："在控诉方举证后，被告人及其法定代理人、辩护人可以提请法庭通知证人、鉴定人、有专门知识的人、调查人员、侦查人员或者其他人员出庭，或者出示证据。"第267条："举证方当庭出示证据后，由对方发表质证意见。"上述三条分别对应题干中①②④的表述，可以推知庭审环节的正确顺序应为①②④。B项正确，D项错误。

综上所述，本题答案为B。

3. 张甲涉嫌在火车上扒窃被立案侦查并提起公诉，王乙和陈丙在案发时与张甲处于同一车厢，两人在侦查阶段作为目击证人提供了证人证言。关于本案的处理，下列哪一选项是正确的？（2019仿真题）[2]

A. 公安机关向法院提交的讯问笔录虽然没有经过被讯问人张甲核对签名确认，但是如果可以补正或作出合理解释，法院可以采纳作为定案依据

B. 辩护人柳丁向法院申请王乙出庭作证，法院告知柳丁应当说明其拟证明的案件事实

C. 在庭前会议中，控辩双方对于王乙的证言没有争议，在法庭调查阶段可以不再出示该证言

D. 在法庭审理中，陈丙无正当理由拒不出庭，法院以其在侦查阶段提供的证言作为定案依据，法院的做法不符合法律规定

【解析】A项，根据《刑诉解释》第94条第1项规定："被告人供述具有下列情形之一的，不得作为定案的根据：（一）讯问笔录没有经被告人核对确认的；"可知，对于未经张甲核对并签名的讯问笔录应当直接排除，不能在补正或合理解释后采纳。A项错误。

B项，根据《刑诉解释》第247条："控辩双方申请证人出庭作证，出示证据，应当说明证据的名称、来源和拟证明的事实。……"可知，B项正确。

C项，根据《刑诉解释》第229条规定："庭前会议中，审判人员可以询问控辩双方对证据材料有无异议，对有异议的证据，应当在庭审时重点调查；无异议的，庭审时举证、质证可以简化。"可知，尽管控辩双方对王乙的证言没有争议，但仍应当在庭审中出示和质证，只不过可以简化举证质证过程。C项错误。

D项，根据《刑事诉讼法》第192条第1款规定："公诉人、当事人或者辩护人、诉讼代理人对证人证言有异议，且该证人证言对案件定罪量刑有重大影响，人民法院认为证人有必要出庭作证的，证人应当出庭作证。"可知，我国刑诉法虽然规定了证人应当出庭的情形，但并未在法律后果上规定未出庭证人的证言不可用作定案依据。此外，《刑事诉讼法》第61条规定："证人证言必须在法庭上经过公诉人、被害人和被告人、辩护人双方质证并且查实以后，才能作为定案的根据。……"可知，陈丙虽然未出庭，但其证言若经过质证和查实，仍然可用作定案依据，法院的做法符合法律规定。D项错误。

综上所述，本题答案为B。

4. 《关于推进以审判为中心的刑事诉讼制度改革的意见》第13条要求完善法庭辩论规则，确保控辩意见发表在法庭。法庭应当充分听取控辩双方意见，依法保障被告人及其辩护人的辩论辩护权。关于这一规定的理解，下列哪些选项是正确的？（2017-2-74，多）[1]

A. 符合我国刑事审判模式逐步弱化职权主义色彩的发展方向

B. 确保控辩意见发表在法庭，核心在于保障被告人和辩护人能充分发表意见

C. 体现了刑事审判的公开性

D. 被告人认罪的案件的法庭辩论，主要围绕量刑进行

【解析】A、D项，实现以司法审判标准为中心，对被告人认罪的案件的法庭辩论，主要围绕量刑进行，充分发挥审判尤其是庭审在查明事实、认定证据、保护诉权、公正裁判中的作用，最终实现司法公正，符合我国刑事审判模式逐步弱化职权主义色彩的发展方向。这对于完善我国司法制度，切实维护司法公正，防止冤假错案，让人民群众在每一起司法案件中都感受到公平正义都具有重要意义。A、D项正确。

B项，刑事审判的举证、质证是法庭调查的核心，核心在于保障被告人和辩护人能充分发表意见。在庭审过程中充分质证，对于查清案件事实具有重要作用，是推进以审判为中心的诉讼制度改革的关键措施。B项正确。

C项，"推进以审判为中心的刑事诉讼制度改革"，是贯彻落实党的十八届四中全会决定、

---

[1] ABD

全面依法治国的重要举措。这项改革的实质是要改变在刑事诉讼中长期存在的以侦查为中心、以笔录卷宗为中心的刑事诉讼制度，强化辩护律师在法庭调查中的质证权。刑事审判的公开性与这项改革的要义无关，C 项错误。

综上所述，本题答案为 A、B、D。

5. 甲、乙二人系药材公司仓库保管员，涉嫌 5 次共同盗窃其保管的名贵药材，涉案金额 40 余万元。一审开庭审理时，药材公司法定代表人丙参加庭审。经审理，法院认定了其中 4 起盗窃事实，另 1 起因证据不足未予认定，甲和乙以职务侵占罪分别被判处有期徒刑 3 年和 1 年。关于丙参与法庭审理，下列选项正确的是：(2017 - 2 - 93，任)[1]

A. 丙可委托诉讼代理人参加法庭审理

B. 公诉人讯问甲和乙后，丙可就犯罪事实向甲、乙发问

C. 丙可代表药材公司在附带民事诉讼中要求甲和乙赔偿被窃的药材损失

D. 丙反对适用简易程序的，应转为普通程序审理

【解析】A 项，单位诉讼代表人有权代表单位委托诉讼代理人。A 项正确。

B 项，单位诉讼代表人有权就犯罪事实向被告人甲、乙发问。B 项正确。

C 项，根据《刑诉解释》第 176 条规定："被告人非法占有、处置被害人财产的，应当依法予以追缴或者责令退赔。被害人提起附带民事诉讼的，法院不予受理。……"甲和乙非法占有、处置单位被害人药材公司的财产，应当通过追缴或责令退赔而非附带民事诉讼处理。C 项错误。

D 项，根据《刑事诉讼法》第 214 条规定："基层法院管辖的案件，同时符合下列条件的，人民法院可以适用简易程序审判：（一）案件事实清楚、证据充分的；（二）被告人承认自己所犯罪行，对指控的犯罪事实没有异议的；（三）被告人对适用简易程序没有异议的。人民检察院在提起公诉的时候，可以建议人民法院适用简易程序。"可知，被害人是否同意不是适用简易程序的条件之一，本案适用简易程序无需征求被害公司诉讼代表人丙的同意。D 项错误。

综上所述，本题答案为 A、B。

6. 王某系聋哑人，因涉嫌盗窃罪被提起公诉。关于本案，下列哪一选项是正确的？(2016 - 2 - 28，单)[2]

A. 讯问王某时，如有必要可通知通晓聋哑手势的人参加

B. 王某没有委托辩护人，应通知法律援助机构指派律师为其提供辩护

C. 辩护人经通知未到庭，经王某同意，法院决定开庭审理

D. 因事实清楚且王某认罪，实行独任审判

【解析】A 项，根据《公安部规定》第 204 条第 1 款规定："讯问聋、哑的犯罪嫌疑人，应当有通晓聋、哑手势的人参加，并在讯问笔录上注明犯罪嫌疑人的聋、哑情况，以及翻译人员的姓名、工作单位和职业。"可知，讯问聋哑人王某时必须通知通晓聋、哑手势的人参加。A 项错误。

B 项，根据《刑事诉讼法》第 35 条第 2 款规定："犯罪嫌疑人、被告人是盲、聋、哑人，或者是尚未完全丧失辨认或者控制自己行为能力的精神病人，没有委托辩护人的，人民法院、人民检察院和公安机关应当通知法律援助机构指派律师为其提供辩护。"可知，B 项正确。

_____

[1] AB [2] B

C 项，根据《刑事诉讼法》第 35 条第 2 款规定："犯罪嫌疑人、被告人是盲、聋、哑人，或者是尚未完全丧失辨认或者控制自己行为能力的精神病人，没有委托辩护人的，人民法院、人民检察院和公安机关应当通知法律援助机构指派律师为其提供辩护。"可知聋哑人王某属于应当提供法律援助的情形。根据《刑诉解释》第 225 条第 2 款规定："辩护人经通知未到庭，被告人同意的，人民法院可以开庭审理，但被告人属于应当提供法律援助情形的除外。"可知，法院不得在王某没有辩护人的情况下开庭。C 项错误。

D 项，根据《刑事诉讼法》第 215 条第 1 项规定："具有下列情形之一的，不适用简易程序：（一）被告人是盲、聋、哑人，或者是尚未完全丧失辨认或者控制自己行为能力的精神病人的；"第 223 条第 1 项规定："有下列情形之一的，不适用速裁程序：（一）被告人是盲、聋、哑人，或者是尚未完全丧失辨认或者控制自己行为能力的精神病人的；"可知，本案符合上述情形，不适用简易程序或速裁程序。根据《刑事诉讼法》第 183 条第 1 款规定："基层人民法院、中级人民法院审判第一审案件，应当由审判员三人或者由审判员和人民陪审员共三人或者七人组成合议庭进行，但是基层人民法院适用简易程序、速裁程序的案件可以由审判员一人独任审判。"可知，只有简易程序、速裁程序才可能由审判员一人独任审理，由于本案不能适用简易程序或速裁程序，因此不得独任审判。D 项错误。

综上所述，本题答案为 B。

7. 甲女与乙男在某社交软件互加好友，手机网络聊天过程中，甲女多次向乙男发送暧昧言语和色情图片，表示可以提供有偿性服务。二人于酒店内见面后因价钱谈不拢而争吵，乙男强行将甲女留在房间内，并采用胁迫手段与其发生性关系。后甲女向公安机关报案，乙男则辩称双方系自愿发生性关系。请回答第 95 ~ 96 题。

（1）乙男提供了二人之前的网络聊天记录。关于这一网络聊天记录，下列选项正确的是：（2016 - 2 - 95，任）[1]

A. 属电子数据的一种

B. 必须随原始的聊天时使用的手机移送才能作为定案的依据

C. 只有经甲女核实认可后才能作为定案的依据

D. 因不具有关联性而不得作为本案定罪量刑的依据

【解析】 A 项，电子数据是案件发生过程中形成的，以数字化形式存储、处理、传输的，能够证明案件事实的数据。一般认为，电子数据包括但不限于下列信息、电子文件：①网页、博客、微博客、朋友圈、贴吧、网盘等网络平台发布的信息；②手机短信、电子邮件、即时通信、通讯群组等网络应用服务的通信信息；③用户注册信息、身份认证信息、电子交易记录、通信记录、登录日志等信息；④文档、图片、音视频、数字证书、计算机程序等电子文件。可知，本题中的网络聊天记录应当属于电子数据。A 项正确。

B 项，《关于办理网络犯罪案件适用刑事诉讼程序若干问题的意见》第 15 条规定："具有下列情形之一，无法获取原始存储介质的，可以提取电子数据，但应当在笔录中注明不能获取原始存储介质的原因、原始存储介质的存放地点等情况，并由侦查人员、电子数据持有人、提供人签名或者盖章；持有人、提供人无法签名或者拒绝签名的，应当在笔录中注明，由见证人签名或者盖章；有条件的，侦查人员应当对相关活动进行录像：（1）原始存储介质不便封存

_____

[1] A

的；（2）提取计算机内存存储的数据、网络传输的数据等不是存储在存储介质上的电子数据的；（3）原始存储介质位于境外的；（4）其他无法获取原始存储介质的情形。"可知，特殊情况下原始存储介质可以不随案移送。B项错误。

C项，根据《刑事诉讼法》第50条第3款规定："证据必须经过查证属实，才能作为定案的根据。"但是，查证证据有多种方法，并不一定必须经过被害人核实。C项错误。

D项，网络聊天记录可以证明犯罪行为发生的起因，与犯罪具有关联性，D项错误。

综上所述，本题答案为A。

（2）本案后起诉至法院，关于本案审理程序，下列选项正确的是：（2016 - 2 - 96，任）[1]

A. 应当不公开审理

B. 甲女因出庭作证而支出的交通、住宿的费用，法院应给予补助

C. 甲女可向法院提起附带民事诉讼要求乙男赔偿因受侵害而支出的医疗费

D. 公诉人讯问乙男后，甲女可就强奸的犯罪事实向乙男发问

【解析】A项，根据《刑事诉讼法》第188条第1款规定："人民法院审判第一审案件应当公开进行。但是有关国家秘密或者个人隐私的案件，不公开审理；涉及商业秘密的案件，当事人申请不公开审理的，可以不公开审理。"本案被告人涉及强奸犯罪，涉及被害人个人隐私，应当不公开审理。A项正确。

B项，根据《刑事诉讼法》第65条第1款规定："证人因履行作证义务而支出的交通、住宿、就餐等费用，应当给予补助。证人作证的补助列入司法机关业务经费，由同级政府财政予以保障。"本案中，甲女是被害人而不是证人，不能获得法院补助。B项错误。

C项，根据《刑事诉讼法》第101条第1款规定："被害人由于被告人的犯罪行为而遭受物质损失的，在刑事诉讼过程中，有权提起附带民事诉讼。……"可知，C项正确。

D项，根据《刑诉解释》第242条第1、2款规定："在审判长主持下，公诉人可以就起诉书指控的犯罪事实讯问被告人。经审判长准许，被害人及其法定代理人、诉讼代理人可以就公诉人讯问的犯罪事实补充发问；……"可知，公诉人讯问乙男后，甲女可就强奸的犯罪事实向乙男发问，但需要事先经过审判长许可。D项正确。

综上所述，本题答案为A、C、D。

8. 迅辉制药股份公司主要生产健骨消痛丸，公司法定代表人陆某指令保管员韩某采用不登记入库、销售人员打白条领取产品的方法销售，逃避缴税65万元。迅辉公司及陆某以逃税罪被起诉到法院。请回答第92~94题。

（1）可以作为迅辉公司单位犯罪的诉讼代表人的是：（2013 - 2 - 92，任）[2]

A. 公司法定代表人陆某　　　　　B. 被单位委托的职工王某

C. 保管员韩某　　　　　　　　　D. 公司副经理李某

【解析】根据《刑诉解释》第336条第1款规定："被告单位的诉讼代表人，应当是法定代表人、实际控制人或者主要负责人；法定代表人、实际控制人或者主要负责人被指控为单位犯罪直接责任人员或者因客观原因无法出庭的，应当由被告单位委托其他负责人或者职工作为诉讼代表人。但是，有关人员被指控为单位犯罪直接责任人员或者知道案件情况、负有作证义

务的除外。"

A 项，陆某被指控为单位犯罪的直接责任人员，不能作为被告单位的诉讼代表人。A 项错误。

B 项，当陆某不能作为被告单位的诉讼代表人时，被告单位可以委托职工王某为诉讼代表人。B 项正确。

C 项，保管员韩某知道本案情况，负有作证义务，不能作为被告单位的诉讼代表人。C 项错误。

D 项，在陆某不能作为被告单位的诉讼代表人时，其他负责人李某要成为单位的诉讼代表人必须接受单位的委托。D 项错误。

综上所述，本题答案为 B。

（2）对迅辉公司财产的处置，下列选项正确的是：（2013 - 2 - 93，任）[1]

A. 涉及违法所得及其孳息，尚未被追缴的，法院应当追缴

B. 涉及违法所得及其孳息，尚未被查封、扣押、冻结的，法院应当查封、扣押、冻结

C. 为了保证判决的执行，对迅辉公司财产，法院应当先行查封、扣押、冻结

D. 如果迅辉公司能够提供担保，对其财产也可以不采取查封、扣押、冻结

【解析】A、B 项，根据《刑诉解释》第 341 条规定："被告单位的违法所得及其他涉案财物，尚未被依法追缴或者查封、扣押、冻结的，人民法院应当决定追缴或者查封、扣押、冻结。"可知，A、B 项正确。

C、D 项，根据《刑诉解释》第 342 条规定："为保证判决的执行，人民法院可以先行查封、扣押、冻结被告单位的财产，或者由被告单位提出担保。"可知，对迅辉公司财产，法院"可以"先行查封、扣押、冻结而不是"应当"。查封、扣押、冻结迅辉公司财产与迅辉公司提供担保之间为"或者"关系，如果迅辉公司能够提供担保，则判决执行有所保障，对其财产可以不查封、扣押、冻结。C 项错误，D 项正确。

综上所述，本题答案为 A、B、D。

（3）如迅辉公司在案件审理期间发生下列变故，法院的做法正确的是：（2013 - 2 - 94，任）[2]

A. 公司被撤销，不能免除单位和单位主管人员的刑事责任

B. 公司被注销，对单位不再追诉，对主管人员继续审理

C. 公司被合并，仍应将迅辉公司列为被告单位，并以其在新单位的财产范围承担责任

D. 公司被分立，应将分立后的单位列为被告单位，并以迅辉公司在新单位的财产范围承担责任

【解析】A、B 项，根据《刑诉解释》第 344 条规定："审判期间，被告单位被吊销营业执照、宣告破产但尚未完成清算、注销登记的，应当继续审理；被告单位被撤销、注销的，对单位犯罪直接负责的主管人员和其他直接责任人员应当继续审理。"可知，A 项错误、B 项正确。

C、D 项，根据《刑诉解释》第 345 条规定："审判期间，被告单位合并、分立的，应当将原单位列为被告单位，并注明合并、分立情况。对被告单位所判处的罚金以其在新单位的财产及收益为限。"可知，公司被合并或者分立的，仍应将原单位迅辉公司列为被告单位，但应

---

[1] ABD 〔2〕 BC

以其在新单位的财产范围承担责任。C项正确、D项错误。

综上所述，本题答案为B、C。

9. 审理一起团伙犯罪案时，因涉及多个罪名和多名被告人、被害人，审判长为保障庭审秩序，提高效率，在法庭调查前告知控辩双方注意事项。下列哪些做法是错误的？（2012 - 2 - 69，多）[1]

A. 公诉人和被告人仅就刑事部分进行辩论，被害人和被告人仅就附带民事部分进行辩论

B. 控辩双方仅在法庭辩论环节就证据的合法性、相关性问题进行辩论

C. 控辩双方可就证据问题、事实问题、程序问题以及法律适用问题进行辩论

D. 为保证控方和每名辩护人都有发言时间，控方和辩方发表辩论意见时间不超过30分钟

【解析】A项，当检察机关代表公共利益对附带民事诉讼被告人提起附带民事诉讼时，也可以就附带民事诉讼部分进行辩论。对附带民事诉讼部分进行辩论的通常是附带民事诉讼的原告和附带民事诉讼被告。A项错误。

B项，控辩双方的辩论不仅存在于法庭辩论环节，也可见于法庭调查阶段。B项错误。

C项，控辩双方辩论的范围没有严格限制，可以包含事实、证据、法律、程序等多个方面，C项正确。

D项，没有法律根据。D项错误。

综上所述，本题答案为A、B、D。

10. 关于证人出庭作证，下列哪些说法是正确的？（2012 - 2 - 72，多）[2]

A. 需要出庭作证的警察就其执行职务时目击的犯罪情况出庭作证，适用证人作证的规定

B. 警察就其非执行职务时目击的犯罪情况出庭作证，不适用证人作证的规定

C. 对了解案件情况的人，确有必要时，可以强制到庭作证

D. 证人没有正当理由拒绝出庭作证的，只有情节严重，才可以处以拘留，且拘留不可以超过10日

【解析】A、B项，根据《刑事诉讼法》第192条第1、2款规定："公诉人、当事人或者辩护人、诉讼代理人对证人证言有异议，且该证人证言对案件定罪量刑有重大影响，人民法院认为证人有必要出庭作证的，证人应当出庭作证。人民警察就其执行职务时目击的犯罪情况作为证人出庭作证，适用前款规定。"可知，警察就其执行职务时目击的犯罪情况出庭作证，适用证人作证的规定，A项正确。

B项，此时警察为普通证人，应当适用证人作证的规定。B项错误。

C项，根据《刑事诉讼法》第193条第1款规定："经人民法院通知，证人没有正当理由不出庭作证的，人民法院可以强制其到庭，但是被告人的配偶、父母、子女除外。"可知，人民法院强制证人到庭需要满足一定条件，C项错误。

D项，根据《刑事诉讼法》第193条第2款规定："证人没有正当理由拒绝出庭或者出庭后拒绝作证的，予以训诫，情节严重的，经院长批准，处以十日以下的拘留。被处罚人对拘留决定不服的，可以向上一级人民法院申请复议。复议期间不停止执行。"可知，D项正确。

综上所述，本题答案为A、D。

---

[1] ABD [2] AD

11. 关于量刑程序，下列哪些说法是正确的？（2011 - 2 - 70，多）[1]

A. 检察院可以在公诉意见书中提出量刑建议

B. 合议庭在评议前应向到庭旁听的人发放调查问卷了解他们对量刑的意见

C. 简易程序审理的案件，被告人自愿承认指控的犯罪事实和罪名且知悉认罪法律后果的，法庭审理可以直接围绕量刑问题进行

D. 辩护人无权委托有关方面制作涉及未成年人的社会调查报告

【解析】A 项，根据《最高检规则》第 364 条第 2 款规定："提出量刑建议的，可以制作量刑建议书，与起诉书一并移送人民法院。……"根据《最高检规则》第 418 条第 1 款规定："人民检察院向人民法院提出量刑建议的，公诉人应当在发表公诉意见时提出。"可知，对提起公诉的案件需要提出量刑建议的，一般应当制作专门的量刑建议书。未制作专门的量刑建议书的，可以在公诉意见中载明量刑建议。A 项正确。

B 项，没有法律根据，错误。

C 项，根据《关于规范量刑程序若干问题的意见》第 13 条第 1 款规定："适用简易程序审理的案件，在确认被告人对起诉书指控的犯罪事实和罪名没有异议，自愿认罪且知悉认罪的法律后果后，法庭审理可以直接围绕量刑进行，不再区分法庭调查、法庭辩论，但在判决宣告前应当听取被告人的最后陈述意见。"可知，C 项正确。

D 项，根据《关于规范量刑程序若干问题的意见》第 18 条规定："人民法院、人民检察院、侦查机关或者辩护人委托有关方面制作涉及未成年人的社会调查报告的，调查报告应当在法庭上宣读，并进行质证。"可知，辩护人有权委托制作涉及未成年人的社会调查报告，D 项错误。

综上所述，本题答案为 A、C。

四、一审中特殊问题的处理

1. 法院在审理胡某持有毒品案时发现，胡某不仅持有毒品数量较大，而且向他人出售毒品，构成贩卖毒品罪。关于本案，下列哪一选项是正确的？（2016 - 2 - 36，单）[2]

A. 如胡某承认出售毒品，法院可直接改判

B. 法院可在听取控辩双方意见基础上直接改判

C. 法院可建议检察院补充或者变更起诉

D. 法院可建议检察院退回补充侦查

【解析】当年司法部答案为 C，但根据现行法律规定，本题无答案。

根据 2021 年修订的《刑诉解释》第 297 条规定："审判期间，人民法院发现新的事实，可能影响定罪量刑的，或者需要补查补证的，应当通知人民检察院，由其决定是否补充、变更、追加起诉或者补充侦查。人民检察院不同意或者在指定时间内未回复书面意见的，人民法院应当就起诉指控的事实，依照本解释第二百九十五条的规定作出判决、裁定。"可知，本案中，胡某涉嫌贩卖毒品，属于检察院起诉范围之外的新的犯罪事实，人民法院的正确做法是通知人民检察院，由其决定是否补充、变更、追加起诉或者补充侦查。

综上，因《刑诉解释》修改，本题无答案。

---

[1] AC [2] 无答案

2. 关于我国刑事诉讼中起诉与审判的关系，下列哪一选项是正确的？（2015 - 2 - 36，单）[1]

A. 自诉人提起自诉后，在法院宣判前，可随时撤回自诉，法院应准许

B. 法院只能就起诉的罪名是否成立作出裁判

C. 在法庭审理过程中，法院可建议检察院补充、变更起诉

D. 对检察院提起公诉的案件，法院判决无罪后，检察院不能再次起诉

【解析】当年司法部答案为 C，但根据现行法律规定，本题无答案。

A 项，根据《刑诉解释》第 329 条规定："判决宣告前，自诉案件的当事人可以自行和解，自诉人可以撤回自诉。人民法院经审查，认为和解、撤回自诉确属自愿的，应当裁定准许；认为系被强迫、威吓等，并非出于自愿的，不予准许。"可知，法院应当对自诉人撤回自诉的自愿性进行审查，不能直接准许。A 项错误。

B 项，根据《刑诉解释》第 352 条规定："对认罪认罚案件，人民检察院起诉指控的事实清楚，但指控的罪名与审理认定的罪名不一致的，人民法院应当听取人民检察院、被告人及其辩护人对审理认定罪名的意见，依法作出判决。"可知，指控的罪名与审理认定的罪名不一致的，法院应当在充分听取控辩双方意见的基础上依法判决，并非只能就起诉罪名作出裁判。B 项错误。

C 项，根据 2013 年的《刑诉解释》第 243 条规定："审判期间，人民法院发现新的事实，可能影响定罪的，可以建议人民检察院补充或者变更起诉；……"第 283 条规定了："对应当认定为单位犯罪的案件，人民检察院只作为自然人犯罪起诉的，人民法院应当建议人民检察院对犯罪单位补充起诉。……"据此，原答案为 C。但是 2021 年修订后的《刑诉解释》第 297 条规定："审判期间，人民法院发现新的事实，可能影响定罪量刑的，或者需要补查补证的，应当通知人民检察院，由其决定是否补充、变更、追加起诉或者补充侦查。人民检察院不同意或者在指定时间内未回复书面意见的，人民法院应当就起诉指控的事实，依照本解释第二百九十五条的规定作出判决、裁定。"第 340 条规定："对应当认定为单位犯罪的案件，人民检察院只作为自然人犯罪起诉的，人民法院应当建议人民检察院对犯罪单位追加起诉。……"因司法解释修改，C 项错误。

D 项，根据《刑诉解释》第 219 条第 1 款第 5 项规定："人民法院对提起公诉的案件审查后，应当按照下列情形分别处理：（五）依照刑事诉讼法第二百条第三项规定宣告被告人无罪后，人民检察院根据新的事实、证据重新起诉的，应当依法受理；"可知，因证据不足宣告被告人无罪后，人民检察院如果根据新的事实、证据重新起诉，人民法院应当受理。D 项错误。

综上所述，因《刑诉解释》修改，本题无答案。

3. 法院审理郑某涉嫌滥用职权犯罪案件，在宣告判决前，检察院发现郑某和张某接受秦某巨款，涉嫌贿赂犯罪。对于新发现犯罪嫌疑人和遗漏罪行的处理，下列哪些做法是正确的？（2013 - 2 - 66，多）[2]

A. 法院可以主动将张某、秦某追加为被告人一并审理

B. 检察院可以补充起诉郑某、张某和秦某的贿赂犯罪

C. 检察院可以将张某、秦某追加为被告人，要求法院一并审理

---

[1] 无答案 [2] BC

D. 检察院应当撤回起诉，将三名犯罪嫌疑人以两个罪名重新起诉

【解析】法院受制于不告不理原则，不可以主动将张某、秦某追加为被告人一并审理，A项错误。

《最高检规则》第423条规定："人民法院宣告判决前，人民检察院发现被告人的真实身份或者犯罪事实与起诉书中叙述的身份或者指控犯罪事实不符的，或者事实、证据没有变化，但罪名、适用法律与起诉书不一致的，可以变更起诉。发现遗漏同案犯罪嫌疑人或者罪行的，应当要求公安机关补充移送起诉或者补充侦查；对于犯罪事实清楚，证据确实、充分的，可以直接追加、补充起诉。"

本题中，检察院在判决宣告前发现郑某和张某涉嫌贿赂犯罪，属于发现遗漏的罪行、同案犯罪嫌疑人的情形，检察院可以追加、补充起诉。故B、C项正确，检察院无需撤回起诉，只需追加、补充起诉即可，D项错误。

综上所述，本题答案为B、C。

4. 法院在审理案件过程中发现被告人可能有立功情节，而起诉书和移送的证据材料中没有此种材料，下列哪一处理是正确的？（2012－2－41，单）[1]

A. 将全部案卷材料退回提起公诉的检察院

B. 建议提起公诉的检察院补充侦查

C. 建议公安机关补充侦查

D. 宣布休庭，进行庭外调查

【解析】当年司法部答案为B，但根据现行法律，本题无答案。

根据1998年《刑诉解释》第159条规定："合议庭在案件审理过程中，发现被告人可能有自首、立功等法定量刑情节，而起诉和移送的证据材料中没有这方面的证据材料的，应当建议人民检察院补充侦查。"可知，A、C、D项错误，B项正确。

但是，2021年《刑诉解释》对此作出了不同规定。根据现行《刑诉解释》第277条规定："审判期间，合议庭发现被告人可能有自首、坦白、立功等法定量刑情节，而人民检察院移送的案卷中没有相关证据材料的，应当通知人民检察院在指定时间内移送。审判期间，被告人提出新的立功线索的，人民法院可以建议人民检察院补充侦查。"本题中，法院自行发现检察院遗漏，而不是由被告人提出新的立功线索，因此，法院应当通知检察院在指定时间内移送，而不能建议提起公诉的检察院补充侦查。A、B、C、D项均错误。

综上所述，因《刑诉解释》修改，本题无答案。

5. 法院在审理一起抢夺案时，发现被告人朱某可能有自首情节，但起诉书和移送材料中没有相关证据材料。关于法院应当如何处理，下列哪一选项是正确的？（2010－2－33，单）[2]

A. 运用庭外调查权调查核实　　　　B. 建议检察院补充侦查

C. 裁定驳回起诉　　　　　　　　　D. 根据已有证据定罪量刑

【解析】当年司法部答案为B，但根据现行法律，本题无答案。

根据1998年《刑诉解释》第159条规定："合议庭在案件审理过程中，发现被告人可能有自首、立功等法定量刑情节，而起诉和移送的证据材料中没有这方面的证据材料的，应当建议

---

〔1〕　无答案　　〔2〕　无答案

人民检察院补充侦查。"可知，A、C、D 项错误，B 项正确。

但是，2021 年《刑诉解释》对此作出了不同规定。根据现行《刑诉解释》第 277 条规定："审判期间，合议庭发现被告人可能有自首、坦白、立功等法定量刑情节，而人民检察院移送的案卷中没有相关证据材料的，应当通知人民检察院在指定时间内移送。审判期间，被告人提出新的立功线索的，人民法院可以建议人民检察院补充侦查。"本题中，合议庭主动发现案卷存在遗漏，应当通知检察院移送，不能建议检察院补充侦查。A、B、C、D 项均错误，本题无答案。

综上所述，因《刑诉解释》修改，本题无答案。

五、审理中特殊情形的处理

1. 被告人刘某在案件审理期间死亡，法院作出终止审理的裁定。其亲属坚称刘某清白，要求法院作出无罪判决。对于本案的处理，下列哪些选项是正确的？（2013 - 2 - 74，多）[1]

A. 应当裁定终止审理

B. 根据已查明的案件事实和认定的证据，能够确认无罪的，应当判决宣告刘某无罪

C. 根据刘某亲属要求，应当撤销终止审理的裁定，改判无罪

D. 根据刘某亲属要求，应当以审判监督程序重新审理该案

【解析】A、B 项，根据《刑事诉讼法》第 297 条第 1 款规定："被告人死亡的，人民法院应当裁定终止审理，但有证据证明被告人无罪，人民法院经缺席审理确认无罪的，应当依法作出判决。"可知，A、B 项正确。

C、D 项，被告人亲属的申诉必须符合法定条件才能引起审判监督程序，法院不可能仅仅根据其亲属的申诉就直接改判或决定再审。C、D 项错误。

综上所述，本题答案为 A、B。

2. 下列哪一选项属于刑事诉讼中适用中止审理的情形？（2012 - 2 - 31，单）[2]

A. 由于申请回避而不能进行审判的

B. 需要重新鉴定的

C. 被告人患有严重疾病，长时间无法出庭的

D. 检察人员发现提起公诉的案件需要补充侦查，提出建议的

【解析】A、B、D 项，根据《刑事诉讼法》第 204 条规定："在法庭审判过程中，遇有下列情形之一，影响审判进行的，可以延期审理：（一）需要通知新的证人到庭，调取新的物证，重新鉴定或者勘验的；（二）检察人员发现提起公诉的案件需要补充侦查，提出建议的；（三）由于申请回避而不能进行审判的。"A、B、D 项分别属于上述第 3、第 1 和第 2 项情形，适用延期审理决定。A、B、D 项错误。

C 项，根据《刑事诉讼法》第 206 条第 1 款规定："在审判过程中，有下列情形之一，致使案件在较长时间内无法继续审理的，可以中止审理：（一）被告人患有严重疾病，无法出庭的；（二）被告人脱逃的；（三）自诉人患有严重疾病，无法出庭，未委托诉讼代理人出庭的；（四）由于不能抗拒的原因。"C 项属于上述第 1 项情形，适用中止审理裁定。C 项正确。

综上所述，本题答案为 C。

---

[1] AB [2] C

六、法庭秩序

1. 高某抢劫一案在甲市 A 县法院开庭审理，审理过程中蓝某的辩护律师林某存在扰乱法庭秩序的不当行为，被多次提醒、制止、警告后仍置之不理，审判长遂指令法警将其带出法庭，旁听人员谢某因强烈支持辩方而对法院的做法大为不满，一气之下殴打了法警，后被法院移送 A 县公安机关处理，关于本案扰乱法庭秩序行为的处理，下列哪些说法是正确的？（2019仿真题）[1]

A. 林某被带出法庭后，高某要求自行辩护的，庭审应当继续进行

B. 林某被带出法庭后，高某要求另行委托辩护人的，法院应当决定延期审理

C. 林某对 A 县法院将其强行带出法庭的做法不服，可以向甲市检察院申诉

D. 如果 A 县检察院以扰乱法庭秩序罪将谢某起诉至 A 县法院，A 县法院可以请求将案件移送甲市法院管辖

【解析】A、B 项，根据《刑诉解释》第 310 条第 1 款规定："辩护人严重扰乱法庭秩序，被责令退出法庭、强行带出法庭或者被处以罚款、拘留，被告人自行辩护的，庭审继续进行；被告人要求另行委托辩护人，或者被告人属于应当提供法律援助情形的，应当宣布休庭。"可知，辩护律师林某被带出法庭后，如果被告人高某要求自行辩护的，庭审应当继续进行，如果要求另行委托辩护人的，法院应当宣布休庭，而不是延期审理。A 正确、B 项错误。

C 项，根据《六机关规定》第 10 条规定："刑事诉讼法第四十七条规定：'辩护人、诉讼代理人认为公安机关、人民检察院、人民法院及其工作人员阻碍其依法行使诉讼权利的，有权向同级或者上一级人民检察院申诉或者控告。……'"可知，林某可以向 A 县法院的上一级检察院也即甲市检察院申诉。C 项正确。

D 项，根据《刑诉解释》第 17 条第 2 款规定："基层人民法院对下列第一审刑事案件，可以请求移送中级人民法院审判：（一）重大、复杂案件；（二）新类型的疑难案件；（三）在法律适用上具有普遍指导意义的案件。"第 18 条规定："有管辖权的人民法院因案件涉及本院院长需要回避或者其他原因，不宜行使管辖权的，可以请求移送上一级人民法院管辖。……"可知，谢某扰乱法庭秩序不属于上述案件类型，A 县法院不能请求移送甲市法院。D 项错误。

综上所述，本题答案为 A、C。

2. 关于对法庭审理中违反法庭秩序的人员可采取的措施，下列哪些选项是正确的？（2012 - 2 - 70，多）[2]

A. 警告制止   B. 强行带出法庭

C. 只能在 1000 元以下处以罚款   D. 只能在 10 日以下处以拘留

【解析】A、B、C 项，根据《刑事诉讼法》第 199 条第 1 款规定："在法庭审判过程中，如果诉讼参与人或者旁听人员违反法庭秩序，审判长应当警告制止。对不听制止的，可以强行带出法庭；情节严重的，处以一千元以下的罚款或者十五日以下的拘留。罚款、拘留必须经院长批准。被处罚人对罚款、拘留的决定不服的，可以向上一级人民法院申请复议。复议期间不停止执行。"可知，A、B、C 项正确。

D 项，根据上述规定，对违反法庭秩序的人最高可处 15 日以下拘留，而不是 10 日以下。应 D 项错误。

---

[1] AC   [2] ABC

综上所述，本题答案为 A、B、C。

七、自诉案件

1. 赵某和陈某共同在网上侮辱周某，对周某名誉造成较大损害。周某向法院提起了针对赵某一人的自诉。下列有关自诉的说法正确的是？（2021 仿真题）[1]

A. 若周某经法院两次传唤无正当理由拒不到庭，则视为撤诉

B. 若周某无法收集自己在网上被侮辱的证据，法院可以要求公安机关协助收集

C. 若法院在案件审理过程中发现赵某还涉嫌诈骗周某，则两案应当一并处理

D. 若周某自愿放弃对陈某的自诉，则法院可责令陈某为第三人

【解析】A 项：根据《刑事诉讼法》第 211 条第 2 款规定："自诉人经两次依法传唤，无正当理由拒不到庭的，或者未经法庭许可中途退庭的，按撤诉处理。"因此，A 项正确。

B 项：根据《刑诉解释》第 325 条第 2 款的规定："对通过信息网络实施的侮辱、诽谤行为，被害人向人民法院告诉，但提供证据确有困难的，人民法院可以要求公安机关提供协助。"因此，B 项正确。

C 项：根据《刑诉解释》第 324 条规定："被告人实施两个以上犯罪行为，分别属于公诉案件和自诉案件，人民法院可以一并审理。对自诉部分的审理，适用本章的规定。"可知，若被告人的两个犯罪行为都已被起诉，则法院可以一并审理。但本案中，由于赵某涉嫌诈骗周某的行为未被提起公诉，因此，根据不告不理原则，法院不能直接审理，只能移送公安机关立案侦查。因此，C 项错误。

D 项：根据《刑诉解释》第 323 条第 1 款规定："自诉人明知有其他共同侵害人，但只对部分侵害人提起自诉的，人民法院应当受理，并告知其放弃告诉的法律后果；……"可知，若自诉人周某自愿放弃对陈某的自诉的，法院应当受理并告知其放弃告诉的法律后果，而不是责令未被起诉的部分侵害人为第三人。因此，D 项错误。

综上所述，本题的答案为 A、B。

2. 赵某（16 周岁，高中学生）在游乐园游玩时因琐事与李某（15 周岁，高中学生）发生争执，赵某殴打李某致其轻伤。李某向法院提起自诉，要求追究赵某的刑事责任。关于本案，说法错误的是？（2019 仿真题）[2]

A. 法院受理李某的自诉案件后，李某自愿撤诉，2 个月后，李某又以同一事实对赵某提起自诉，法院应当受理

B. 赵某的父亲是一名律师，其可以同时担任赵某的辩护人

C. 李某的母亲可以为李某委托诉讼代理人

D. 法院在审理本案时，可以进行调解

【解析】A 项，根据《刑诉解释》第 320 条第 2 款规定："具有下列情形之一的，应当说服自诉人撤回起诉；自诉人不撤回起诉的，裁定不予受理：（六）除因证据不足而撤诉的以外，自诉人撤诉后，就同一事实又告诉的；"自诉人李某撤诉后又就同一事实再次告诉，符合上述情形，法院应当受理的表述错误。A 项错误。

B 项，根据《刑事诉讼法》第 33 条第 1 款规定："犯罪嫌疑人、被告人除自己行使辩护权以外，还可以委托一至二人作为辩护人。下列的人可以被委托为辩护人：（一）律师；（二）人民

团体或者犯罪嫌疑人、被告人所在单位推荐的人；（三）犯罪嫌疑人、被告人的监护人、亲友。"赵某的父亲同时满足上述第1、第3项条件，可以担任赵某的辩护人。B项正确。

C项，根据《刑事诉讼法》第46条第1款规定："……自诉案件的自诉人及其法定代理人，附带民事诉讼的当事人及其法定代理人，有权随时委托诉讼代理人。"本案中，自诉人李某的母亲作为其法定代理人有权随时委托诉讼代理人。C项正确。

D项，根据《刑事诉讼法》第210条规定："自诉案件包括下列案件：（一）告诉才处理的案件；（二）被害人有证据证明的轻微刑事案件；（三）被害人有证据证明对被告人侵犯自己人身、财产权利的行为应当依法追究刑事责任，而公安机关或者人民检察院不予追究被告人刑事责任的案件。"根据《刑事诉讼法》第212条第1款规定："人民法院对自诉案件，可以进行调解；自诉人在宣告判决前，可以同被告人自行和解或者撤回自诉。本法第二百一十条第三项规定的案件不适用调解。"可知，法院可以调解的自诉案件范围是告诉才处理的案件和被害人有证据证明的轻微刑事案件。本案是故意伤害案（轻伤），属于被害人有证据证明的轻微刑事案件，法院可以进行调解，D项正确。

综上所述，本题答案为A。

3. 关于自诉案件的程序，下列哪一选项是正确的？（2014 - 2 - 37，单）[1]

A. 不论被告人是否羁押，自诉案件与普通公诉案件的审理期限都相同

B. 不论在第一审程序还是第二审程序中，在宣告判决前，当事人都可和解

C. 不论当事人在第一审还是第二审审理中提出反诉的，法院都应当受理

D. 在第二审程序中调解结案的，应当裁定撤销第一审裁判

【解析】A项，根据《刑事诉讼法》第208条第1、2款规定："人民法院审理公诉案件，应当在受理后二个月以内宣判，至迟不得超过三个月。对于可能判处死刑的案件或者附带民事诉讼的案件，以及有本法第一百五十六条规定情形之一的，经上一级人民法院批准，可以延长三个月；因特殊情况还需要延长的，报请最高人民法院批准。人民法院改变管辖的案件，从改变后的人民法院收到案件之日起计算审理期限。"根据《刑事诉讼法》第212条第2款规定："人民法院审理自诉案件的期限，被告人被羁押的，适用本法第二百零八条第一款、第二款的规定；未被羁押的，应当在受理后六个月以内宣判。"可知，自诉案件审限因被告人是否被羁押而有所不同。A项错误。

B项，根据《刑事诉讼法》第212条第1款规定："……自诉人在宣告判决前，可以同被告人自行和解或者撤回自诉。……"可知，B项正确。

C项，根据《刑诉解释》第334条第1款规定："告诉才处理和被害人有证据证明的轻微刑事案件的被告人或者其法定代理人在诉讼过程中，可以对自诉人提起反诉。……"可知，公诉转自诉的案件不可以反诉。根据《刑诉解释》第412条规定："第二审期间，自诉案件的当事人提出反诉的，应当告知其另行起诉。"可知，二审中当事人提出反诉的法院并非应当受理。C项错误。

D项，根据《刑诉解释》第411条规定："对第二审自诉案件，必要时可以调解，当事人也可以自行和解。调解结案的，应当制作调解书，第一审判决、裁定视为自动撤销。……"可知，二审调解结案的，一审裁判"视为"自动撤销而非"裁定"撤销，D项错误。

---

[1] B

综上所述，本题答案为 B。

4. 方某涉嫌在公众场合侮辱高某和任某，高某向法院提起自诉。关于本案的审理，下列哪些选项是正确的？（2014 - 2 - 72，多）[1]

A. 如果任某担心影响不好不愿起诉，任某的父亲可代为起诉

B. 法院通知任某参加诉讼并告知其不参加的法律后果，任某仍未到庭，视为放弃告诉，该案宣判后，任某不得再行自诉

C. 方某的弟弟系该案关键目击证人，经法院通知其无正当理由不出庭作证的，法院可强制其到庭

D. 本案应当适用简易程序审理

【解析】A 项，根据《刑诉解释》第 317 条第 1 款规定，本解释第 1 条规定的案件（三类自诉案件），如果被害人死亡、丧失行为能力或者因受强制、威吓等无法告诉，或者是限制行为能力人以及因年老、患病、盲、聋、哑等不能亲自告诉，其法定代理人、近亲属告诉或者代为告诉的，人民法院应当依法受理。任某不符合上述情形，其父亲不能代为起诉。A 项错误。

B 项，根据《刑诉解释》第 323 条第 2 款规定："共同被害人中只有部分人告诉的，人民法院应当通知其他被害人参加诉讼，并告知其不参加诉讼的法律后果。被通知人接到通知后表示不参加诉讼或者不出庭的，视为放弃告诉。第一审宣判后，被通知人就同一事实又提起自诉的，人民法院不予受理。但是，当事人另行提起民事诉讼的，不受本解释限制。"可知，该案宣判后，此前放弃告诉的任某不得再行自诉，但可以另行提起民事诉讼，B 项正确。

C 项，根据《刑事诉讼法》第 193 条第 1 款规定："经人民法院通知，证人没有正当理由不出庭作证的，人民法院可以强制其到庭，但是被告人的配偶、父母、子女除外。"由于弟弟不属于"配偶、父母、子女"的范围，因此法院强制可以方某的弟弟到庭。C 项正确。

D 项，根据《刑诉解释》第 327 条规定："自诉案件，符合简易程序适用条件的，可以适用简易程序审理。不适用简易程序审理的自诉案件，参照适用公诉案件第一审普通程序的有关规定。"可知，符合条件的自诉案件"可以"适用简易程序，而非"应当"适用。D 项错误。

综上所述，本题答案为 B、C。

5. 关于自诉案件的和解和调解，下列哪些说法是正确的？（2011 - 2 - 72，多）[2]

A. 和解和调解适用于自诉案件

B. 和解和调解都适用于告诉才处理和被害人有证据证明的轻微案件

C. 和解和调解应当制作调解书、和解协议，由审判人员和书记员署名并加盖法院印章

D. 对于当事人已经签收调解书或法院裁定准许自诉人撤诉的案件，被告人被羁押的，应当予以解除

【解析】A 项，根据《刑事诉讼法》第 212 条第 1 款规定："人民法院对自诉案件，可以进行调解；自诉人在宣告判决前，可以同被告人自行和解或者撤回自诉。本法第二百一十条第三项规定的案件不适用调解。"可知，公诉转自诉案件不适用调解。A 项错误。

B 项，根据《刑事诉讼法》第 212 条第 1 款规定："人民法院对自诉案件，可以进行调解；自诉人在宣告判决前，可以同被告人自行和解或者撤回自诉。本法第二百一十条第三项规定的案件不适用调解。"可知，第一类和第二类自诉案件可以调解。根据《刑诉解释》第 329 条规

定："判决宣告前，自诉案件的当事人可以自行和解，自诉人可以撤回自诉。……"可知，第一类和第二类自诉案件可以和解。B项正确。

C项，根据《刑诉解释》第328条规定："人民法院审理自诉案件，可以在查明事实、分清是非的基础上，根据自愿、合法的原则进行调解。调解达成协议的，应当制作刑事调解书，由审判人员、法官助理和书记员署名，并加盖人民法院印章。……"根据《刑事诉讼法》第289条规定："双方当事人和解的，公安机关、人民检察院、人民法院应当听取当事人和其他有关人员的意见，对和解的自愿性、合法性进行审查，并主持制作和解协议书。"但该条文适用于公诉案件，法律没有对自诉案件是否必须制作和解协议以及署名和盖章问题作出规定，C项错误。

D项，根据《刑诉解释》第330条规定："裁定准许撤诉的自诉案件，被告人被采取强制措施的，人民法院应当立即解除。"可知，D项正确。

综上所述，本题答案为B、D。

6. 某法院在审理张某自诉伤害案中，发现被告人还实施过抢劫。对此，下列哪一做法是正确的？（2010 - 2 - 31，单）[1]

A. 继续审理伤害案，将抢劫案移送有管辖权的公安机关

B. 鉴于伤害案属于可以公诉的案件，将伤害案与抢劫案一并移送有管辖权的公安机关

C. 继续审理伤害案，建议检察院对抢劫案予以起诉

D. 对伤害案延期审理，待检察院对抢劫案起诉后一并予以审理

【解析】人民法院在审理公诉案件时，原告人又提起自诉的，根据《刑诉解释》第324条规定："被告人实施的两个以上的犯罪行为，分别属于公诉案件和自诉案件的，人民法院可以一并审理。……"可知，此时法院可以对原告人提起的自诉案件一并审理。

人民法院在审理自诉案件时又发现新的公诉案件的，则应作不同处理。本案中，法院新发现的抢劫案件属于公诉案件，根据不告不理原则的要求，如果检察院没有对该案件提起公诉，则法院不能对该案进行审判，只能另案移送有管辖权的公安机关、检察院处理。由于抢劫行为属于需要立案侦查才能查明的公诉案件，依据管辖分工的有关规定，应由公安机关立案侦查。因此，人民法院应当将抢劫案移送公安机关侦查，对伤害案继续审理。A项正确，B、C、D项错误。

综上所述，本题答案为A。

7. 下列哪些案件法院审理时可以调解？（2010 - 2 - 74，多）[2]

A.《刑法》规定告诉才处理的案件

B. 被害人有证据证明的轻微刑事案件

C. 检察院决定不起诉后被害人提起自诉的案件

D. 刑事诉讼中的附带民事诉讼案件

【解析】当年司法部为答案A、B项，根据现行法律应当选A、B、D项。

A、B、C项，根据《刑事诉讼法》第210条规定："自诉案件包括下列案件：（一）告诉才处理的案件；（二）被害人有证据证明的轻微刑事案件；（三）被害人有证据证明对被告人侵犯自己人身、财产权利的行为应当依法追究刑事责任，而公安机关或者人民检察院不予追究

---

[1] A [2] ABD

被告人刑事责任的案件。"根据《刑事诉讼法》第 212 条第 1 款规定："人民法院对自诉案件，可以进行调解；自诉人在宣告判决前，可以同被告人自行和解或者撤回自诉。本法第二百一十条第三项规定的案件不适用调解。"可知，告诉才处理的案件和被害人有证据证明的轻微刑事案件均可以调解，A、B 项正确。

C 项，根据上述规定可知，C 项属于公诉转自诉案件，不适用调解，C 项错误。值得一提的是，C 项的表述不够严谨，因为其也可以被理解为检察院没有提起公诉、被害人有证据证明的轻微刑事案件，此时它适用调解。

D 项，根据《刑事诉讼法》第 103 条规定："人民法院审理附带民事诉讼案件，可以进行调解，或者根据物质损失情况作出判决裁定。"可知，D 项正确。

综上所述，本题答案为 A、B、D。

八、简易程序

1. 张一犯抢夺罪，法院经审查决定适用简易程序审理。关于本案，下列选项正确的是？（2020 仿真题）[1]

A. 适用简易程序必须由检察院提出建议

B. 由于本案可能判处有期徒刑 2 年，法院只能由法官独任审判

C. 由于本案适用简易程序，检察院可以不派员出庭

D. 如无特殊情况，应当当庭宣判

【解析】A 项，根据《刑诉解释》第 359 条规定："基层人民法院受理公诉案件后，经审查认为案件事实清楚、证据充分的，在将起诉书副本送达被告人时，应当询问被告人对指控的犯罪事实的意见，告知其适用简易程序的法律规定。被告人对指控的犯罪事实没有异议并同意适用简易程序的，可以决定适用简易程序，并在开庭前通知人民检察院和辩护人。对人民检察院建议或者被告人及其辩护人申请适用简易程序审理的案件，依照前款规定处理；不符合简易程序适用条件的，应当通知人民检察院或者被告人及其辩护人。"可知，简易程序并非只有检察院提出建议这一种启动方式，除此之外，法院也可以自行决定适用简易程序，被告人及其辩护人可以申请适用简易程序。A 项错误。

B 项，根据《刑事诉讼法》第 216 条第 1 款规定："适用简易程序审理案件，对可能判处三年有期徒刑以下刑罚的，可以组成合议庭进行审判，也可以由审判员一人独任审判；对可能判处的有期徒刑超过三年的，应当组成合议庭进行审判。"本案可能判处的刑罚为三年有期徒刑以下，独任审判或合议庭审判均可。B 项错误。

C 项，根据《刑事诉讼法》第 216 条第 2 款规定："适用简易程序审理公诉案件，人民检察院应当派员出席法庭。"可知，C 项错误。

D 项，根据《刑诉解释》第 367 条第 2 款规定："适用简易程序审理案件，一般应当当庭宣判。"可知，D 项正确。

综上所述，本题答案为 D。

2. 甲犯合同诈骗罪，法院经审查决定适用简易程序审理。关于本案，下列说法正确的是？（2018 仿真题）[2]

A. 本案开庭审理时，检察院应当派员出席法庭

---

〔1〕 D 〔2〕 AB

B. 法院若认为本案可能判处3年以下有期徒刑，可由审判员一人独任审判

C. 在法庭审理中，被告人对被指控的犯罪事实无异议，但认为本案构成诈骗罪，而非合同诈骗罪，法院于是转为普通程序重新审理

D. 法院于2018年9月10日对本案开庭审判，于2018年10月12日判决甲有期徒刑5年，则本案已超过法定审判期限

【解析】A项，根据《刑事诉讼法》第216条第2款规定："适用简易程序审理公诉案件，人民检察院应当派员出席法庭。"可知，A项正确。

B项，根据《刑事诉讼法》第216条第1款规定："适用简易程序审理案件，对可能判处三年有期徒刑以下刑罚的，可以组成合议庭进行审判，也可以由审判员一人独任审判；对可能判处的有期徒刑超过三年的，应当组成合议庭进行审判。"可知，B项正确。

C项，根据《刑事诉讼法》第214条第1款规定："基层人民法院管辖的案件，符合下列条件的，可以适用简易程序审判：（一）案件事实清楚、证据充分的；（二）被告人承认自己所犯罪行，对指控的犯罪事实没有异议的；（三）被告人对适用简易程序没有异议的。"可知，适用简易程序要求被告人对指控的犯罪事实没有异议即可，并不要求对指控的罪名也没有异议，C项错误。

D项，《刑事诉讼法》第220条规定："适用简易程序审理案件，人民法院应当在受理后二十日以内审结；对可能判处的有期徒刑超过三年的，可以延长至一个半月。"甲被判处的有期徒刑超过三年，可以延长至一个半月，没有超期。D项错误。

综上，本题答案为A、B。

3. 下列哪一案件可适用简易程序审理？（2017－2－34，单）[1]

A. 甲为境外非法提供国家秘密案，情节较轻，可能判处3年以下有期徒刑

B. 乙抢劫案，可能判处10年以上有期徒刑，检察院未建议适用简易程序

C. 丙传播淫秽物品案，经审查认为，情节显著轻微，可能不构成犯罪

D. 丁暴力取证案，可能被判处拘役，丁的辩护人作无罪辩护

【解析】A项，根据《刑事诉讼法》第21条规定："中级人民法院管辖下列第一审刑事案件：（一）危害国家安全、恐怖活动案件；（二）可能判处无期徒刑、死刑的案件。"本案属于危害国家安全案件，一审由中级法院审理。根据《刑事诉讼法》第214条第1款规定："基层人民法院管辖的案件，符合下列条件的，可以适用简易程序审判……"可知，中级人民法院管辖的一审案件不能适用简易程序。A项错误。

B项，根据《刑事诉讼法》第214条第2款规定："人民检察院在提起公诉的时候，可以建议人民法院适用简易程序。"可知，人民检察院对于简易程序的适用只有建议权，若检察院未建议适用简易程序的，法院仍然可以自行决定适用。B项正确。

C项，根据《刑诉解释》第360条第6项规定："具有下列情形之一的，不适用简易程序：（六）被告人认罪但经审查认为可能不构成犯罪的；"可知，C项错误。

D项，根据《刑诉解释》第360条第5项规定："具有下列情形之一的，不适用简易程序：（五）辩护人作无罪辩护的；"可知，D项错误。

综上所述，本题答案为B。

---

[1] B

4. 甲犯抢夺罪，法院经审查决定适用简易程序审理。关于本案，下列哪一选项是正确的？（2016－2－37，单）[1]

  A. 适用简易程序必须由检察院提出建议

  B. 如被告人已提交承认指控犯罪事实的书面材料，则无需再当庭询问其对指控的意见

  C. 不需要调查证据，直接围绕罪名确定和量刑问题进行审理

  D. 如无特殊情况，应当庭宣判

【解析】A项，根据《刑诉解释》第359条规定："基层人民法院受理公诉案件后，经审查认为案件事实清楚、证据充分的，在将起诉书副本送达被告人时，应当询问被告人对指控的犯罪事实的意见，告知其适用简易程序的法律规定。被告人对指控的犯罪事实没有异议并同意适用简易程序的，可以决定适用简易程序，并在开庭前通知人民检察院和辩护人。对人民检察院建议或者被告人及其辩护人申请适用简易程序审理的案件，依照前款规定处理；不符合简易程序适用条件的，应当通知人民检察院或者被告人及其辩护人。"可知，简易程序的启动并非必须由检察院提出建议，除此之外，法院也可以自行决定适用简易程序，被告人及其辩护人可以申请适用简易程序。A项错误。

B项，根据《刑诉解释》第364条规定："适用简易程序审理案件，审判长或者独任审判员应当当庭询问被告人对指控的犯罪事实的意见，告知被告人适用简易程序审理的法律规定，确认被告人是否同意适用简易程序。"可知，当庭询问被告人对指控的意见这一环节不可省略。B项错误。

C项，根据《刑诉解释》第365条第1款第3、4项规定："适用简易程序审理案件，可以对庭审作如下简化：……（三）对控辩双方无异议的证据，可以仅就证据的名称及所证明的事项作出说明；对控辩双方有异议，或者法庭认为有必要调查核实的证据，应当出示，并进行质证；（四）控辩双方对与定罪量刑有关的事实、证据没有异议的，法庭审理可以直接围绕罪名确定和量刑问题进行。"可知，简易程序只是对庭审程序进行了简化，而非不需要调查证据。C项错误。

D项，根据《刑诉解释》第367条第2款规定："适用简易程序审理案件，一般应当当庭宣判。"可知，D项正确。

综上所述，本题答案为D。

5. 关于简易程序，下列哪些选项是正确的？（2014－2－73，多）[2]

  A. 甲涉嫌持枪抢劫，法院决定适用简易程序，并由两名审判员和一名人民陪审员组成合议庭进行审理

  B. 乙涉嫌盗窃，未满16周岁，法院只有在征得乙的法定代理人和辩护人同意后，才能适用简易程序

  C. 丙涉嫌诈骗并对罪行供认不讳，但辩护人为其做无罪辩护，法院决定适用简易程序

  D. 丁涉嫌故意伤害，经审理认为可能不构成犯罪，遂转为普通程序审理

【解析】A项，根据《刑法》第263条第7项规定："以暴力、胁迫或者其他方法抢劫公私财物的，处三年以上十年以下有期徒刑，并处罚金；有下列情形之一的，处十年以上有期徒刑、无期徒刑或者死刑，并处罚金或者没收财产：（七）持枪抢劫的；"可知，甲可能被判处

---

[1]　D　[2]　ABD

的刑罚超过有期徒刑三年。根据《刑事诉讼法》第216条第1款规定："适用简易程序审理案件，对可能判处三年有期徒刑以下刑罚的，可以组成合议庭进行审判，也可以由审判员1人独任审判；对可能判处的有期徒刑超过三年的，应当组成合议庭进行审判。"可知，本案应当组成合议庭进行审理。A项正确。

B项，根据《刑诉解释》第566条规定："对未成年人刑事案件，人民法院决定适用简易程序审理的，应当征求未成年被告人及其法定代理人、辩护人的意见。上述人员提出异议的，不适用简易程序。"可知，B项正确。

C项，根据《刑诉解释》第360条第5项规定："具有下列情形之一的，不适用简易程序：（五）辩护人作无罪辩护的；"可知，C项错误。

D项，根据《刑诉解释》第368条第1款第1项规定："适用简易程序审理案件，在法庭审理过程中，具有下列情形之一的，应当转为普通程序审理：（一）被告人的行为可能不构成犯罪的；"可知，D项正确。

综上所述，本题答案为A、B、D。

6. 下列哪一情形不得适用简易程序？（2012－2－32，单）[1]

A. 未成年人案件 　　　　　　　　　B. 共同犯罪案件

C. 有重大社会影响的案件 　　　　　D. 被告人没有辩护人的案件

【解析】根据《刑事诉讼法》第215条规定："有下列情形之一的，不适用简易程序：（一）被告人是盲、聋、哑人，或者是尚未完全丧失辨认或者控制自己行为能力的精神病人的；（二）有重大社会影响的；（三）共同犯罪案件中部分被告人不认罪或者对适用简易程序有异议的；（四）其他不宜适用简易程序审理的。"

A项，不属于以上情形，可以适用简易程序。A项错误。

B项，根据上述规定第3项，除了部分被告人不认罪或者对适用简易程序有异议的共同犯罪案件以外，其他共同犯罪案件可以适用简易程序。B项错误。

C项，符合上述规定第2项情形，不得适用简易程序。C项正确。

D项，不属于以上情形，可以适用简易程序。D项错误。

综上所述，本题答案为C。

7. 关于适用简易程序审理刑事案件变更为适用普通程序，下列哪些说法是正确的？（2011－2－71，多）[2]

A. 法院可以决定直接变更为普通程序审理，不需要将案件退回检察院

B. 对于自诉案件变更为普通程序的，按照自诉案件程序审理

C. 自诉案件由简易程序转化为普通程序时原起诉仍然有效，自诉人不必另行起诉

D. 在适用普通程序后又发现可适用简易程序时，可以再次变更为简易程序

【解析】当年司法部答案为B、C项，根据现行法律，本题答案应为A、B、C。

A项，根据《刑事诉讼法》第221条规定："人民法院在审理过程中，发现不宜适用简易程序的，应当按照本章第一节或者第二节的规定重新审理。"可知，简易程序转为普通程序后，法院只需按照一审普通程序重新审理即可。A项正确。

B项，程序的转化没有改变自诉案件的性质，应当按照自诉案件程序审理。B项正确。

---

[1] C 　[2] ABC

C 项，自诉人起诉的效果是引起审判程序，无论后续适用何种审判程序，审判程序均已开始，达到了自诉人起诉的效果，因此自诉人不必另行起诉。C 项正确。

D 项，普通程序转为简易程序于法无据。D 项错误。

综上所述，本题答案为 A、B、C。

九、刑事速裁程序

1. 当事人因为诽谤提起自诉，法院立案受理。因为案情重大，危害社会公共秩序，检察院以涉嫌诽谤罪提起公诉。关于本案，下列说法正确的是？（2021 仿真题，多）[1]

A. 自诉案件，认罪认罚且同意适用速裁程序，用速裁程序

B. 自诉案件，应和公诉案件一并审理

C. 公诉案件，认罪认罚且同意适用速裁程序，用速裁程序

D. 不论公诉或自诉案件，均可以和解

【解析】A 项：根据《关于在部分地区开展刑事案件速裁程序试点工作的办法》的相关规定，对速裁程序适用的案件范围和条件作了明确。适用案件分为两大类：一是依法可能单处罚金的案件，没有罪名限制；二是依法可能判处 1 年以下有期徒刑、拘役、管制的案件，仅限于《试点办法》列举的危险驾驶、交通肇事、盗窃、诈骗等 11 种犯罪。本案中，诽谤罪并不属于上述范围，并不适用于速裁程序。因此，A 项错误。同时，对于自诉案件是否要纳入速裁程序的适用范围，学界存在一定的争议，期待未来的定论。

B 项：本案属于自诉转公诉案件，不存在一并审理的情形。因此，B 项错误。

C 项：根据《刑法》第 246 条第 1 款规定："以暴力或者其他方法公然侮辱他人或者捏造事实诽谤他人，情节严重的，处三年以下有期徒刑、拘役、管制或者剥夺政治权利。"可知，若构成诽谤罪，可能判处三年有期徒刑以下刑罚。又根据《刑事诉讼法》第 222 条第 1 款规定："基层人民法院管辖的可能判处三年有期徒刑以下刑罚的案件，案件事实清楚，证据确实、充分，被告人认罪认罚并同意适用速裁程序的，可以适用速裁程序，由审判员一人独任审判。"可知，本案属于可能判处三年有期徒刑以下刑罚的案件，且被告人认罪认罚并同意适用速裁程序，可以适用速裁程序。因此，C 项正确。

D 项：根据《刑事诉讼法》第 212 条第 1 款规定："……自诉人在宣告判决前，可以同被告人自行和解或者撤回自诉。……"可知，自诉案件均可以和解。根据《刑事诉讼法》第 288 条第 1 款第 1 项规定："下列公诉案件，犯罪嫌疑人、被告人真诚悔罪，通过向被害人赔偿损失、赔礼道歉等方式获得被害人谅解，被害人自愿和解的，双方当事人可以和解：（一）因民间纠纷引起，涉嫌刑法分则第四章、第五章规定的犯罪案件，可能判处三年有期徒刑以下刑罚的；……"诽谤罪属于刑法分则第四章规定的犯罪，可能判处的刑罚为三年有期徒刑以下，可知，本案属于符合上述条件的公诉案件，也可以进行和解。因此，D 项正确。

综上所述，本题答案为 C、D。

2. 关于适用速裁程序审理刑事案件，下列选项正确的是？（2020 仿真题）[2]

A. 适用速裁程序审理案件，由审判员一人独任审判

B. 适用速裁程序审理案件，一律不进行法庭调查、法庭辩论

C. 适用速裁程序审理案件，一般应当庭宣判。

---

[1] CD　[2] AD

D. 适用速裁程序审理案件，在判决宣告前应当听取辩护人的意见

【解析】A项，根据《刑事诉讼法》第222条第1款规定："基层人民法院管辖的可能判处三年有期徒刑以下刑罚的案件，案件事实清楚，证据确实、充分，被告人认罪认罚并同意适用速裁程序的，可以适用速裁程序，由审判员一人独任审判。"可知，A项正确。

B项，根据《刑事诉讼法》第224条第1款规定："适用速裁程序审理案件，不受送达期限的限制，一般不进行法庭调查、法庭辩论，但在判决宣告前应当听取辩护人的意见和被告人的最后陈述意见。"可知，速裁程序中的法庭调查和法庭辩论是"一般"不进行而不是"一律"不进行，B项错误。

C项，根据《刑事诉讼法》第224条第2款规定："适用速裁程序审理案件，应当当庭宣判。"可知，"一般应当"的表述不正确。C项错误。

D项，根据《刑事诉讼法》第224条第1款规定："适用速裁程序审理案件，不受送达期限的限制，一般不进行法庭调查、法庭辩论，但在判决宣告前应当听取辩护人的意见和被告人的最后陈述意见。"可知，宣判前听取辩护人意见的环节不可省略。D项正确。

综上所述，本题答案为A、D。

3. 林杨案，余周案，楚凌案和潘武案均事实清楚，证据确实充分，检察院在提起公诉时建议法院适用速裁程序审理，法院接受检察院的建议对四个案件适用速裁程序集中开庭审理。关于这些案件的审理，下列选项正确的是？（2019仿真题）[1]

A. 法院可以安排值班律师为没有委托辩护人的林杨进行辩护

B. 法院在受理余周涉嫌危险驾驶罪一案后，应当在10日内审结

C. 对于楚凌案，法院认为检察院所指控的罪名需要变更，可以在庭后听取控辩双方的意见，定期作出宣判

D. 在潘武案的审理过程中，法院如果认为其应当判处的刑罚不符合速裁程序的适用条件，应当组成合议庭重新审理该案

【解析】A项，根据《刑事诉讼法》第36条第1款规定："法律援助机构可以在人民法院、看守所等场所派驻值班律师。犯罪嫌疑人、被告人没有委托辩护人，法律援助机构没有指派律师为其提供辩护的，由值班律师为犯罪嫌疑人、被告人提供法律咨询、程序选择建议、申请变更强制措施、对案件处理提出意见等法律帮助。"可知，值班律师提供的是法律帮助，而不是为犯罪嫌疑人、被告人辩护。A项错误。

B项，根据《刑事诉讼法》第225条规定："适用速裁程序审理案件，人民法院应当在受理后十日以内审结；对可能判处的有期徒刑超过一年的，可以延长至十五日。"根据我国《刑法》第133条之一规定，危险驾驶罪的法定刑为拘役与罚金，属于一年有期徒刑以下刑罚，因此法院应当在10日内审结。B项正确。

C项，根据《刑诉解释》第295条第1款第2项规定："起诉指控的事实清楚，证据确实、充分，但指控的罪名不当的，应当依据法律和审理认定的事实作出有罪判决。"可知，C项错误。

D项，首先，明确程序转换问题。根据《关于适用认罪认罚从宽制度的指导意见》第48条规定："程序转换。人民法院在适用速裁程序审理过程中，发现有被告人的行为不构成犯罪

---

[1] BD

或者不应当追究刑事责任、被告人违背意愿认罪认罚、被告人否认指控的犯罪事实情形的，应当转为普通程序审理。发现其他不宜适用速裁程序但符合简易程序适用条件的，应当转为简易程序重新审理。发现有不宜适用简易程序审理情形的，应当转为普通程序审理。……"可知，潘武案如果符合简易程序适用条件的，应当转为简易程序进行审理，如果不宜适用简易程序审理的，应当转为普通程序进行审理。其次，明确本案刑罚。根据《刑事诉讼法》第222条第1款规定："基层人民法院管辖的可能判处三年有期徒刑以下刑罚的案件，案件事实清楚，证据确实、充分，被告人认罪认罚并同意适用速裁程序的，可以适用速裁程序，由审判员一人独任审判。"本案中，法院认为对潘武应处的刑罚不符合速裁程序的适用条件，意味着该刑罚超过了三年有期徒刑。最后，确定不同程序各自的审判组织形式。本案如果转为简易程序审理的，根据《刑事诉讼法》第216条第1款规定："适用简易程序审理案件，对可能判处三年有期徒刑以下刑罚的，可以组成合议庭进行审判，也可以由审判员一人独任审判；对可能判处的有期徒刑超过三年的，应当组成合议庭进行审判。"可知，适用简易程序审理潘武案的，应当组成合议庭进行审判。如果转为普通程序审理的，根据《刑事诉讼法》第183条第1款规定："基层人民法院、中级人民法院审判第一审案件，应当由审判员三人或者由审判员和人民陪审员共三人或者七人组成合议庭进行，……"可知，适用普通程序审理潘武案的，也应当组成合议庭。D项正确。

综上所述，本题答案为B、D。

十、判决、裁定和决定

1. 在一审法院审理中出现下列哪一特殊情形时，应以判决的形式作出裁判？（2017－2－35，单）[1]

A. 经审理发现犯罪已过追诉时效且不是必须追诉的

B. 自诉人未经法庭准许中途退庭的

C. 经审理发现被告人系精神病人，在不能控制自己行为时造成危害结果的

D. 被告人在审理过程中死亡，根据已查明的案件事实和认定的证据，尚不能确认其无罪的

【解析】A项，根据《刑事诉讼法》第16条第2项规定："有下列情形之一的，不追究刑事责任，已经追究的，应当撤销案件，或者不起诉，或者终止审理，或者宣告无罪：（二）犯罪已过诉讼时效期限的"可知，在审判阶段应该"裁定"终止审理而不是作出判决。A项错误。

B项，根据《刑诉解释》第331条第1款：规定"自诉人经两次依法传唤，无正当理由拒不到庭的，或者未经法庭准许中途退庭的，人民法院应当裁定按撤诉处理。"可知，B项错误。

C项，根据《刑诉解释》第295条第1款第7项规定："被告人是精神病人，在不能辨认或者不能控制自己行为时造成危害结果，不予刑事处罚的，应当判决宣告被告人不负刑事责任；……"可知，C项正确。

D项，根据《刑事诉讼法》第297条第1款规定："被告人死亡的，人民法院应当裁定终止审理，但有证据证明被告人无罪，人民法院经缺席审理确认无罪的，应当依法作出判决。"可知，审判阶段被告人死亡，现有证据不能确认其无罪的，法院应当"裁定"终止审理。D项

---

[1] C

错误。

综上所述，本题答案为 C。

2. 检察院以抢夺罪向法院提起公诉，法院经审理后查明被告人构成抢劫罪。关于法院的做法，下列哪一选项是正确的？（2013－2－39，单）[1]

A. 应当建议检察院改变起诉罪名，不能直接以抢劫罪定罪

B. 可以直接以抢劫罪定罪，不必建议检察院改变起诉罪名

C. 只能判决无罪，检察院应以抢劫罪另行起诉

D. 应当驳回起诉，检察院应以抢劫罪另行起诉

【解析】 根据《刑诉解释》第 295 条第 1 款第 2 项规定："对第一审公诉案件，人民法院审理后，应当按照下列情形分别作出判决、裁定：（二）起诉指控的事实清楚，证据确实、充分，指控的罪名与审理认定的罪名不一致的，应当按照审理认定的罪名作出有罪判决；"可知，本案符合上述情形，法院应当按照审理认定的罪名直接定罪。B 项正确，A、C、D 项错误。

综上所述，本题答案为 B。

3. 关于刑事判决与裁定的区别，下列哪一选项是正确的？（2010－2－35，单）[2]

A. 判决解决案件的实体问题，裁定解决案件的程序问题

B. 一案中只能有一个判决，裁定可以有若干个

C. 判决只能以书面的形式表现，裁定只以口头作出

D. 不服判决与不服裁定的上诉、抗诉期限不同

【解析】 A 项，判决解决案件的实体问题的表述正确，裁定解决案件的程序问题的表述错误。裁定不仅解决案件的程序问题，也可解决某些实体问题，例如减刑、假释、撤销缓刑、减免罚金等。A 项错误。

B 项，一案中可以有多个裁定的表述正确，因为同一案件中可能出现多个需要用裁定解决的程序问题。一案只能有一个判决的表述错误，因为同一案件中确实只能有一个生效判决，但却可以有多个判决。B 项错误。

C 项，判决只能以书面的形式表现表述正确。裁定只以口头作出表述错误，裁定既可以以口头方式作出，也可以以书面方式作出。

D 项，根据《刑事诉讼法》第 230 条规定："不服判决的上诉和抗诉的期限为十日，不服裁定的上诉和抗诉的期限为五日，从接到判决书、裁定书的第二日起算。"可知，D 项正确。

综上所述，本题答案为 D。

---

[1]　B　[2]　D

第十六章　第二审程序

一、二审程序的提起主体

关于法定代理人对法院一审判决、裁定的上诉权，下列哪一说法是错误的？（2011－2－22，单）[1]

A. 自诉人高某的法定代理人有独立上诉权

B. 被告人李某的法定代理人有独立上诉权

C. 被害人方某的法定代理人有独立上诉权

D. 附带民事诉讼当事人吴某的法定代理人对附带民事部分有独立上诉权

【解析】A、B项，根据《刑事诉讼法》第227条第1款规定："被告人、自诉人和他们的法定代理人，不服地方各级人民法院第一审的判决、裁定，有权用书状或者口头向上一级人民法院上诉。被告人的辩护人和近亲属，经被告人同意，可以提出上诉。"可知，自诉人高某、被告人李某以及他们的法定代理人均为享有独立上诉权的主体，A、B项正确。

C项，根据《刑事诉讼法》第229条规定："被害人及其法定代理人不服地方各级人民法院第一审的判决的，自收到判决书后五日以内，有权请求人民检察院提出抗诉。……"可知，被害人及其法定代理人不是享有独立上诉权的主体，他们只享有请求抗诉的权利。C项错误。

D项，《刑事诉讼法》第227条第2款规定："附带民事诉讼的当事人和他们的法定代理人，可以对地方各级人民法院第一审的判决、裁定中的附带民事诉讼部分，提出上诉。"可知，对于一审裁判中的附带民事诉讼部分，吴某和他的法定代理人享有独立的上诉权。D项正确。

综上所述，本题答案为C。

二、上诉与抗诉的撤回

黄某倒卖文物案于2014年5月28日一审终结。6月9日（星期一），法庭宣判黄某犯倒卖文物罪，判处有期徒刑4年并立即送达了判决书，黄某当即提起上诉，但于6月13日经法院准许撤回上诉；检察院以量刑畸轻为由于6月12日提起抗诉，上级检察院认为抗诉不当，于6月17日向同级法院撤回了抗诉。关于一审判决生效的时间，下列哪一选项是正确的？（2015－2－38，单）[2]

A. 6月9日　　　　B. 6月17日　　　　C. 6月19日　　　　D. 6月20日

【解析】根据《刑事诉讼法》第259条第2款第1项规定："下列判决和裁定是发生法律效力的判决和裁定：（一）已过法定期限没有上诉、抗诉的判决和裁定；"根据《刑诉解释》第380条第1款规定："上诉、抗诉必须在法定期限内提出。不服判决的上诉、抗诉的期限为

---

[1]　C　[2]　C

十日；不服裁定的上诉、抗诉的期限为五日。上诉、抗诉的期限，从接到判决书、裁定书的第二日起计算。"根据《刑诉解释》第 386 条规定："在上诉、抗诉期满前撤回上诉、抗诉的，第一审判决、裁定在上诉、抗诉期满之日起生效。……"可知，本题中，上诉和抗诉均在法定的上诉、抗诉期限内撤回，第一审判决应当在上诉、抗诉期满之日起生效。

A 项，6 月 9 日是法院一审宣判时间，此时判决尚未发生法律效力。A 项错误。

B 项，6 月 17 日是检察院撤回抗诉时间，此时判决尚未发生法律效力。B 项错误。

C 项，6 月 19 日是上诉、抗诉期限届满日，此时判决发生法律效力。C 项正确。

D 项，6 月 20 日与本题无关。D 项错误。

本题存在一定争议，有部分观点认为本题应当选择 D 项，理由是从 6 月 10 日开始计算 10 日，第 10 日应当是 6 月 19 日，这一天上诉、抗诉仍被允许，裁判尚未生效。只有到了 6 月 20 日，才算过了上诉、抗诉期，裁判才能生效。但本人认为官方答案无误，因为根据上述《刑诉解释》第 380 条、第 386 条的规定，第一审裁判在上诉、抗诉期满之日起生效，法条并没有说是从期满后第 2 日起生效，期满之日指的就是第 10 日。因此本题中判决自 6 月 19 日生效没有问题，建议考生按照官方答案理解即可。

综上所述，本题答案为 C。

三、二审审判的原则

1. 甲、乙涉嫌故意杀人，A 省 B 市中级法院开庭审理后，以甲犯故意杀人罪，判处死刑立即执行，乙犯故意杀人罪，判处死刑缓期二年执行。一审宣判后，乙以量刑过重为由向 A 省高级法院提起上诉，甲没有上诉，检察院也没有提起抗诉。如 A 省高级法院审理后认为，本案事实清楚、证据确实充分，对甲量刑适当，但对乙应当判处死刑缓期二年执行同时限制减刑，则对本案正确的做法是：(2020 仿真题)[1]

A. 二审应开庭审理

B. 由于未提起抗诉，同级检察院可不派员出席法庭

C. 高级法院可将全案发回 B 市中级法院重新审判

D. 高级法院可维持对甲的判决，并改判乙死刑缓期二年执行同时限制减刑

【解析】A 项，根据《刑诉解释》第 393 条第 1 款第 2 项规定："下列案件，根据刑事诉讼法第二百三十四条的规定，应当开庭审理：（二）被告人被判处死刑的上诉案件；"由于被判处死刑的上诉案件中的"死刑"不仅包括死刑立即执行案件，也包括死刑缓期二年执行案件，因此，本案二审应当开庭审理。A 项正确。

B 项，根据《刑事诉讼法》第 235 条规定："人民检察院提出抗诉的案件或者第二审人民法院开庭审理的公诉案件，同级人民检察院都应当派员出席法庭。……"根据 A 项分析可知，本案应当开庭审理，因此，尽管检察院没有提起抗诉，同级检察院仍应当派员出席法庭。B 项错误。

C 项，根据《刑事诉讼法》第 236 条第 1 款第 2 项规定："第二审人民法院对不服第一审判决的上诉、抗诉案件，经过审理后，应当按照下列情形分别处理：（二）原判决认定事实没有错误，但适用法律有错误，或者量刑不当的，应当改判；"本案中，A 省高级法院认为本案事实清楚、证据确实充分，只是对乙的量刑不当，因此，应当直接改判，不能发回 B 市中级法

---

[1]　A

院重新审判。C 项错误。

D 项，根据《刑诉解释》第 401 条第 1 款第 6 项规定："审理被告人或者其法定代理人、辩护人、近亲属提出上诉的案件，不得对被告人的刑罚作出实质不利的改判，并应当执行下列规定：（六）原判对被告人判处死刑缓期执行没有限制减刑、决定终身监禁的，不得限制减刑、决定终身监禁；"本案为上诉案件，二审法院改判为死刑缓期执行并限制减刑的做法加重了对乙的刑罚，违反了上述规定。D 项错误。

综上所述，本题答案为 A。

2. 某法院判决赵某犯诈骗罪处有期徒刑四年，犯盗窃罪处有期徒刑九年，合并执行有期徒刑 11 年。赵某提出上诉。中级法院经审理认为，判处刑罚不当，犯诈骗罪应处有期徒刑 5 年，犯盗窃罪应处有期徒刑 8 年。根据上诉不加刑原则，下列哪一做法是正确的？（2010 - 2 - 36，单）[1]

A. 以事实不清、证据不足为由发回原审法院重新审理

B. 直接改判两罪刑罚，分别为 5 年和 8 年，合并执行 12 年

C. 直接改判两罪刑罚，分别为 5 年和 8 年，合并执行仍为 11 年

D. 维持一审判决

【解析】A 项，根据《刑事诉讼法》第 236 条第 1 款第 2 项规定："第二审人民法院对不服第一审判决的上诉、抗诉案件，经过审理后，应当按照下列情形分别处理：（二）原判决认定事实没有错误，但适用法律有错误，或者量刑不当的，应当改判；"可知，中级法院认为量刑不当的，应当直接改判，不能发回重审。A 项错误。

B、C 项，根据《刑诉解释》第 401 条第 1 款第 3 项规定："审理被告人或者其法定代理人、辩护人、近亲属提出上诉的案件，不得对被告人的刑罚作出实质不利的改判，并应当执行下列规定：（三）原判认定的罪数不当的，可以改变罪数，并调整刑罚，但不得加重决定执行的刑罚或者对刑罚执行产生不利影响；"B 项中，合并执行 12 年加重了一审决定执行的刑罚，错误。C 项中，对两罪刑罚进行了调整，但总刑期不变，没有违反上诉不加刑原则，正确。

D 项，根据《刑诉解释》第 401 条第 1 款第 7 项规定："审理被告人或者其法定代理人、辩护人、近亲属提出上诉的案件，不得对被告人的刑罚作出实质不利的改判，并应当执行下列规定：（七）原判判处的刑罚不当、应当适用附加刑而没有适用的，不得直接加重刑罚、适用附加刑。原判判处的刑罚畸轻，必须依法改判的，应当在第二审判决、裁定生效后，依照审判监督程序重新审判。"可知，二审法院认为量刑畸轻的，应当在二审判决生效后按照审判监督程序重新审判。D 项正确。

本题当年司法部答案为 D。根据 2013 年《刑诉解释》第 325 条第 1 款第 3 项、第 7 项规定："审理被告人或者其法定代理人、辩护人、近亲属提出上诉的案件，不得加重被告人的刑罚，并应当执行下列规定：（三）原判对被告人实行数罪并罚的，不得加重决定执行的刑罚，也不得加重数罪中某罪的刑罚；（七）原判事实清楚，证据确实、充分，但判处的刑罚畸轻、应当适用附加刑而没有适用的，不得直接加重刑罚、适用附加刑，也不得以事实不清、证据不足为由发回第一审人民法院重新审判。必须依法改判的，应当在第二审判决、裁定生效后，依照审判监督程序重新审判。"据此，A、B、C 项错误，答案为 D 项。但《刑诉解释》已在 2021

---

[1] CD

年进行修订，删除了原第 3 项中"不得加重数罪中某罪的刑罚"的表述。根据现行法条，本题应选 C、D 项。

综上所述，本题答案为 C、D。

3. 朱某自诉陈某犯诽谤罪，法院审理后，陈某反诉朱某侮辱罪。法院审查认为，符合反诉条件，合并审理此案，判处陈某有期徒刑一年，判处朱某有期徒刑一年。两人不服，均以对方量刑过轻、己方量刑过重为由提出上诉。关于二审法院的判决，下列哪些选项是正确的？(2010 - 2 - 77，多)〔1〕

A. 如认为对两人量刑均过轻，可同时加重朱某和陈某的刑罚

B. 如认为对某一人的量刑过轻，可加重该人的刑罚

C. 即使认为对两人量刑均过轻，也不得同时加重朱某和陈某的刑罚

D. 如认为一审量刑过轻，只能通过审判监督程序纠正

【解析】根据《刑事诉讼法》第 237 条规定："第二审人民法院审判被告人或者他的法定代理人、辩护人、近亲属上诉的案件，不得加重被告人的刑罚。第二审人民法院发回原审人民法院重新审判的案件，除有新的犯罪事实，人民检察院补充起诉的以外，原审人民法院也不得加重被告人的刑罚。人民检察院提出抗诉或者自诉人提出上诉的，不受前款规定的限制。"

A、B、C、D 项，本案中，朱某为诽谤罪自诉人，陈某为侮辱罪自诉人，二人都提出了上诉。因此，根据前述规定，二人均不受上诉不加刑原则的限制。二审法院认为量刑过轻的，可以加重对其中任何一人或同时加重二人的刑罚。A、B 项正确，C、D 项错误。

综上所述，本题答案为 A、B。

四、二审审理的方式与程序

1. 某市中级人民法院对甲被指控故意杀人一案进行了第一审审理，判处甲无期徒刑。检察院认为量刑过轻，提出抗诉。关于本案的第二审程序，下列说法正确的是？（2018 仿真题）〔2〕

A. 如果甲不服一审判决，可以口头方式提起上诉

B. 二审法院可以不开庭审理

C. 二审法院仅就甲的量刑问题进行审查

D. 第二审法院经审查，认为原判事实不清、证据不足，需要发回重新审判的，可以不开庭审理

【解析】A 项，根据《刑事诉讼法》第 227 条第 1 款规定："被告人、自诉人和他们的法定代理人，不服地方各级人民法院第一审的判决、裁定，有权用书状或者口头向上一级人民法院上诉。……"可知，被告人可以通过口头形式提起上诉。A 项正确。

B 项，根据《刑事诉讼法》第 234 条第 1 款第 3 项规定："第二审人民法院对于下列案件，应当组成合议庭，开庭审理：（三）人民检察院抗诉的案件；"本案属于该项情形，应当开庭审理。B 项错误。

C 项，根据《刑事诉讼法》第 233 条第 1 款规定："第二审人民法院应当就第一审判决认定的事实和适用法律进行全面审查，不受上诉或者抗诉范围的限制。"可知，二审法院审理案件遵循全面审查原则，除了对量刑问题进行审查之外，对于事实部分等仍应当进行审查。C 项

---

〔1〕 AB 〔2〕 AD

错误。

D项，根据《刑诉解释》第394条规定："对上诉、抗诉案件，第二审人民法院经审查，认为原判事实不清、证据不足，或者具有刑事诉讼法第二百三十八条规定的违反法定诉讼程序情形，需要发回重新审判的，可以不开庭审理。"可知，D项正确。

综上所述，本题答案为A、D。

2. 甲、乙二人系药材公司仓库保管员，涉嫌5次共同盗窃其保管的名贵药材，涉案金额40余万元。一审开庭审理时，药材公司法定代表人丙参加庭审。经审理，法院认定了其中4起盗窃事实，另1起因证据不足未予认定，甲和乙以职务侵占罪分别被判处有期徒刑3年和1年。一审判决作出后，乙以量刑过重为由提出上诉，甲未上诉，检察院未抗诉。关于本案二审程序，下列选项正确的是：（2017 - 2 - 94，任）[1]

A. 二审法院受理案件后应通知同级检察院查阅案卷

B. 二审法院可审理并认定一审法院未予认定的1起盗窃事实

C. 二审法院审理后认为乙符合适用缓刑的条件，将乙改判为有期徒刑2年，缓刑2年

D. 二审期间，甲可另行委托辩护人为其辩护

【解析】A项，根据《刑事诉讼法》第235条规定："……第二审人民法院应当在决定开庭审理后及时通知人民检察院查阅案卷。……"可知，二审法院应当在决定开庭审理后而不是受理案件后及时通知检察院阅卷。A项错误。

B项，根据《刑诉解释》第388条规定："第二审人民法院审理上诉、抗诉案件，应当就第一审判决、裁定认定的事实和适用法律进行全面审查，不受上诉、抗诉范围的限制。"二审法院只能全面审查，不能全面认定。这是因为我国实行"二审终审"原则，一旦二审认定了一审法院未予认定的事实，就侵犯了对方的上诉权。B项错误。

C项，根据《刑诉解释》第401条第1款第7项的规定："原判判处的刑罚不当、应当适用附加刑而没有适用的，不得直接加重刑罚、适用附加刑。原判判处的刑罚畸轻，必须依法改判的，应当在第二审判决、裁定生效后，依照审判监督程序重新审判。"一审判处乙有期徒刑1年，二审法院将乙改判为有期徒刑2年、缓刑2年，属于直接加重刑罚、适用附加刑，违背了上诉不加刑原则。C项错误。

D项，根据《刑诉解释》第392条第1款："第二审期间，被告人除自行辩护外，还可以继续委托第一审辩护人或者另行委托辩护人辩护。"可知，D项正确。

综上所述，本题答案为D。

3. 某基层法院就郭某敲诈勒索案一审适用简易程序，判处郭某有期徒刑4年。对于一审中的下列哪些情形，二审法院应以程序违法为由，撤销原判发回重审？（2016 - 2 - 73，多）[2]

A. 未在开庭10日前向郭某送达起诉书副本

B. 由一名审判员独任审理

C. 公诉人没有对被告人进行发问

D. 应公开审理但未公开审理

【解析】根据《刑诉解释》第406条规定："第二审人民法院发现原审人民法院在重新审判过程中，有《刑事诉讼法》第二百三十八条规定的情形之一，或者违反第二百三十九条规

---

[1]　D　[2]　BD

定的，应当裁定撤销原判，发回重新审判。"根据《刑事诉讼法》第238条规定："第二审人民法院发现第一审人民法院的审理有下列违反法律规定的诉讼程序的情形之一的，应当裁定撤销原判，发回原审人民法院重新审判：（一）违反本法有关公开审判的规定的；（二）违反回避制度的；（三）剥夺或者限制了当事人的法定诉讼权利，可能影响公正审判的；（四）审判组织的组成不合法的；（五）其他违反法律规定的诉讼程序，可能影响公正审判的。"

A、C项，均不属于上述法条规定的程序违法情形，二审法院无需据此撤销原判、发回重审。A、C项错误。

B项，根据《刑事诉讼法》第216条第1款规定："适用简易程序审理案件，对可能判处三年有期徒刑以下刑罚的，可以组成合议庭进行审判，也可以由审判员一人独任审判；对可能判处的有期徒刑超过三年的，应当组成合议庭进行审判。"本案一审对郭某判处有期徒刑4年，应当组成合议庭进行审判，由一名审判员独任审理属于《刑事诉讼法》第238条第（4）项规定的情形，二审应当撤销原判、发回重审。B项正确。

D项，属于《刑事诉讼法》第238条第（1）项规定的情形，二审应当撤销原判、发回重审。D项正确。

综上所述，本题应当选B、D。

4. 龚某因生产不符合安全标准的食品罪被一审法院判处有期徒刑5年，并被禁止在刑罚执行完毕之日起3年内从事食品加工行业。龚某以量刑畸重为由上诉，检察院未抗诉。关于本案二审，下列哪一选项是正确的？（2016－2－38，单）[1]

A. 应开庭审理

B. 可维持有期徒刑5年的判决，并将职业禁止的期限变更为4年

C. 如认为原判认定罪名不当，二审法院可在维持原判刑罚不变的情况下改判为生产有害食品罪

D. 发回重审后，如检察院变更起诉罪名为生产有害食品罪，一审法院可改判并加重龚某的刑罚

【解析】A项，根据《刑诉解释》第393条规定："下列案件，根据刑事诉讼法第二百三十四条的规定，应当开庭审理：（一）被告人、自诉人及其法定代理人对第一审认定的事实、证据提出异议，可能影响定罪量刑的上诉案件；（二）被告人被判处死刑的上诉案件；（三）人民检察院抗诉的案件；（四）应当开庭审理的其他案件。被判处死刑的被告人没有上诉，同案的其他被告人上诉的案件，第二审人民法院应当开庭审理。"本案均不符合上述情形，二审并不必须开庭审理，A项错误。

B项，根据《刑诉解释》第401条第5项规定："审理被告人或者其法定代理人、辩护人、近亲属提出上诉的案件，不得对被告人的刑罚作出实质不利的改判，并应当执行下列规定：（五）原判没有宣告职业禁止、禁止令的，不得增加宣告；原判宣告职业禁止、禁止令的，不得增加内容、延长期限；"将职业禁止期限由3年延长至4年违反了该项规定，B项错误。

C项，根据《刑诉解释》第401条第2项规定："审理被告人或者其法定代理人、辩护人、近亲属提出上诉的案件，不得对被告人的刑罚作出实质不利的改判，并应当执行下列规定：（二）原判认定的罪名不当的，可以改变罪名，但不得加重刑罚或者对刑罚执行产生不利影

---

[1] C

响；"可知，二审法院可以只变更罪名不改变刑罚，C项正确。

D项，根据《刑诉解释》第403条第1款规定："被告人或者其法定代理人、辩护人、近亲属提出上诉，人民检察院未提出抗诉的案件，第二审人民法院发回重新审判后，除有新的犯罪事实且人民检察院补充起诉的以外，原审人民法院不得加重被告人的刑罚。"可知，一审法院不能仅因检察院变更起诉罪名就加重被告人刑罚，D项错误。

综上所述，本题答案为C。

5. 甲、乙、丙三人共同实施故意杀人，一审法院判处甲死刑立即执行、乙无期徒刑、丙有期徒刑10年。丙以量刑过重为由上诉，甲和乙未上诉，检察院未抗诉。关于本案的第二审程序，下列哪一选项是正确的？（2014－2－38，单）[1]

A. 可不开庭审理

B. 认为没有必要的，甲可不再到庭

C. 由于乙没有上诉，其不得另行委托辩护人为其辩护

D. 审理后认为原判事实不清且对丙的量刑过轻，发回一审法院重审，一审法院重审后可加重丙的刑罚

【解析】A项，根据《刑诉解释》第393条第2款规定："被判处死刑的被告人没有上诉，同案的其他被告人上诉的案件，第二审人民法院应当开庭审理。"本案中，被判处死刑的甲没有上诉，被判处有期徒刑10年的丙提起上诉，属于该款规定的情形，二审应当开庭审理。A项错误。

B项，根据《刑诉解释》第399条第2款规定："同案审理的案件，未提出上诉、人民检察院也未对其判决提出抗诉的被告人要求出庭的，应当准许。出庭的被告人可以参加法庭调查和辩论。"本案中，甲既没有上诉也没有被抗诉，二审中可以不出庭。B项正确。

C项，根据《刑诉解释》第392条规定："第二审期间，被告人除自行辩护外，还可以继续委托第一审辩护人或者另行委托辩护人辩护。共同犯罪案件，只有部分被告人提出上诉，或者自诉人只对部分被告人的判决提出上诉，或者人民检察院只对部分被告人的判决提出抗诉的，其他同案被告人也可以委托辩护人辩护。"可见，乙仍可以另行委托辩护人为其辩护。C项错误。

D项，根据《刑诉解释》第403条第1款规定："被告人或者其法定代理人、辩护人、近亲属提出上诉，人民检察院未提出抗诉的案件，第二审人民法院发回重新审判后，除有新的犯罪事实且人民检察院补充起诉的以外，原审人民法院不得加重被告人的刑罚。"可知，一审法院重审后不得加重丙的刑罚，D项错误。

综上所述，本题答案为B。

五、二审的审理结果

1. 公安机关接举报称本市张大明为牟取非法利益而贩卖毒品，后立案展开侦查，侦查过程中公安机关提请逮捕张大明并获检察院批准，最终张大明因涉嫌贩卖毒品罪被检察院提起公诉，但其始终辩称是被冤枉，声称侦查人员在其家中查获的毒品并非自己所有，而是被恶人栽赃陷害，一审法院经审理认为现有证据无法排除合理怀疑，遂判决宣告张大明无罪。检察机关认为一审判决确有错误向上一级法院提起抗诉，在二审开庭前检察院发现了关于毒品来源的关

―――――――――――

[1]　B

键证据，关于本案的处理，下列哪些选项是正确的？（2019 仿真题）[1]

A. 法院应当通知辩方查阅、摘抄或复制检察机关发现的新证据

B. 因二审开庭前本案出现新的关键性证据，二审法院审理后认为一审判决事实不清、证据不足的，应撤销原判、发回重审

C. 依据全面贯彻证据裁判规则的要求，本案中一审法院作出无罪判决并无不当

D. 张大明应于一审宣判后立即被释放，检察机关可对其另行适用取保候审的强制措施

【解析】A 项，本案中检察机关二审开庭前发现关于毒品来源的关键证据，根据《刑诉解释》第 395 条的规定，第二审期间，人民检察院或者被告人及其辩护人提交新证据的，人民法院应当及时通知对方查阅、摘抄或者复制。所以 A 项正确。

B 项，本案开庭前检察机关发现了关键证据，根据《刑事诉讼法》第 236 条第 1 款的规定，第二审人民法院对原判决事实不清楚或者证据不足的案件，可以在查清事实后改判；也可以裁定撤销原判，发回原审人民法院重新审判。所以二审法院还可以查清事实后改判。B 项错误。

C 项，证据裁判规则要求必须有相应的证据证明才能认定案件事实，综合裁判所依据的证据应达到证明标准：案件事实清楚、证据确实充分，排除合理怀疑。而本案的一审中张大明始终不承认犯罪，也没有确凿证据证明张大明确实实施了犯罪，不能排除张大明家中毒品为他人放置的可能性，现有证据无法排除合理怀疑。所以，此种情况下作出无罪判决是正确的，C 项正确。

D 项，本案中一审对张大明宣判无罪，根据《刑事诉讼法》第 260 条的规定，第一审人民法院判决被告人无罪、免除刑事处罚的，如果被告人在押，在宣判后应当立即释放。因此应当立即释放张大明。又因为检察院认为一审判决错误，张大明仍有犯罪嫌疑，所以检察机关可以对其进行取保候审。D 项正确。

综上所述，本题答案为 A，C，D。

2. 辩护律师在庭审中对控方证据提出异议，主张这些证据不得作为定案依据。对下列哪些证据的异议，法院应当予以支持？（2016 - 2 - 68，多）[2]

A. 因证人拒不到庭而无法当庭询问的证人证言

B. 被告人提供了有关刑讯逼供的线索及材料，但公诉人不能证明讯问合法的被告人庭前供述

C. 工商行政管理部门关于查处被告人非法交易行为时的询问笔录

D. 侦查人员在办案场所以外的地点询问被害人所获得的被害人陈述

【解析】A 项，根据《刑诉解释》第 91 条第 3 款的规定，经人民法院通知，证人没有正当理由拒绝出庭或者出庭后拒绝作证，法庭对其证言的真实性无法确认的，该证人证言不得作为定案的根据。所以可知因证人拒不到庭而无法当庭询问的证人证言是可以作为定案根据使用的，只有法庭对证人证言真实性无法确认时，才不得作为定案根据。A 项错误。

B 项，被告人提供了有关刑讯逼供的线索及材料，但公诉人不能证明讯问合法的被告人庭前供述。根据《刑诉解释》第 137 条规定，法庭对证据收集的合法性进行调查后，确认或者不能排除存在刑事诉讼法第 56 条规定的以非法方法收集证据情形的，对有关证据应当排除。所

---

[1] ACD   [2] BC

以该不能排除存在以非法方式收集的庭前供述应当予以排除，B 项正确。

C 项，工商行政管理部门属于行政机关，询问笔录属于言词证据。根据《刑诉解释》第 75 条第 1 款的规定，行政机关的物证、书证、视听资料、电子数据等实物证据材料，可以转化为刑事案件定案的根据。言外之意，行政机关收集的言词证据，是不能直接作为刑事证据使用的，所以 C 项正确。

D 项，根据《公安部规定》第 210 条第 1 款的规定，除去办案场所以外，询问证人、被害人可以到证人、被害人所在单位、住处或者证人、被害人提出的地点进行，必要时还可以书面、电话或者当场通知证人、被害人到公安机关提供证言。由此可知，在办案场所之外询问被害人是合法的，所以 D 项错误。

综上所述，本题答案为 B、C。

3. 关于发回重审，下列哪一说法是不正确的？（2011－2－37，单）[1]

A. 发回重审原则上不能超过二次

B. 在发回重审裁定书中应详细阐明发回重审的理由及法律根据

C. 一审剥夺或者限制了当事人的法定诉讼权利，可能影响公正审判的，应当发回重审

D. 发回重审应当撤销原判

【解析】A 项，法律中并没有对二审法院以"违反程序"理由发回重审规定次数限制，只规定了原审人民法院对于以"事实不清、证据不足"为由发回重新审判的案件仅限发回重审一次（《刑事诉讼法》第 236 条第 2 款）。所以，"发回重审原则上不能超过二次"的说法是错误的，A 项错误。

B 项，根据《关于规范上下级人民法院审判业务关系的若干意见》第 6 条的规定，第一审人民法院已经查清事实的案件，第二审人民法院原则上不得以事实不清、证据不足为由发回重审。第二审人民法院作出发回重审裁定时，应当在裁定书中详细阐明发回重审的理由及法律依据。此外，近些年最高法一直在强调加强规范裁判文书释法说理，B 项正符合这一指导意见。由此可知，B 项正确。

C 项，剥夺或者限制了当事人的法定诉讼权利属于《刑事诉讼法》第 238 条规定的"违反诉讼程序"情形之一，故应当发回重审，C 项正确。

D 项，发回原审人民法院重新审判的，应当裁定撤销原判，所以 D 项正确。

综上所述，本题答案为 A。

---

[1] A

第十七章　死刑复核程序

一、死刑立即执行案件的核准

1. 甲因犯绑架罪被中级法院判处死刑立即执行，甲以量刑过重为由上诉，检察院未抗诉。高级法院裁定维持原判。关于本案的死刑复核程序，下列说法正确的是？（2020仿真题）[1]

A. 高级法院应先复核再报请最高法院核准

B. 最高法院复核本案的死刑立即执行判决，应当由审判员三人组成合议庭进行

C. 最高法院如认为原判决对甲的犯罪事实不清，证据不足，可以查清后核准死刑，也可以不予核准，发回重审

D. 最高法院复核本案的死刑立即执行判决，应当听取辩护律师的意见

【解析】A项，本案中，被告人提出了上诉，那么高级法院既是二审法院也是死刑复核法院，二审即包括复核，不需要再单独复核，直接报请最高法核准即可。A项错误。

B项，根据《刑事诉讼法》第249条的规定，最高人民法院复核死刑案件，高级人民法院复核死刑缓期执行的案件，应当由审判员三人组成合议庭进行。B项正确。

C项，若最高法院认为原判事实不清，证据不足，根据《刑诉解释》第429条的规定，最高人民法院复核死刑案件，对原判事实不清、证据不足的，应当裁定不予核准，并撤销原判，发回重新审判。所以只能裁定不予核准，并撤销原判，发回重新审判，而不能查清后核准。C项错误。

D项，《刑事诉讼法》第251条规定，最高人民法院复核死刑案件，应当讯问被告人，辩护律师提出要求的，应当听取辩护律师的意见。可见，如果辩护律师没有提出要求，最高法院不需要听取律师意见，故D项错误。

综上所述，本题答案为B。

2. 甲因犯故意杀人罪被H省S市中级法院判处死刑立即执行，甲未上诉，检察机关也未抗诉。最高人民法院经复核后认为，原判认定事实清楚，证据确实充分，但量刑过重，依法不应当判处死刑，不予核准，发回重审。关于本案的诉讼程序，下列说法错误的是？（2018仿真题）[2]

A. S市中级法院判处死刑立即执行后，应当先报请H省高级法院复核后再报请最高法院核准

B. 最高人民法院发回S市中级法院重新审判的，S市中级法院应当另行组成合议庭审理

C. 最高人民法院发回S市中级法院重新审判的，S市中级法院应当开庭审理

---

〔1〕　B　〔2〕　B

D. S 市中级法院重新审判后，甲如果不服判决结果的，可以上诉

【解析】A 项，本案中甲被判处死刑立即执行，没有上诉，也没有抗诉，故根据《刑诉解释》第 423 条第 1 款第 1 项规定所规定的，逐层向最高法报请核准死刑，也即先报请 H 省高级法院复核后再报请最高法院核准。A 项正确。

B 项，根据《刑诉解释》第 429 条、432 条的规定，最高人民法院发回 S 市中级法院重新审判，则 S 市中级法院应当另行组成合议庭审理，但"复核期间出现新的影响定罪量刑的事实、证据"或者"原判认定事实正确、证据充分，但依法不应当判处死刑"两种情形可以不另行组成合议庭。本案中，原判认定事实清楚，证据确实充分，只是量刑过重，判处死刑不当，符合"原判认定事实正确、证据充分，但依法不应当判处死刑"情形，因此，S 市中级法院不用另行组成合议庭审理。B 项错误。

C 项，本案中，S 市中级法院是一审法院，根据《刑诉解释》第 430 条的规定，最高法发回第一审人民法院重新审判的，应当开庭审理。所以 S 市中院应当开庭审理，C 项正确。

D 项，S 市中院是本案的一审法院，最高法院发回 S 市中院重新审判，S 市中院应当按照一审程序进行审理并作出一审判决。所以甲如果对该判决不服的，可以提出上诉。D 项正确。

综上所述，本题答案为 B。

3. 段某因贩卖毒品罪被市中级法院判处死刑立即执行，段某上诉后省高级法院维持了一审判决。最高法院复核后认为，原判认定事实清楚，但量刑过重，依法不应当判处死刑，不予核准，发回省高级法院重新审判。关于省高级法院重新审判，下列哪一选项是正确的？(2017 - 2 - 36，单)〔1〕

A. 应另行组成合议庭

B. 应由审判员 5 人组成合议庭

C. 应开庭审理

D. 可直接改判死刑缓期 2 年执行，该判决为终审判决

【解析】A 项，根据《刑诉解释》429 条、第 432 条的规定，最高人民法院发回原审法院重新审判，则原审法院应当另行组成合议庭审理，但"复核期间出现新的影响定罪量刑的事实、证据"或者"原判认定事实正确、证据充分，但依法不应当判处死刑"两种情形可以不另行组成合议庭。本案中，最高法院复核后认为，原判认定事实清楚，但量刑过重，依法不应当判处死刑，该种情形原审人民法院无需另行组成合议庭审理，故 A 项错误。

B 项，本案中，段某上诉后省高级法院维持了一审判决，最高法院对死刑判决未核准，发回省高院重审，根据《刑诉解释》第 431 条的规定，最高法对死刑案件不予核准、发回高级人民法院重新审判的，高级人民法院可以依照第二审程序提审或者发回重新审判。所以省高院重审应适用二审程序。又根据《刑事诉讼法》第 183 条第 4 款的规定，二审审理应由审判员三人或者五人组成合议庭进行。由此可知省高院重审应由审判员 3 人或 5 人组成合议庭进行审理，而非只能由五人审判员组成合议庭审理。所以 B 项错误。

C 项，根据《刑诉解释》第 430 条的规定，最高人民法院裁定不予核准死刑、发回第一审法院重新审判的，应当开庭审理；发回第二审法院重新审判的，只有必须通过开庭查清事实、核实证据或者纠正原审程序违法的，才应当开庭审理，其他情形可以不开庭。本案中，事实认

─────────────

〔1〕 D

定正确，只是判处死刑不当，无须开庭审理。所 C 此项错误。

D 项，根据《刑诉解释》第 430 条的规定，最高人民法院裁定不予核准死刑的，发回第二审人民法院重新审判的，二审法院可以直接改判。又因为高级法院是二审法院，所以改判后的判决是终审判决。D 项正确。

综上所述，此题答案为 D。

4. 甲和乙因故意杀人被中级法院分别判处死刑立即执行和无期徒刑。甲、乙上诉后，高级法院裁定维持原判。关于本案，下列哪一选项是正确的？（2016 - 2 - 39，单）[1]

A. 高级法院裁定维持原判后，对乙的判决即已生效

B. 高级法院应先复核再报请最高法院核准

C. 最高法院如认为原判决对乙的犯罪事实未查清，可查清后对乙改判并核准甲的死刑

D. 最高法院如认为甲的犯罪事实不清、证据不足，不予核准死刑的，只能使用裁定

【解析】 A 项，根据《关于刑事案件终审判决和裁定何时发生法律效力问题的批复》的规定：终审的判决和裁定自宣告之日起发生法律效力，可知高级法院对乙的判决进行宣告后，对乙的判决才生效。因此，高级法院裁定维持原判后，对乙的判决尚未生效。A 项错误。

B 项，首先，乙被判处无期徒刑，无期徒刑无需复核。其次，虽然甲被判处死刑立即执行，需要层报最高法复核，但是甲提出了上诉，高级法院既是复核法院也是二审法院，二审审理可以包含复核，无需再单独进行复核程序。所以 B 项错误。

C 项，根据《刑诉解释》第 429 条的规定，最高法复核死刑案件，发现原判事实不清、证据不足的，应当裁定不予核准，并撤销原判，发回重新审判。所以，最高法院如认为原判决对乙的犯罪事实未查清，应撤销原判、发回重审。C 项错误。

D 项，根据《刑诉解释》第 429 条的规定，最高法复核死刑案件，发现原判事实不清、证据不足的，应当裁定不予核准，并撤销原判，发回重新审判。可见最高法在此种情形下发出的应当是裁定而非判决。所以 D 项正确。

综上所述，本题答案为 D。

5. 鲁某与关某涉嫌贩卖冰毒 500 余克，B 省 A 市中级法院开庭审理后，以鲁某犯贩卖毒品罪，判处死刑立即执行，关某犯贩卖毒品罪，判处死刑缓期二年执行。一审宣判后，关某以量刑过重为由向 B 省高级法院提起上诉，鲁某未上诉，检察院也未提起抗诉。如 B 省高级法院审理后认为，一审判决认定事实和适用法律正确、量刑适当，裁定驳回关某的上诉，维持原判，则对本案进行死刑复核的正确程序是：（2015 - 2 - 96，任）[2]

A. 对关某的死刑缓期二年执行判决，B 省高级法院不再另行复核

B. 最高法院复核鲁某的死刑立即执行判决，应由审判员三人组成合议庭进行

C. 如鲁某在死刑复核阶段委托律师担任辩护人的，死刑复核合议庭应在办公场所当面听取律师意见

D. 最高法院裁定不予核准鲁某死刑的，可发回 A 市中级法院或 B 省高级法院重新审理

【解析】 A 项，B 省高级法院关某的案件进行了二审审理，二审审理中包含复核，因此，B 省高级法院无需再单独复核。所以 A 项正确。

B 项，根据《刑事诉讼法》第 249 条的规定，最高人民法院复核死刑案件，高级人民法院

复核死刑缓期执行的案件，都应由审判员 3 人组成合议庭进行复核。所以 B 项正确。

C 项，根据《刑事诉讼法》第 251 条的规定，最高人民法院复核死刑案件，并非一定要听取律师意见，只有当辩护律师提出要求时才会在办公场所听取律师意见。所以 C 项错误。

D 项，根据《刑诉解释》第 430 条第 1 款的规定：最高人民法院裁定不予核准死刑的，根据案件情况，既可以发回第二审法院重新审判，也可以发回第一审法院重新审判。本案中 A 市中级法院为一审法院，B 省高级法院为二审法院。所以 D 项正确。

综上所述，本题答案为 A、B、D。

6. 甲和乙共同实施拐卖妇女、儿童罪，均被判处死刑立即执行。最高法院复核后认为全案判决认定事实正确，甲系主犯应当判处死刑立即执行，但对乙可不立即执行。关于最高法院对此案的处理，下列哪一选项是正确的？（2014 – 2 – 39，单）[1]

A. 将乙改判为死缓，并裁定核准甲死刑

B. 对乙作出改判，并判决核准甲死刑

C. 对全案裁定不予核准，撤销原判，发回重审

D. 裁定核准甲死刑，撤销对乙的判决，发回重审

【解析】本案中，最高法复核后认为全案判决认定事实正确，对甲判处死刑立即执行无误，但对乙不应当判处死刑立即执行。根据《刑诉解释》第 429 条的规定，最高法核准死刑，对原判认定事实和适用法律正确、量刑适当、诉讼程序合法的，应当裁定核准；对原判认定事实正确、证据充分，但依法不应当判处死刑的，应当裁定不予核准，并撤销原判，发回重新审判，必要时也可以依法改判。

A 项，根据法律规定，最高法可以对乙改判或者裁定撤销原判、发回重审，如果最高法对乙进行了改判，则应在同一判决中核准甲的死刑，所以并非裁定核准甲死刑，二应该是判决核准甲死刑。A 项错误。

B 项，最高法对乙进行了改判，故应在同一判决中核准甲的死刑。B 项正确。

C 项，根据法律规定，本案中最高法复核后认为全案判决认定事实正确，甲系主犯应当判处死刑立即执行，所以应当对甲的死刑予以核准而不能对全案裁定不予核准。C 项错误。

D 项，根据《刑诉解释（2012 版）》第 352 条的规定，对有两名以上被告人被判处死刑的案件，最高人民法院复核后，认为其中部分被告人的死刑判决、裁定事实不清、证据不足的，应当对全案裁定不予核准，并撤销原判，发回重新审判；认为其中部分被告人的死刑判决、裁定认定事实正确，但依法不应当判处死刑的，可以改判，并对其他应当判处死刑的被告人作出核准死刑的判决。本案并非属于"事实不清、证据不足"情形，故不应撤销原判，而应当对不适当的乙作出改判、对甲进行核准。D 项错误。【该条已经在 2021 版《刑诉解释》中删除】

综上所述，本题正确答案为 B。

7. 张某因犯故意杀人罪和爆炸罪，一审均被判处死刑立即执行，张某未上诉，检察机关也未抗诉。最高法院经复核后认为，爆炸罪的死刑判决事实不清、证据不足，但故意杀人罪死刑判决认定事实和适用法律正确、量刑适当。关于此案的处理，下列哪些选项是错误的？（2013 – 2 – 75，多）[2]

A. 对全案裁定核准死刑

B. 裁定核准故意杀人罪死刑判决，并对爆炸罪死刑判决予以改判

C. 裁定核准故意杀人罪死刑判决，并撤销爆炸罪的死刑判决，发回重审

D. 对全案裁定不予核准，并撤销原判，发回重审

【解析】根据《刑诉解释》第429条的规定，最高法核准死刑，对原判认定事实和适用法律正确、量刑适当、诉讼程序合法的，应当裁定核准；对原判事实不清、证据不足的，应当裁定不予核准，并撤销原判，发回重新审判。本案中，首先，最高法复核时认为张某的爆炸罪判决事实不清、证据不足，针对此种情况，依据法律规定，最高法应当裁定不予核准，并撤销原判、发回重新审判；其次，最高法复核时认为张某的故意杀人罪判决认定事实和适用法律正确、量刑适当，针对此种情况，最高法应当对该罪予以核准。

A项，最高法复核时认为张某的爆炸罪判决事实不清、证据不足，故不应对全案裁定核准死刑。A项错误。

B项，最高法复核时认为张某的爆炸罪判决事实不清、证据不足，应当裁定不予核准，并撤销原判、发回重新审判。B项错误。

C项，裁定核准故意杀人罪死刑判决，并撤销爆炸罪的死刑判决，发回重审符合法律规定。C项正确。

D项，最高法复核时认为张某的故意杀人罪判决认定事实和适用法律正确、量刑适当，故应当对张某的故意杀人罪核准死刑。D项错误。

综上所述，本题选错误选项，故答案为A、B、D。

8. 关于死刑复核程序，下列哪一选项是正确的？（2012 - 2 - 33，单）[1]

A. 最高法院复核死刑案件，可以不讯问被告人

B. 最高法院复核死刑案件，应当听取辩护律师的意见

C. 在复核死刑案件过程中，最高检察院应当向最高法院提出意见

D. 最高法院应当将死刑复核结果通报最高检察院

【解析】根据《刑事诉讼法》第251条的规定，首先，最高人民法院复核死刑案件，应当讯问被告人；其次，辩护律师提出要求的，应当听取辩护律师的意见；最后，在复核死刑案件过程中，最高人民检察院可以向最高人民法院提出意见，并且最高人民法院应当将死刑复核结果通报最高人民检察院。

A项，最高法院复核死刑案件，必须讯问被告人。A项错误。

B项，辩护律师提出要求的，才应当听取意见。B项错误。

C项，在复核死刑案件过程中，最高人民检察院可以向最高人民法院提出意见。C项错误。

D项，最高人民法院应当将死刑复核结果通报最高人民检察院。D项正确。

综上所述，本题答案为D。

9. 关于检察院办理死刑上诉、抗诉案件的开庭前审查程序，下列哪些说法是正确的？（2011 - 2 - 73，多）[2]

A. 应当讯问被告人，听取被告人的上诉理由或者辩解

B. 应当听取辩护人的意见

C. 应当询问证人

D. 可以听取被害人的意见

【解析】根据《最高检规则》第450条的规定，人民检察院办理死刑上诉、抗诉案件，应当进行下列工作：（1）讯问原审被告人，听取原审被告人的上诉理由或者辩解；（2）听取辩护人的意见；（3）复核主要证据，必要时询问证人；（4）必要时补充收集证据；（5）对鉴定意见有疑问的，可以重新鉴定或者补充鉴定；（6）根据案件情况，可以听取被害人的意见。

A项，检察院应当讯问被告人，听取被告人的上诉理由或者辩解。A项正确。

B项，检察院应当听取辩护人的意见。B项正确。

C项，检察院复核主要证据有必要时才询问证人。C项错误。

D项，检察院根据案件情况，可以听取被害人的意见。D项正确。

综上所述，本题答案为A、B、D。

二、死缓的复核

1. 关于死刑缓期执行限制减刑案件的审理程序，下列哪一说法是正确的？（2011－2－36，单）[1]

A. 对一审法院作出的限制减刑的判决，被告人的辩护人、近亲属可以独立提起上诉

B. 高级法院认为原判对被告人判处死刑缓期执行适当但限制减刑不当的，应当改判，撤销限制减刑

C. 最高法院复核死刑案件，认为可以判处死刑缓期执行并限制减刑的，可以裁定不予核准，发回重新审判

D. 最高法院复核死刑案件，认为对部分被告人应当适用死刑缓期执行的，如符合《刑法》限制减刑规定，应当裁定不予核准，发回重新审判

【解析】A项，根据最高人民法院《关于死刑缓期执行限制减刑案件审理程序若干问题的规定》第2条的规定，被告人对第一审人民法院作出的限制减刑判决不服的，可以提出上诉。被告人的辩护人和近亲属，经被告人同意，也可以提出上诉。可见，被告人的辩护人、近亲属没有有独立的上诉权，需经被告人同意方可提出上诉。A项错误。

B项，根据最高人民法院《关于死刑缓期执行限制减刑案件审理程序若干问题的规定》第3条的规定，高级法院认为原判对被告人判处死刑缓期执行适当但限制减刑不当的，应当改判，撤销限制减刑。B项正确。

C项，根据最高人民法院《关于死刑缓期执行限制减刑案件审理程序若干问题的规定》第6条的规定，最高法院复核死刑案件，认为可以判处死刑缓期执行并限制减刑的，应当裁定不予核准，发回重新审判。C项错误。

D项，根据最高人民法院《关于死刑缓期执行限制减刑案件审理程序若干问题的规定》第6条的规定，一案中2名以上被告人被判处死刑，最高人民法院复核后，认为对部分被告人应当适用死刑缓期执行的，如符合《刑法》限制减刑规定，可以同时决定对其限制减刑。D项错误。

综上所述，本题答案为B。

---

2. 根据有关立法及司法解释的规定，对被判处死刑缓期执行的被告人可以同时决定对其限制减刑，因而涉及相关诉讼程序方面的问题。请回答下列问题：

（1）关于犯罪分子可以适用死刑缓期执行限制减刑的案件，下列选项正确的是：（2011 - 2 - 92，任）[1]

A. 绑架案件　　　　　　　　　　　B. 抢劫案件

C. 爆炸案件　　　　　　　　　　　D. 有组织的暴力性案件

【解析】根据《关于死刑缓期执行限制减刑案件审理程序若干问题的规定》第 1 条的规定，对被判处死刑缓期执行的累犯以及因故意杀人、强奸、抢劫、绑架、放火、爆炸、投放危险物质或者有组织的暴力性犯罪被判处死刑缓期执行的犯罪分子，人民法院根据犯罪情节、人身危险性等情况，可以在作出裁判的同时决定对其限制减刑。

A 项，绑架案件属于可以适用死刑缓期执行限制减刑的案件。A 项正确。

B 项，抢劫案件属于可以适用死刑缓期执行限制减刑的案件。B 项正确。

C 项，爆炸案件属于可以适用死刑缓期执行限制减刑的案件。C 项正确。

D 项，有组织的暴力性案件属于可以适用死刑缓期执行限制减刑的案件。D 项正确。

综上所述，本题正确答案为 A、B、C、D。

（2）高级法院审理判处死刑缓期执行没有限制减刑的上诉案件，认为原判事实清楚、证据充分，但确有必要限制减刑的，下列处理程序正确的是：（2011 - 2 - 93，任）[2]

A. 直接改判

B. 发回重新审判

C. 维持原判不再纠正

D. 二审判决、裁定生效后，按照审判监督程序重新审判

【解析】根据《关于死刑缓期执行限制减刑案件审理程序若干问题的规定》第 4 条的规定：首先，高级人民法院审理判处死刑缓期执行没有限制减刑的上诉案件，认为原判事实清楚、证据充分，但应当限制减刑的，不得直接改判，也不得发回重新审判。其次，确有必要限制减刑的，应当在第二审判决、裁定生效后，按照审判监督程序重新审判。最后，高级人民法院复核判处死刑缓期执行没有限制减刑的案件，认为应当限制减刑的，不得以提高审级等方式对被告人限制减刑。

A 项，原判事实清楚、证据充分，但确有必要限制减刑的案件，不应直接改判而应在第二审判决、裁定生效后，按照审判监督程序重新审判。A 项错误。

B 项，不应发回重审。B 项错误。

C 项，确有必要限制减刑说明原判量刑存在错误，应当予以纠正而不能不予纠正。C 项错误。

D 项，确有必要限制减刑的，应当在第二审判决、裁定生效后，按照审判监督程序重新审判。D 项正确。

综上所述，本题答案为 D。

---

[1] ABCD　[2] D

第十八章　审判监督程序

一、再审的申诉

1. 关于审判监督程序中的申诉，下列哪一选项是正确的？（2015 - 2 - 39，单）[1]

A. 二审法院裁定准许撤回上诉的案件，申诉人对一审判决提出的申诉，应由一审法院审理

B. 上一级法院对未经终审法院审理的申诉，应直接审理

C. 对经两级法院依照审判监督程序复查均驳回的申诉，法院不再受理

D. 对死刑案件的申诉，可由原核准的法院审查，也可交由原审法院审查

【解析】A项，《刑诉解释》第453条中规定"第二审人民法院裁定准许撤回上诉的案件，申诉人对第一审判决提出申诉的，可以由第一审人民法院审查处理。"应注意审查处理并非审理，所以"应由一审法院审理"表述错误。A项错误。

B项，《刑诉解释》第453条第2款规定，上一级人民法院对未经终审人民法院审查处理的申诉，案件疑难、复杂、重大的，可以直接审查处理。但是审查处理并非审理，所以"应直接审理"表述错误。B项错误。

C项，如果申诉人提出新的理由，或者刑事案件的原审被告人可能被宣告无罪的申诉，法院仍可受理。C项错误。

D项，根据《刑诉解释》第455条的规定，对死刑案件的申诉，可以由原核准的人民法院直接审查处理，也可以交由原审人民法院审查。D项正确。

综上所述，本题答案为D。

2. 某检察院申诉接待室《申诉指引》中的下列哪些表述是正确的？（2011 - 2 - 75，多）[2]

A. 不服法院已经执行完毕的刑事判决、裁定的申诉，由控告申诉检察部门办理

B. 被告人不服法院已经发生法律效力且尚在执行中的判决、裁定的申诉，由监所检察部门办理

C. 不服法院死刑终审判决、裁定尚未执行的申诉，由审查起诉部门办理

D. 被害人不服法院已经发生法律效力且尚在执行中的刑事判决、裁定的申诉，由控告申诉检察部门办理

【解析】根据《人民检察院办理刑事申诉案件规定》第16、17、19条的规定：首先，刑事申诉由控告申诉检察部门统一接收。其次，控告申诉检察部门应当对受理的刑事申诉案件进

---

[1]　D　[2]　本题无正确答案

行审查。最后，控告申诉检察部门经审查，具有下列情形之一的，应当移送刑事检察部门办理：（1）原判决、裁定或者处理决定存在错误可能的；（2）不服人民检察院诉讼终结的刑事处理决定首次提出申诉的；（3）被害人及其法定代理人、近亲属、被不起诉人及其法定代理人、近亲属不服不起诉决定，在收到不起诉决定书后7日以内提出申诉的。

A项，不服法院已经执行完毕的刑事判决、裁定的申诉，由控告申诉检察部门接收，并不是办理。A项错误。

B项，被告人不服法院已经发生法律效力且尚在执行中的判决、裁定的申诉，由刑事检察部门办理。B项错误。

C项，不服法院死刑终审判决、裁定尚未执行的申诉，由刑事检察部门办理。C项错误。

D项，被害人不服法院已经发生法律效力且尚在执行中的刑事判决、裁定的申诉，由刑事检察部门办理。D项错误。

综上所述，根据现行法律，本题无正确答案。

二、有权提起审判监督程序的主体

1. 李鹏因实施诈骗行为被A市甲县公安机关立案侦查，后甲县检察院就本案向甲县法院提起公诉，法院经审理认为现有证据不能证明李鹏的行为构成诈骗，故判决李鹏无罪，判决生效10个月后，甲县检察院偶然间发现了新的证据足以证明李鹏构成诈骗。关于甲县检察院对本案的处理，下列哪一选项是正确的？（2019年仿真题）[1]

A. 向甲县法院再次提起公诉，要求追究李鹏诈骗罪的刑事责任

B. 以检察建议书的形式要求甲县法院纠正已生效的错误判决

C. 以甲县法院所作的无罪判决确有错误为由，向A市法院提起抗诉

D. 先向甲县法院发出检察建议要求撤销先前的无罪判决后，才能起诉李鹏构成诈骗罪

【解析】A项，本案中，甲县检察院偶然间发现了新的证据足以证明李鹏构成诈骗，该新证据能够证明原判有误。根据《最高检规则》第591条的规定，甲县检察院认为法院已经发生法律效力的判决、裁定确有错误，具有"有新的证据证明原判决、裁定认定的事实确有错误，可能影响定罪量刑的"情形，应当按照审判监督程序，提请上一级人民检察院提出抗诉而不能自己直接抗诉。A项错误。

B项，根据《人民检察院检察建议工作规定》第8条的规定，甲县检察院发现同级人民法院已经发生法律效力的判决、裁定具有法律规定的应当再审情形的，可以向同级法院提出检察建议书。B项正确。

C项，根据再审监督程序的相关规定，同级检察院不能向同级或上级法院提出再审抗诉（最高检除外）。C项错误。

D项，根据《人民检察院检察建议工作规定》第5条的规定，检察建议主要包括以下类型：（一）再审检察建议；（二）纠正违法检察建议；（三）公益诉讼检察建议；（四）社会治理检察建议；（五）其他检察建议。可见检察建议不包括要求撤销原判，所以D项错误。

综上所述，本题答案为B。

2. 王某因间谍罪被甲省乙市中级法院一审判处死刑，缓期2年执行。王某没有上诉，检察院没有抗诉。判决生效后，发现有新的证据证明原判决认定的事实确有错误。下列哪些机关有

---

[1] B

权对本案提起审判监督程序？（2017 - 2 - 75，多）[1]

    A. 乙市中级法院   B. 甲省高级法院

    C. 甲省检察院   D. 最高检察院

【解析】 根据《刑诉解释》第460、461条，《最高检规则》第597条的规定，提起审判监督程序的主体包括：（1）生效裁判法院院长提请本院审判委员会讨论决定；（2）生效裁判法院的上级法院；（3）生效裁判法院的上级检察院。（4）最高检可以向最高法提出再审抗诉。本案中，王某被乙市法院一审判处死刑，缓期2年执行。虽然王某没有上诉，检察院也未抗诉，但是王某被判处死刑缓期执行判决，其判决必须经过甲省高院复核后方可生效，所以在本案中甲省高院才是作出生效裁判的法院。

    A项，乙市中级法院是本案作出生效裁判法院的下级法院，无权提起审判监督程序。A项错误。

    B项，甲省高级法院是本案作出生效裁判的法院，有权提起审判监督程序。B项正确。

    C项，甲省检察院是本案作出生效裁判法院的同级检察院，无权提起审判监督程序。C项错误。

    D项，最高检察院是本案作出生效裁判法院的上级检察院，有权提起审判监督程序。D项正确。

    综上所述，本题正确答案为B、D。

三、再审的程序

    1. 在一起共同犯罪案件当中，法院经过审理判处甲乙有期徒刑3年，丙无罪释放。判决生效后，上级法院发现甲其实是替丙顶罪，故指令下级法院进行再审。那么在再审审理中，下列说法正确的是？（2021回忆版，多）[2]

    A. 法院可以加重乙的刑罚

    B. 法院在再审审理中可以决定中止执行甲的刑罚

    C. 检察院可以决定对丙采取强制措施

    D. 再审法院应当重新组成合议庭

【解析】 本题旨在考察提起审判监督程序的审理。A项，本案中甲乙丙为共同犯罪，判决生效后上级法院发现甲和丙原判错误，指令下级法院对本案再审，根据《刑诉解释》第469条的规定，除人民检察院抗诉的以外，再审一般不得加重原审被告人的刑罚。再审决定书或者抗诉书只针对部分原审被告人的，不得加重其他同案原审被告人的刑罚。因此，A项错误。

    B项，本案中甲是替丙顶罪，甲可能经再审改判无罪，根据《刑诉解释》第464条的规定，法院可以决定中止执行甲的刑罚。因此，B项正确。

    C项，根据《刑事诉讼法》第257条第1款的规定，对于需要对被告人采取强制措施的案件，应当由谁提出再审就由谁采取强制措施。本案是由法院决定再审的案件，故应当由法院决定是否对丙采取强制措施。因此，C项错误。

    D项，根据《刑诉解释》第466条第1款的规定，原审人民法院审理依照审判监督程序重新审判的案件，应当另行组成合议庭。所以，再审法院应当另行组成合议庭进行审理。因此，D项正确。

---

[1] BD   [2] BD

综上所述，本题的答案为 BD 项。

2. 关于审判监督程序，下列选项正确的是？（2020 仿真题）[1]

A. 当事人及其法定代理人、近亲属有权对已经发生效力的裁判提出申诉

B. 上级法院指令下级法院再审的，一般应当指令原审法院以外的下级法院审理；由原审法院审理更为适宜的，也可以指令原审法院审理

C. 被告人可能经再审改判无罪，或者可能经再审减轻原判刑罚而致刑期届满的，可以裁定中止原判决、裁定的执行

D. 不论是否属于由法院决定的再审案件，逮捕均由法院决定

【解析】A 项，根据《刑事诉讼法》第 252 条的规定，当事人及其法定代理人、近亲属，对已经发生法律效力的判决、裁定，可以向人民法院或者人民检察院提出申诉。A 项正确。

B 项，根据《刑事诉讼法》第 255 条的规定，上级人民法院指令下级人民法院再审的，应当指令原审人民法院以外的下级人民法院审理；由原审人民法院审理更为适宜的，也可以指令原审人民法院审理。B 项正确。

C 项，根据《刑诉解释》第 464 条的规定，一般情况下，再审期间不停止原判决、裁定的执行。但被告人可能经再审改判无罪，或者可能经再审减轻原判刑罚而致刑期届满的，可以决定中止原判决、裁定的执行。需要注意的是中止原判决、裁定的执行应是"决定"而非"裁定"。C 项错误。

D 项，根据《刑事诉讼法》第 257 第 1 款的规定，由哪个司法机关启动再审程序，就由哪个司法机关决定对被告人采取强制措施。所以如果是检察院决定再审的案件，应当由检察院决定采取逮捕措施而不是法院决定。D 项错误。

综上所述，本题正确答案为 AB 项。

3. 最高人民法院《关于适用〈中华人民共和国刑事诉讼法〉的解释》第 386 条（现为第 469 条）规定，除检察院抗诉的以外，再审一般不得加重原审被告人的刑罚。关于这一规定的理解，下列哪些选项是正确的？（2016 - 2 - 74，多）[2]

A. 体现了刑事诉讼惩罚犯罪和保障人权基本理念的平衡

B. 体现了刑事诉讼具有追求实体真实与维护正当程序两方面的目的

C. 再审不加刑有例外，上诉不加刑也有例外

D. 审判监督程序的纠错功能决定了再审不加刑存在例外情形

【解析】A 项，《刑诉解释》规定再审一般不得加重原审被告人的刑罚，该规定是保护被告人权利、防止被告人被滥用刑罚，体现的是刑事诉讼法保障人权的基本理念；而法律同时又规定了检察院抗诉这一可以加重被告人刑罚的例外，这是为了满足惩罚犯罪人的现实需要，体现了刑事诉讼惩罚犯罪的基本理念。所以 A 项正确。

B 项，再审一般不得加重原审被告人的刑罚的规定体现了维护正当程序的目的，而检察院抗诉的例外规定又体现了刑事诉讼在维护正当程序的同时也兼顾现实需要（对有必要的被告人加重刑罚的需要），这体现了刑事诉讼具有追求实体真实与维护正当程序两方面的目的。所以 B 项正确。

C 项，上诉不加刑只适用于仅有被告人一方上诉的情形，上诉不加刑没有例外。C 项

———————————
[1] AB [2] ABD

错误。

D 项，审判监督程序的纠错功能意味着再审法院需要对原审不正确的定罪量刑进行纠正，经纠正后的正确定罪量刑不免会加重被告人的刑罚，这是必要的，所以再审不加刑不可能毫无例外。所以 D 项正确。

综上所述，本题应当选 A、B、D。

4. 关于审判监督程序，下列哪些选项是正确的？(2014 - 2 - 75，多)[1]

A. 只有当事人及其法定代理人、近亲属才能对已经发生法律效力的裁判提出申诉

B. 原审法院依照审判监督程序重新审判的案件，应当另行组成合议庭

C. 对于依照审判监督程序重新审判后可能改判无罪的案件，可中止原判决、裁定的执行

D. 上级法院指令下级法院再审的，一般应当指令原审法院以外的下级法院审理

【解析】A 项，根据《刑诉解释》第 451 条的规定，除了当事人及其法定代理人、近亲属可以提出申诉之外，案外人也可以提出申诉。A 项错误。

B 项，根据《刑事诉讼法》第 256 条第 1 款的规定，人民法院按照审判监督程序重新审判的案件，由原审人民法院审理的，应当另行组成合议庭进行。B 项正确。

C 项，根据《刑诉解释》第 464 条的规定，一般情况下，再审期间不停止原判决、裁定的执行，但被告人可能经再审改判无罪的案件，可中止原判决、裁定的执行。C 项正确。

D 项，根据《刑诉解释》第 461 条第 2 款的规定，上级人民法院指令下级人民法院再审的，一般应当指令原审人民法院以外的下级人民法院审理。D 项正确。

综上所述，本题应当选 B、C、D。

5. 法院就被告人"钱某"盗窃案作出一审判决，判决生效后检察院发现"钱某"并不姓钱，于是在确认其真实身份后向法院提出其冒用他人身份，但该案认定事实和适用法律正确。关于法院对此案的处理，下列哪一选项是正确的？(2013 - 2 - 40，单)[2]

A. 可以建议检察院提出抗诉，通过审判监督程序加以改判

B. 可以自行启动审判监督程序加以改判

C. 可以撤销原判并建议检察机关重新起诉

D. 可以用裁定对判决书加以更正

【解析】根据《刑诉解释》第 473 条的规定，原判决、裁定认定被告人姓名等身份信息有误，但认定事实和适用法律正确、量刑适当的，作出生效判决、裁定的人民法院可以通过裁定对有关信息予以更正。本案中认定事实和适用法律正确，仅仅是被告人身份信息错误，故法院应当通过裁定对有关信息予以更正。

A 项，本案判决的定罪量刑均无错误，无需启动审判监督程序进行改判。A 项错误。

B 项，本案判决的定罪量刑均无错误，无需启动审判监督程序进行改判。B 项错误。

C 项，本案判决的定罪量刑均无错误，如果仅仅身份信息错误就要求整个案件的诉讼流程重新来，会导致司法资源严重浪费。C 项错误。

D 项，用裁定对判决书加以更正符合法律规范。D 项错误。

综上所述，本题答案为 D。

---

[1]　BCD　[2]　D

6. 关于审判监督程序，下列哪一选项是正确的？（2012 - 2 - 34，单）[1]

A. 对于原判决事实不清楚或者证据不足的，应当指令下级法院再审

B. 上级法院指令下级法院再审的，应当指令原审法院以外的下级法院审理；由原审法院审理更为适宜的，也可以指令原审法院审理

C. 不论是否属于由检察院提起抗诉的再审案件，逮捕由检察院决定

D. 法院按照审判监督程序审判的案件，应当决定中止原判决、裁定的执行

【解析】A 项，根据《刑事诉讼法》第 254 条第 4 款的规定，人民检察院抗诉的案件，接受抗诉的人民法院应当组成合议庭重新审理，对于原判决事实不清楚或者证据不足的，可以指令下级人民法院再审。所以是"可以"而非"应当"，A 项错误。

B 项，根据《刑事诉讼法》第 255 条的规定，上级人民法院指令下级人民法院再审的，应当指令原审人民法院以外的下级人民法院审理；由原审人民法院审理更为适宜的，也可以指令原审人民法院审理。B 项正确。

C 项，根据《刑事诉讼法》第 257 条的规定，由哪个司法机关启动再审程序，就由哪个司法机关决定对被告人采取强制措施。所以如果是法院决定再审的案件，应当由法院决定采取逮捕措施而不是检察院决定。C 项错误。

D 项，根据《刑诉解释》第 464 条的规定，一般情况下，再审期间不停止原判决、裁定的执行。D 项错误。

综上所述，本题答案为 B 项。

7. 邢某因涉嫌强奸罪被判处有期徒刑。刑罚执行期间，邢某父母找到证人金某，证明案发时邢某正与金某在外开会，邢某父母提出申诉。法院对该案启动再审。关于原判决的执行，下列哪一说法是正确的？（2011 - 2 - 38，单）[2]

A. 继续执行原判决

B. 由再审法院裁定中止执行原判决

C. 由再审法院决定中止执行原判决

D. 报省级法院决定中止原判决

【解析】根据《刑诉解释》第 457 条的规定，经审查，具有下列情形的，应当决定重新审判：（1）有新的证据证明原判决、裁定认定的事实确有错误，可能影响定罪量刑的；（2）据以定罪量刑的证据不确实、不充分、依法应当排除的；（3）证明案件事实的主要证据之间存在矛盾的；（4）主要事实依据被依法变更或者撤销的；（5）认定罪名错误的；（6）量刑明显不当的；（7）对违法所得或者其他涉案财物的处理确有明显错误的；（8）违反法律关于溯及力规定的；（9）违反法定诉讼程序，可能影响公正裁判的；（10）审判人员在审理该案件时有贪污受贿、徇私舞弊、枉法裁判行为的根据。又根据《刑诉解释》第 464 条的规定，再审期间不停止原判决、裁定的执行，但被告人可能经再审改判无罪，或者可能经再审减轻原判刑罚而致刑期届满的，可以决定中止原判决、裁定的执行。

本案中，邢某父母以有证据证明案发时邢某在外开会为由提出申诉，满足法律规定的启动再审的条件，且邢某案发时不在案发现场则很有可能是无罪的，根据法律规定，再审法院可以决定中止执行原判决。

A 项，本案中邢某有可能被改判为无罪，不应继续执行原判决。A 项错误。

B 项，根据法律规定，再审法院可以决定中止执行原判决。但应注意，是"决定"而不是

裁定。B 项错误。

C 项，根据法律规定，再审法院可以决定中止执行原判决。C 项正确。

D 项，根据法律规定，应由再审法院决定中止执行，而不是报省级法院决定。D 项错误。

综上所述，本题答案为 D 项。

第十九章 执 行

一、执行的主体

1. 关于生效裁判执行，下列哪一做法是正确的？（2016 - 2 - 40，单）[1]

A. 甲被判处管制 1 年，由公安机关执行

B. 乙被判处有期徒刑 1 年宣告缓刑 2 年，由社区矫正机构执行

C. 丙被判处有期徒刑 1 年 6 个月，在被交付执行前，剩余刑期 5 个月，由看守所代为执行

D. 丁被判处 10 年有期徒刑并处没收财产，没收财产部分由公安机关执行

【解析】根据法律规定，法院负责执行无罪、免于刑事处罚以及死刑立即执行、罚金和没收财产判决的刑罚；监狱负责执行死缓、无期徒刑和余刑 3 个月以上的有期徒刑判决的刑罚；社区矫正机构负责执行管制、缓刑、假释和暂予监外执行的刑罚；公安机关负责执行拘役、剥夺政治权利和余刑 3 个月以下有期徒刑的刑罚。

A 项，管制应由社区矫正机关执行。A 项错误。

B 项，缓刑应由社区矫正机构执行。B 项正确。

C 项，余刑 5 个月的有期徒刑应由监狱执行。C 项错误。

D 项，没收财产的应由法院执行，必要时才可以会同公安机关执行。D 项错误。

综上所述，本题答案为 B 项。

二、死刑立即执行判决的执行

1. 赵某因绑架罪被甲省 A 市中级法院判处死刑缓期两年执行，后交付甲省 B 市监狱执行。死刑缓期执行期间，赵某脱逃至乙省 C 市实施抢劫被抓获，C 市中级法院一审以抢劫罪判处无期徒刑。赵某不服判决，向乙省高级法院上诉。乙省高级法院二审维持一审判决。此案最终经最高法院核准死刑立即执行。关于执行赵某死刑的法院，下列哪一选项是正确的？（2013 - 2 - 24，单）[2]

A. A 市中级法院　　　　　　　　B. B 市中级法院

C. C 市中级法院　　　　　　　　D. 乙省高级法院

【解析】根据《刑诉解释》第 499 条的规定，最高人民法院的执行死刑命令，由高级人民法院交付第一审人民法院执行。第一审人民法院接到执行死刑命令后，应当在 7 日内执行。在死刑缓期执行期间故意犯罪，最高人民法院核准执行死刑的，由罪犯服刑地的中级人民法院执行。

A 项，赵某为死刑缓期执行期间故意犯罪、被最高法院核准死刑，根据法律规定应由服刑

---

[1] B 〔2〕B

地的中级法院负责执行死刑，赵某的服刑地为 B 市，故应当由 B 市中级法院负责执行死刑，而不是 A 市。A 项错误。

B 项，B 市是赵某的服刑地，故 B 市中级法院为死刑执行法院。B 项正确。

C 项，C 市并非赵某服刑地，所以 C 项错误。

D 项，乙省高级法院并非赵某服刑地，所以 D 项错误。

综上所述，本题答案为 B 项。

三、刑事裁判涉财产部分和附带民事裁判的执行

1. 李某因涉嫌多次盗窃被检察院提起公诉。法院判处李某盗窃罪并对其盗窃所得的赃款赃物进行追缴。以下哪些赃款赃物依法应当予以追缴？（2018 年仿真题）[1]

A. 李某将盗窃所得的价值 100 万元却以 10 万元卖给古玩店的古董

B. 李某赠予其女友的价值一万元的金项链

C. 李某通过网络二手买卖平台将价值 8000 元而以 6000 元转卖他人的智能手机

D. 李某用于偿还赌债的 4 万元盗窃赃款

【解析】根据最高人民法院《关于刑事裁判涉财产部分执行的若干规定》第 11 条的规定，以下赃款赃物应当依法追缴：（1）第三人明知是涉案财物而接受的；（2）第三人无偿或者以明显低于市场的价格取得涉案财物的；（3）第三人通过非法债务清偿或者违法犯罪活动取得涉案财物的；（4）第三人通过其他恶意方式取得涉案财物的。

A 项，李某将价值 100 万元的古董以 10 万元卖给古玩店是明显低于市场价格的，故应当予以追缴。A 项正确。

B 项，李某将价值一万元的金项链赠予其女友，其女友无偿取得了涉案财物，故应当予以追缴。B 项正确。

C 项，李某在网络二手平台转卖的手机，并没有说李某以不合理的低价进行转让，所以第三人是善意取得，应当不予追缴。C 项错误。

D 项，赌博属于违法活动，对李某用于偿还赌债的盗窃赃款应予以追缴。D 项正确。

综上所述，本题答案为 ABD 项。

2. 甲纠集他人多次在市中心寻衅滋事，造成路人乙轻伤、丙的临街商铺严重受损。甲被起诉到法院后，乙和丙提起附带民事诉讼。法院判处甲有期徒刑 6 年，罚金 1 万元，赔偿乙医疗费 1 万元，赔偿丙财产损失 4 万元。判决生效交付执行后，查明甲除 1 辆汽车外无其他财产，且甲曾以该汽车抵押获取小额贷款，尚欠银行贷款 2.5 万元，银行主张优先受偿。法院以 8 万元的价格拍卖了甲的汽车。关于此 8 万元的执行顺序，下列哪一选项是正确的？（2017 - 2 - 37，单）[2]

A. 医疗费→银行贷款→财产损失→罚金

B. 医疗费→财产损失→银行贷款→罚金

C. 银行贷款→医疗费→财产损失→罚金

D. 医疗费→财产损失→罚金→银行贷款

【解析】根据《关于刑事裁判财产部分执行的若干规定》第 13 条的规定，被执行人在执行中同时承担刑事责任、民事责任，其财产不足以支付的，按照下列顺序执行：人身损害赔偿

---

[1]　ABD　[2]　A

中的医疗费用→退赔被害人的损失→其他民事债务→罚金→没收财产。但是应当注意，债权人对执行标的依法享有优先受偿权，其主张优先受偿的，人民法院应当在前款第（1）项规定的医疗费用受偿后，予以支持。

本案中，甲曾以该汽车抵押获取小额贷款，意味着银行对该执行标的享有优先受偿权，所以银行贷款受偿顺序应在医疗费用受偿后、财产损失前。也即本案中执行顺序应为医疗费→银行贷款→财产损失→罚金。

综上所述，本题答案为 A 项。

3. 关于刑事裁判涉财产部分执行，下列哪一说法是正确的？（2015－2－40，单）[1]

A. 对侦查机关查封、冻结、扣押的财产，法院执行时可直接裁定处置，无需侦查机关出具解除手续

B. 法院续行查封、冻结、扣押的顺位无需与侦查机关的顺位相同

C. 刑事裁判涉财产部分的裁判内容应明确具体，涉案财产和被害人均应在判决书主文中详细列明

D. 刑事裁判涉财产部分，应由与一审法院同级的财产所在地的法院执行

【解析】A 项，根据最高人民法院《关于刑事裁判涉财产部分执行的若干规定》第 5 条的规定，对侦查机关查封、冻结、扣押的财产，法院执行时可直接裁定处置，无需侦查机关出具解除手续。A 项正确。

B 项，根据最高人民法院《关于刑事裁判涉财产部分执行的若干规定》第 5 条的规定，人民法院续行查封、扣押、冻结的顺位与侦查机关查封、扣押、冻结的顺位相同。B 项错误。

C 项，根据最高人民法院《关于刑事裁判涉财产部分执行的若干规定》第 6 条第 1 款的规定，刑事裁判涉财产部分的裁判内容，应当明确、具体。涉案财物或者被害人人数较多，不宜在判决主文中详细列明的，可以概括叙明并另附清单。所以，涉案财产和被害人并非均应在判决书主文中详细列明，C 项错误。

D 项，根据最高人民法院《关于刑事裁判涉财产部分执行的若干规定》第 2 条的规定，刑事裁判涉财产部分，由第一审人民法院执行，第一审人民法院可以委托财产所在地的同级人民法院执行。应注意是在需要的时候第一审人民法院可以委托财产所在地的同级人民法院执行，而不是执行刑事裁判涉财产部分就必须应由与一审法院同级的财产所在地的法院执行。D 项错误。

综上所述，本题答案为 A 项。

四、其他判决的执行

1. 关于有期徒刑缓刑、拘役缓刑的执行，下列哪些选项是正确的？（2014－2－74，多）[2]

A. 对宣告缓刑的罪犯，法院应当核实其居住地

B. 法院应当向罪犯及原所在单位或居住地群众宣布犯罪事实、期限及应遵守的规定

C. 罪犯在缓刑考验期内犯新罪应当撤销缓刑的，由原审法院作出裁定

D. 法院撤销缓刑的裁定，一经作出立即生效

【解析】A 项，根据《刑诉解释》第 519 条的规定，对被判处管制、宣告缓刑的罪犯，人

---

[1] A　[2] D

民法院应当依法确定社区矫正执行地。社区矫正执行地为罪犯的居住地；罪犯在多个地方居住的，可以确定其经常居住地为执行地；罪犯的居住地、经常居住地无法确定或者不适宜执行社区矫正的，应当根据有利于罪犯接受矫正、更好地融入社会的原则，确定执行地。由此可知，法院不仅应当核实罪犯的居住地，还应当根据罪犯的经常居住地等情况确定社区矫正执行地。A 项错误。

B 项，现行法律中并没有规定法院应当向罪犯及原所在单位或居住地群众宣布犯罪事实、期限及应遵守，所以 B 项错误。

C 项，根据《刑诉解释》第 542 条的规定，罪犯在缓刑、假释考验期限内犯新罪应当撤销缓刑、假释的，应当由审判新罪的人民法院撤销原判决、裁定宣告的缓刑、假释。所以 C 项错误。

D 项，根据《刑诉解释》第 545 条的规定，人民法院应当在收到社区矫正机构的撤销缓刑、假释建议书后 30 日以内作出裁定。撤销缓刑、假释的裁定，一经作出，立即生效。D 项正确。

综上所述，本题答案为 D 项。

当时司法部答案为 AD，但注意法律规定修改后，A 项错误。

五、执行的变更

（一）死刑、死缓执行的变更

1. 关于最高人民法院裁定停止执行死刑后的处理，下列哪一选项是正确的？（2019 年仿真题）[1]

A. 确认张三怀有身孕的，应当裁定不予核准死刑，撤销原判，发回重审

B. 如果确认李四的死刑判决确有错误，需要改判的，应当改判

C. 王五因故意杀人罪被判处死刑，停止执行后确认其另犯有强奸罪需要追诉的，应对强奸罪作出判决后裁定继续执行死刑

D. 赵六确有重大立功表现，但经查明确认不影响原判决执行的，应当裁定继续执行死刑

【解析】根据《刑诉解释》第 504 条的规定，最高人民法院对停止执行死刑的案件，应当按照下列情形分别处理：（一）确认罪犯怀孕的，应当改判；（二）确认罪犯有其他犯罪，依法应当追诉的，应当裁定不予核准死刑，撤销原判，发回重新审判；（三）确认原判决、裁定有错误或者罪犯有重大立功表现，需要改判的，应当裁定不予核准死刑，撤销原判，发回重新审判；（四）确认原判决、裁定没有错误，罪犯没有重大立功表现，或者重大立功表现不影响原判决、裁定执行的，应当裁定继续执行死刑，并由院长重新签发执行死刑的命令。A 项，张三怀有身孕，不应裁定撤销原判、发回重审，而应当改判。A 项错误。

B 项中，如果确认李四的死刑判决确有错误，需要改判的，应当裁定不予核准死刑，撤销原判、发回重审而不能直接改判。B 项错误。

C 项，王五停止执行后确认其另犯有强奸罪需要追诉，则应当裁定不予核准死刑，撤销原判，发回重审。C 项错误。

D 项中，赵六虽有重大立功表现，但经查明确认不影响原判决执行的，应当裁定继续执行死刑。D 项正确。

---

[1] D

综上所述，本题选择 D 项。

（二）暂予监外执行

1. 在刑事诉讼执行程序中，下列情形中可以暂予监外执行的是？（2020 仿真题）[1]

A. 被判处无期徒刑的女罪犯张某，被发现服刑时怀有身孕

B. 被判处有期徒刑 10 年的罪犯王某，在狱中自杀未遂，致使生活不能自理

C. 被判处有期徒刑 5 年的罪犯李某患有严重疾病需要保外就医

D. 被判处无期徒刑的女罪犯赵某，生活不能自理，适用暂予监外执行不致危害社会的

【解析】 根据《刑事诉讼法》第 265 条的规定，首先，对被判处有期徒刑或者拘役的罪犯，对以下三种情形的罪犯可以暂予监外执行：（1）有严重疾病需要保外就医的；（2）怀孕或者正在哺乳自己婴儿的妇女；（3）生活不能自理，适用暂予监外执行不致危害社会的。其次，对被判处无期徒刑的怀孕或者正在哺乳自己婴儿的妇女，可以暂予监外执行。此外，法律还规定，对适用保外就医可能有社会危险性的罪犯，或者自伤自残的罪犯，不得保外就医。A 项，被判处无期徒刑但怀有身孕的张某符合暂予监外执行的条件，A 项正确。

B 项，王某在狱中自杀未遂，根据法律规定，自伤自残的罪犯不得保外就医，B 项错误。

C 项，李某被判有期徒刑，但患有严重疾病需要保外就医，符合暂予监外执行条件，C 项正确。

D 项，赵某被判处无期徒刑，不适用于"生活不能自理，适用暂予监外执行不致危害社会"这一暂予监外执行情形，所以不符合暂予监外执行条件。D 项错误。

综上所述，本题正确答案为 AC 项。

2. 张某居住于甲市 A 区，曾任甲市 B 区某局局长，因受贿罪被 B 区法院判处有期徒刑 5 年，执行期间突发严重疾病而被决定暂予监外执行。张某在监外执行期间违反规定，被决定收监执行。关于本案，下列哪一选项是正确的？（2017 - 2 - 38，单）[2]

A. 暂予监外执行由 A 区法院决定

B. 暂予监外执行由 B 区法院决定

C. 暂予监外执行期间由 A 区司法行政机关实行社区矫正

D. 收监执行由 B 区法院决定

【解析】 根据《刑事诉讼法》第 265 条第 5 款的规定，在交付执行前，暂予监外执行由交付执行的人民法院决定；在交付执行后，暂予监外执行由监狱或者看守所提出书面意见，报省级以上监狱管理机关或者设区的市一级以上公安机关批准。

本案中，张某在执行期间突发严重疾病，属于交付执行后的暂予监外执行。由于张某被判处被判处有期徒刑，故其执行机关为监狱，所以应由监狱提出意见，并且报省级以上监狱管理机关批准。

A 项，张某的暂予监外执行应由监狱提出意见，并且报省级以上监狱管理机关批准，而不是法院决定。A、B、D 项错误。

C 项，根据《刑诉解释》第 519 条的规定社区矫正执行地为罪犯的居住地。本案中 A 区为其居住地，即 A 区为社区矫正执行地，所以由 A 区司法行政机关实行社区矫正是正确的。C 项正确。

---

[1] AC 　[2] C

综上所述，本题答案选 C 项。

3. 钱某涉嫌纵火罪被提起公诉，在法庭审理过程中被诊断患严重疾病，法院判处其有期徒刑 8 年，同时决定予以监外执行。下列哪一选项是错误的？（2014－2－26，单）[1]

A. 决定监外执行时应当将暂予监外执行决定抄送检察院

B. 钱某监外执行期间，应当对其实行社区矫正

C. 如钱某拒不报告行踪、脱离监管，应当予以收监

D. 如法院作出收监决定，钱某不服，可向上一级法院申请复议

【解析】A 项，《刑诉解释》第 515 条规定人民法院在作出暂予监外执行决定前，应当征求人民检察院的意见，但是并没有规定要将暂予监外执行决定抄送检察院。所以 A 项错误。

B 项，根据《刑事诉讼法》第 269 条的规定，钱某的监外执行应当由社区矫正机构负责执行。B 项正确。

C 项，根据《刑诉解释》第 516 条的规定，人民法院收到社区矫正机构的收监执行建议书后，经审查，确认暂予监外执行的罪犯"未经批准离开所居住的市、县，经警告拒不改正，或者拒不报告行踪，脱离监管的"，应当作出收监执行的决定。C 项正确。

D 项，收监决定一经作出，立即生效，并且目前我国《刑事诉讼法》及相关司法解释并没有规定罪犯罪收监决定不服的相关救济方式。D 项错误。

综上所述，本题答案为 AD 项。

4. 下列哪一选项是 2012 年《刑事诉讼法修正案》新增加的规定内容？（2012－2－35，单）[2]

A. 怀孕或者正在哺乳自己婴儿的妇女可以暂予监外执行

B. 监狱、看守所提出暂予监外执行的书面意见的，应当将书面意见的副本抄送检察院

C. 决定或者批准暂予监外执行的机关应当将暂予监外执行决定抄送检察院

D. 检察院认为暂予监外执行不当的，应当在法定期间内将书面意见送交决定或者批准暂予监外执行的机关

【解析】2012 年《刑事诉讼法修正案》中增加了检察院对暂予监外执行进行法律监督的内容，为现行《刑事诉讼法》第 266 条（原 255 条），内容为：监狱、看守所提出暂予监外执行的书面意见的，应当将书面意见的副本抄送人民检察院。人民检察院可以向决定或者批准机关提出书面意见。

由此可知，B 项正确。

A、C、D 项不是新增内容。

综上所述，本题答案为 B 项。

（三）减刑、假释

1. 甲因贷款诈骗罪被判处有期徒刑 12 年，在 D 市监狱服刑。服刑期间认真遵守监规，接受教育改造，确有悔改表现，在刑罚执行 4 年后，D 市监狱向 D 市中级人民法院提出减刑建议书。关于本案的减刑程序，下列说法正确的是？（2018 年仿真题）[3]

A. D 市中级人民法院审理本案可以书面审理

B. D 市中级人民法院可由审判员李某一人独任审判

C. 在审理过程中，甲对报请理由有疑问的，在经审判长许可后可以申请能够证明其有悔改表现的证人乙出庭作证

D. D市中级人民法院受理本案的，应当由甲提供其确有悔改表现的具体事实的书面证明材料

【解析】 根据《刑诉解释》第538条的规定，人民法院应当组成合议庭审理减刑、假释案件，必须开庭审理的案件包括：（1）因罪犯有重大立功表现提请减刑的；（2）提请减刑的起始时间、间隔时间或者减刑幅度不符合一般规定的；（3）被提请减刑、假释罪犯系职务犯罪罪犯，组织、领导、参加、包庇、纵容黑社会性质组织罪犯，破坏金融管理秩序罪犯或者金融诈骗罪犯的；（4）社会影响重大或者社会关注度高的；（5）公示期间收到不同意见的；（6）人民检察院提出异议的；（7）有必要开庭审理的其他案件。

A项，本案为贷款诈骗犯罪，属于金融诈骗犯罪，依法应当开庭审理，而不能书面审理。A项错误。

B项，根据法律规定，人民法院应当组成合议庭审理减刑、假释案件，所以不可独任审理。B项错误。

C项，根据最高人民法院《关于减刑、假释案件审理程序的规定》第11条第2款的规定，庭审过程中，如果甲对报请理由有疑问，在经审判长许可后，可以出示证据，申请证人到庭，向证人提问并发表意见。C项正确。

D项，本案中甲被判处有期徒刑，在监狱服刑，根据《刑诉解释》第534条的规定，应由执行机关（也就是监狱）提出减刑建议书。既然由监狱提出甲的减刑建议书，那么监狱理应提供甲确有悔改表现的具体事实的书面证明材料以供法院审查。D项错误。

综上所述，本题答案为C项。

2. 关于减刑、假释案件审理程序，下列哪一选项是正确的？（2015－2－41，单）[1]

A. 甲因抢劫罪和绑架罪被法院决定执行有期徒刑20年，对甲的减刑，应由其服刑地高级法院作出裁定

B. 乙因检举他人重大犯罪活动被报请减刑的，法院应通知乙参加减刑庭审

C. 丙因受贿罪被判处有期徒刑5年，对丙的假释，可书面审理，但必须提讯丙

D. 丁因强奸罪被判处无期徒刑，对丁的减刑，可聘请律师到庭发表意见

【解析】 A项，根据《刑诉解释》第534条的规定，对被判处有期徒刑和被减为有期徒刑的罪犯的减刑、假释，由罪犯服刑地的中级人民法院在收到执行机关提出的减刑、假释建议书后一个月以内作出裁定。甲被判处有期徒刑20年，所以对甲的减刑，应由其服刑地中级法院作出裁定。A项错误。

B项，根据最高人民法院《关于减刑、假释案件审理程序的规定》第7条第1款的规定，人民法院开庭审理减刑、假释案件，应当通知人民检察院、执行机关及被报请减刑、假释罪犯参加庭审。乙因检举他人重大犯罪活动被报请减刑，依法应当开庭审理。乙作为被报请减刑的罪犯，应当通知到庭。B项正确。

C项，根据《刑诉解释》第538条的规定，如果被提请减刑、假释罪犯系职务犯罪罪犯，组织、领导、参加、包庇、纵容黑社会性质组织罪犯，破坏金融管理秩序罪犯或者金融诈骗罪

---

[1] B

犯的，应当开庭审理。丙因受贿罪被判处有期徒刑 5 年，属于职务犯罪，所以对丙的假释应当开庭审理，而不能书面审理。C 项错误。

D 项，目前《刑事诉讼法》以及相关司法解释并没有规定罪犯在减刑假释案件的审理中可以委托辩护律师。执行程序中暂无辩护或代理的规定。D 项错误。

综上所述，本题答案为 B 项。

第二十章 特别程序

一、未成年人刑事案件诉讼程序

（一）特有原则和制度

1. 律师邹某受法律援助机构指派，担任未成年人陈某的辩护人。关于邹某的权利，下列哪些说法是正确的？（2015 - 2 - 73，多）[1]

A. 可调查陈某的成长经历、犯罪原因、监护教育等情况，并提交给法院

B. 可反对法院对该案适用简易程序，法院因此只能采用普通程序审理

C. 可在陈某最后陈述后进行补充陈述

D. 可在有罪判决宣告后，受法庭邀请参与对陈某的法庭教育

【考点】未成年人刑事案件辩护权内容

【解析】A 项，未成年人程序中的特有原则之一即社会调查原则。《刑诉解释》第 568 条规定："对人民检察院移送的关于未成年被告人性格特点、家庭情况、社会交往、成长经历、犯罪原因、犯罪前后的表现、监护教育等情况的调查报告，以及辩护人提交的反映未成年被告人上述情况的书面材料，法庭应当接受。"邹某作为陈某的辩护律师，可调查陈某的成长经历、犯罪原因、监护教育等情况，并提交给法院，以供法院在最终裁判时予以参考。A 项正确。

B 项，未成年人案件虽然可以适用简易程序，但是根据《刑诉解释》第 566 条的规定如果未成年被告人、其法定代理人、辩护人中有人提出异议，则不适用简易程序。所以，如果辩护人对简易程序提出异议，则只能适用普通程序进行审理。B 项正确。

C 项，根据《刑诉解释》第 577 条的规定，法定代理人可以在未成年被告人最后陈述后进行补充陈述，但是陈某作为辩护人，并没有补充陈述权。C 项错误。

D 项，未成年人案件的指导方针即为教育、感化、挽救。《刑诉解释》第 576 条规定了法庭、法定代理人以及法定代理人以外的成年亲属或者教师、辅导员等都可以参与感化、挽救未成年人，这个主体是广泛的。所以可以理解为，只要辩护人有利于对陈某进行感化、挽救，即可受邀进行。D 项正确。

综上所述，本题答案为 A、B、D。

2. 根据《刑事诉讼法》规定，审判的时候被告人不满 18 周岁的案件，不公开审理。但是，经未成年被告人及其法定代理人同意，未成年被告人所在学校和未成年人保护组织可以派代表到场。关于该规定的理解，下列哪些说法是错误的？（2012 - 2 - 73，多）[2]

A. 该规定意味着经未成年被告人及其法定代理人同意，可以公开审理

---

〔1〕 ABD 〔2〕 AB

B. 未成年被告人所在学校和未成年人保护组织派代表到场是公开审理的特殊形式

C. 未成年被告人所在学校和未成年人保护组织经同意派代表到场是为了维护未成年被告人合法权益和对其进行教育

D. 未成年被告人所在学校和未成年人保护组织经同意派代表到场与审判的时候被告人不满18周岁的案件不公开审理并不矛盾

【考点】未成年人刑事案件不公开审理

【解析】A项，法律允许未成年被告人所在学校和未成年人保护组织可以派代表到场是出于教化和保护未成年人而考虑，并不意味着未成年人案件可以公开审理。A项错误。

B项，未成年被告人所在学校和未成年人保护组织派代表到场并不是公开审理，也就不可能是公开审理的特殊形式。B项错误。

C项，未成年被告人所在学校和未成年人保护组织经同意派代表到场是针对未成年人心理以及生理上的特点、有利于维护未成年被告人合法权益、对未成年人进行教育的制度设计。C项正确。

D项，不公开审理指的是庭审不能面向社会、面向新闻媒体、舆论进行公开，未成年被告人所在学校和未成年人保护组织派代表到场并不是为了将案件审理向外界公开而是为了保护、教育未成年人，这二者并不矛盾。D项正确。

综上所述，本题选择错误的选项，答案为 AB。

3. 关于犯罪记录封存的适用条件，下列哪些选项是正确的？（2012-2-74，多）[1]

A. 犯罪的时候不满18周岁　　　　　B. 被判处5年有期徒刑以下刑罚

C. 初次犯罪　　　　　　　　　　　D. 没有受过其他处罚

【考点】犯罪记录封存制度

【解析】根据《刑事诉讼法》第286条的规定，犯罪的时候不满十八周岁，被判处五年有期徒刑以下刑罚的，应当对相关犯罪记录予以封存。

A项，"犯罪的时候不满18周岁"属于犯罪记录封存的适用条件。A项正确。

B项，"被判处5年有期徒刑以下刑罚"属于犯罪记录封存的适用条件。B项正确。

C项，"初次犯罪"并不是犯罪记录封存的适用条件，即使是累犯，只要满足"犯罪的时候不满18周岁""5年有期徒刑以下刑罚"的条件，就可以适用犯罪记录封存。C项错误。

D项，"没有受过其他处罚"并不是犯罪记录封存的适用条件，即使受过其他处罚，只要总刑罚不超过五年，就可以适用犯罪记录封存。C项错误。

综上所述，本题答案为 A、B。

（二）程序特点

1. 关于未成年人刑事案件审判程序，下列说法正确的是[2]？（2021年回忆版，多）

A. 曹某（14岁）强奸杀人案，检察院决定逮捕，但应保障其继续接受义务教育

B. 邓某利用孙某（13岁）运输毒品，为保护证人人身安全，孙某可在不暴露外貌、声音的条件下出庭作证

C. 于某猥亵儿童案，询问被害人时应同步录音录像并一次性完成

D. 在校大学生张某盗窃案，法院受理本案时张某刚满20岁，不能由未成年人案件审判组

---

[1] AB 〔2〕 ABC。

织审理

【考点】未成年人刑事案件审查起诉、审判程序特殊规定；合适成年人；认罪认罚

【解析】A 项，曹某为未成年人，根据《刑诉解释》第 553 条第 3 款的规定，对被逮捕且没有完成义务教育的未成年被告人，应当保证其接受义务教育。因此，A 项正确。

B 项，根据《刑事诉讼法》第 64 条第 1 款第 2 项的规定，对于危害国家安全犯罪、恐怖活动犯罪、黑社会性质的组织犯罪、毒品犯罪等案件，证人、鉴定人、被害人因在诉讼中作证，本人或者其近亲属的人身安全面临危险的，人民法院、人民检察院和公安机关应当采取以下一项或者多项保护措施：（二）采取不暴露外貌、真实声音等出庭作证措施……邓某为毒品犯罪，孙某可以在通过技术手段处理了外貌、声音的情况下出庭作证。因此，B 项正确。

C 项，于某猥亵儿童，根据《刑诉解释》第 556 条第 2 款的规定，审理未成年人遭受性侵害或者暴力伤害案件，在询问未成年被害人、证人时，应当采取同步录音录像等措施，尽量一次完成。因此，C 项正确。

D 项，在校大学生张某在法院受理案件时刚满 20 岁，根据《刑诉解释》第 550 条第 2 款第 1 项的规定，人民法院立案时不满二十二周岁的在校学生犯罪案件，可以由未成年人案件审判组织审理。所以张某可以由未成年人案件审判组织审理。因此，D 项错误。

综上所述，本题的答案为 ABC 项。

2. 15 岁的男孩小马与 13 岁的女孩小刘发生了性关系，公安机关对小马进行立案侦查。关于本案的处理，下列选项正确的是[1]？（2021 年回忆版，多）

A. 审查起诉期间，小马父亲对小马认罪认罚有异议，可将异议内容在具结书中注明，但不影响对小马从宽

B. 法庭审理中，侦查阶段对小马进行社会调查的工作人员可以出庭说明情况

C. 在询问被害人之时没有法定代理人或合适成年人在场，被害人证言不得作为定案依据

D. 若小马在审查起诉阶段未认罪认罚，但在审判阶段认罪认罚，并不影响对其从宽处理

【考点】未成年人刑事案件审查起诉、审判程序特殊规定；认罪认罚

【解析】A 项，根据《最高检规则》第 468 条第 3 款的规定，未成年犯罪嫌疑人的法定代理人、辩护人对认罪认罚有异议而不签署具结书的，不影响从宽处理。所以审查起诉期间，如果小马父亲对小马认罪认罚有异议，可将异议内容在具结书中注明，并且不影响对小马从宽。因此，A 项正确。

B 项，根据《刑诉解释》第 575 条第 2 款的规定，人民法院可以通知作出调查报告的人员出庭说明情况，接受控辩双方和法庭的询问。所以在法庭审理中，侦查阶段对小马进行社会调查的工作人员可以出庭说明情况。因此，B 项正确。

C 项，根据《刑诉解释》第 90 条第 5 项的规定，询问未成年人，其法定代理人或者合适成年人不在场的证人证言，经补正或者作出合理解释的，可以采用；不能补正或者作出合理解释的，不得作为定案的根据。所以在询问被害人之时没有法定代理人或合适成年人在场所获得的被害人证言，只有不能补正的才不得作为定案依据。因此，C 项错误。

D 项，认罪认罚从宽制度贯穿于刑事诉讼全过程，适用于所有的刑事案件。所以小马在审判阶段认罪认罚，仍然可以适用认罪认罚从宽制度。因此，D 项正确。

---

[1]　ABD

综上所述，本题答案为 ABD 项。

3. 未成年人甲（17 周岁，还有两个月满 18 周岁）涉嫌故意伤害罪（轻伤）被 A 区公安机关立案侦查，A 区公安机关侦查终结将案件移送审查起诉两日后甲满 18 周岁。A 区人民检察院对案件进行审查后决定附条件不起诉。在考验期间，甲犯新的盗窃罪，A 区人民检察院对甲作出撤销附条件不起诉的决定，并向 A 区人民法院提起公诉。关于本案的诉讼程序，下列说法正确的是？（2018 仿真题）[1]

A. A 区人民法院应当对本案公开审判，但不得组织人员旁听

B. A 区人民法院决定适用简易程序，应当征得他的父亲同意才能适用

C. 本案中 A 区人民检察院附条件不起诉的决定是违法的

D. A 区人民法院立案时甲未满 20 周岁，本案应当由少年法庭审理

【考点】 未成年人刑事案件审判程序特殊规定

【解析】 A 项，根据《刑诉解释》第 557 条的规定，开庭审理时被告人不满十八周岁的案件，一律不公开审理。本案被告人在开庭审理时已经年满十八周岁，所以 A 区人民法院应当对本案公开审判。但是，该条法律规定，公开审理但可能需要封存犯罪记录的案件，不得组织人员旁听。又根据《刑事诉讼法》第 286 条的规定，甲犯罪时不满十八周岁，故意伤害罪（轻伤）法定刑低于五年有期徒刑，所以甲应当被封存犯罪记录。依此，A 区人民法院不得组织人员旁听。A 项正确。

B 项，根据《刑诉解释》第 566 条的规定，对于未成年人刑事案件，未成年被告人、其法定代理人、辩护人有一人提出异议的，即不适用简易程序。所以本案中，如果要适用简易程序，征得甲的父亲的同意还不够，还需要征得甲及其辩护人的同意。B 项错误。

C 项，本案中，甲在犯罪时未满 18 周岁，涉嫌故意伤害罪（轻伤），可能判处 1 年有期徒刑以下刑罚（故意伤害罪的法定刑为三年有期徒刑及以下）。根据《刑事诉讼法》第 282 条第 1 款规定，未成年人涉嫌刑法分则第四章、第五章、第六章规定的犯罪，可能判处一年有期徒刑以下刑罚，符合起诉条件，但有悔罪表现的，人民检察院可以作出附条件不起诉的决定。所以本案中 A 区人民检察院附条件不起诉的决定并不违法。C 项错误。

D 项，根据修订后的《刑诉解释》，选项中的"少年法庭"现应表述为"未成年人案件审判组织"。根据《刑诉解释》第 550 条第 1 款的规定，被告人实施被指控的犯罪时不满十八周岁、人民法院立案时不满二十周岁的案件，由未成年人案件审判组织审理。本题中，检察院作出的附条件不起诉是针对甲的故意伤害罪做出的，故撤销不起诉决定、提起公诉的也是甲的故意伤害案件。甲在实施故意伤害犯罪时尚未年满十八周岁，故依法应当由未成年人案件审判组织审理。D 选项正确。

综上所述，本题答案为 A、D。

4. 甲、乙系初三学生，因涉嫌抢劫同学丙（三人均不满 16 周岁）被立案侦查。关于该案诉讼程序，下列哪些选项是正确的？（2015 - 2 - 74，多）[2]

A. 审查批捕讯问时，甲拒绝为其提供的合适成年人到场，应另行通知其他合适成年人到场

B. 讯问乙时，因乙的法定代理人无法到场而通知其伯父到场，其伯父可代行乙的控告权

---

[1] AD [2] AC

C. 法庭审理询问丙时，应通知丙的法定代理人到场

D. 如该案适用简易程序审理，甲的法定代理人不能到场时可不再通知其他合适成年人到场

【考点】合适成年人

【解析】A项，根据《最高检规则》第465条的规定，讯问未成年犯罪嫌疑人，应当通知其法定代理人到场。如果甲明确拒绝法定代理人以外的合适成年人到场，且有正当理由的，人民检察院可以准许，但应当在征求其意见后通知其他合适成年人到场。A项正确。

B项，根据《最高检规则》第465条的规定，讯问未成年犯罪嫌疑人，应当通知其法定代理人到场，告知法定代理人依法享有的诉讼权利和应当履行的义务。到场的法定代理人可以代为行使未成年犯罪嫌疑人的诉讼权利，代为行使权利时不得损害未成年犯罪嫌疑人的合法权益。法律虽然规定了未成年犯罪嫌疑人的法定代理人可以代为行使其诉讼权利，但是并未赋予合适成年人此权利。因此，本题中伯父作为合适成年人，不可代行乙的控告权。B项错误。

C项，根据《刑诉解释》第555条的规定，人民法院审理未成年人刑事案件，在讯问和开庭时，应当通知未成年被告人的法定代理人到场。而该条又规定，询问未成年被害人、证人，适用未成年犯罪嫌疑人的相关规定，所以法庭审理询问丙时，也应通知丙的法定代理人到场。C项正确。

D项，根据《刑诉解释》第555条的规定，法定代理人无法通知、不能到场或者是共犯的，也可以通知合适成年人到场，并将有关情况记录在案。该规定在简易程序（审理未成年人案件）中同样适用。所以，应当通知未成年被告人的法定代理人到场。法定代理人无法通知、不能到场或者是共犯的，也可以通知合适成年人到场。D项错误。

综上所述，本题答案为A、C。

5. 黄某（17周岁，某汽车修理店职工）与吴某（16周岁，高中学生）在餐馆就餐时因琐事与赵某（16周岁，高中学生）发生争吵，并殴打赵某致其轻伤。检察院审查后，综合案件情况，拟对黄某作出附条件不起诉决定，对吴某作出不起诉决定。关于本案审查起诉的程序，下列选项正确的是：（2014-2-94，任）[1]

A. 应当对黄某、吴某的成长经历、犯罪原因和监护教育等情况进行社会调查

B. 在讯问黄某、吴某和询问赵某时，应当分别通知他们的法定代理人到场

C. 应当分别听取黄某、吴某的辩护人的意见

D. 拟对黄某作出附条件不起诉决定，应当听取赵某及其法定代理人与诉讼代理人的意见

【考点】未成年人刑事案件审查起诉程序

【解析】A项，《刑事诉讼法》第279条规定，公安机关、人民检察院、人民法院办理未成年人刑事案件，根据情况可以对未成年犯罪嫌疑人、被告人的成长经历、犯罪原因、监护教育等情况进行调查。从该条规定能够看出对于未成年人的社会调查是"可以"进行而非"应当进行"。A项错误。

B项，根据《刑事诉讼法》第281条的规定，讯问、询问未成年人犯罪嫌疑人、未成年人被害人、未成年人证人时，应当通知未成年人的法定代理人到场。B项正确。

C项，《刑事诉讼法》第173条规定，人民检察院审查案件，应当讯问犯罪嫌疑人，听取

---

[1] BCD

辩护人或者值班律师、被害人及其诉讼代理人的意见，并记录在案。根据法律规定，检察院在审查起诉阶段，应当听取犯罪嫌疑人黄某和吴某的辩护人的意见。C项正确。

D项，根据《刑事诉讼法》第282条第2款、《最高检规则》第469条第2款的规定，人民检察院在作出附条件不起诉的决定以前，应当听取公安机关、被害人、未成年犯罪嫌疑人的法定代理人、辩护人的意见，并制作笔录附卷。被害人是未成年人的，还应当听取被害人的法定代理人、辩护人、诉讼代理人的意见。本案中，赵某属于未成年被害人的范畴，所以检察院在对黄某做出不起诉决定前，应当听取被害人赵某及其法定代理人、诉讼代理人的意见。D项正确。

综上所述，本题答案为B、C、D。

6. 赵某因涉嫌抢劫犯罪被抓获，作案时未满18周岁，案件起诉到法院时已年满18周岁。下列哪一说法是正确的？（2011－2－33，单）[1]

A. 本案由少年法庭审理

B. 对赵某不公开审理

C. 对赵某进行审判，可以通知其法定代理人到场

D. 对赵某进行审判，应当通知其监护人到场

【考点】 未成年人刑事案件审判程序特殊规定

【解析】 A项，本案赵某作案时未满十八周岁、审判时已满十八周岁但未满二十周岁，根据《刑诉解释》第550条的规定，应当由未成年人案件审判组织（旧法称"少年法庭"）审理。A项正确。

B项，赵某审判时已满十八周岁，不符合《刑事诉讼法》第285条规定的不公开审理条件。B项错误。

C项，赵某审判时已满十八周岁，不再是未成年人。而《刑诉解释》第555条规定的是"人民法院审理未成年人刑事案件，在讯问和开庭时，应当通知未成年被告人的法定代理人到场。"由此可知，因为赵某审判时不是未成年人，所以无需通知法定代理人或监护人到场。C项错误。

D项，赵某审判时不是未成年人，所以无需通知其监护人到场。D项错误。

综上所述，本题正确答案为A。

7. 根据《人民检察院办理未成年人刑事案件的规定》，关于检察院审查批捕未成年犯罪嫌疑人，下列哪些做法是正确的？（2010－2－78，多）[2]

A. 讯问未成年犯罪嫌疑人，应当通知法定代理人到场

B. 讯问女性未成年犯罪嫌疑人，应当有女检察人员参加

C. 讯问未成年犯罪嫌疑人一般不得使用戒具

D. 对难以判断犯罪嫌疑人实际年龄，影响案件认定的，应当作出不批准逮捕的决定

【考点】 未成年人刑事案件审查起诉程序特殊规定

【解析】 A项，根据《刑事诉讼法》第281条的规定，讯问、询问未成年人犯罪嫌疑人、未成年人被害人、未成年人证人时，应当通知未成年人的法定代理人到场。A项正确。

B项，根据《最高检规则》第465条第5款规定，讯问女性未成年犯罪嫌疑人，应当有女

---

[1] A [2] ABCD

性检察人员参加。B项正确。

C项，根据《最高检规则》第466条第2款规定，讯问未成年犯罪嫌疑人一般不得使用戒具。C项正确。

D项，根据《最高检规则》第464条第2款规定，对犯罪嫌疑人实际年龄难以判断，影响对该犯罪嫌疑人是否应当负刑事责任认定的，应当不批准逮捕。需要补充侦查的，同时通知公安机关。D项正确。

综上所述，本题的答案为A、B、C、D。

（三）附条件不起诉

1. 李某（高一学生，刚满17周岁），因涉嫌盗窃罪被A县公安局立案侦查。侦查终结移送A县检察院审查起诉。A县检察院对李某附条件不起诉，并确定考验期为9个月。下列关于本案的附条件不起诉，说法正确的是？（2020仿真题）[1]

A. 本案审查起诉期限自作出附条件不起诉决定之日起中止

B. 监督考察期间，如李某经批准迁居B县继续上学，应由A县检察院负责监督考察

C. 监督考察期间，如李某违反有关附条件不起诉的监督管理规定，可将考察期限延长为1年2个月

D. 被害人如果对本案附条件不起诉不服可以向上一级检察院申诉，也可以向人民法院起诉

【考点】 附条件不起诉

【解析】 A项，根据《人民检察院办理未成年人刑事案件的规定》第45条第3款的规定，作出附条件不起诉决定的案件，审查起诉期限自人民检察院作出附条件不起诉决定之日起中止计算，自考验期限届满之日起或者人民检察院作出撤销附条件不起诉决定之日起恢复计算。A项正确。

B项，根据《刑事诉讼法》第283条第1款的规定，在附条件不起诉的考验期内，由人民检察院对被附条件不起诉的未成年犯罪嫌疑人进行监督考察。本案中对李某作出不条件不起诉决定的是A县检察院，所以应由A县检察院负责监督考察李某。B项正确。

C项，首先，根据《刑事诉讼法》第283条第2款的规定，附条件不起诉的考验期为六个月以上一年以下。附条件不起诉的考验期不能超过一年。其次，根据《最高检规则》第479条的规定，被附条件不起诉的未成年犯罪嫌疑人，在考验期内有"违反有关附条件不起诉的监督管理规定"情形的，如果造成严重后果，或者多次违反监督管理规定，则人民检察院应当撤销附条件不起诉的决定，提起公诉。C项错误。

D项，根据《刑事诉讼法》第282条第2款的规定，对附条件不起诉的决定，公安机关要求复议、提请复核或者被害人申诉的，适用不起诉的相关规定。《刑事诉讼法》第180条规定：被害人如果对不起诉不服，有两种救济途径：（1）可以自收到决定书后7日以内向上一级人民检察院申诉，请求提起公诉。（2）对于人民检察院维持不起诉决定的，被害人可以向人民法院起诉。被害人也可以不经申诉，直接向人民法院起诉。但是因为《最高检规则》第472条规定，被害人不服附条件不起诉决定的，不可以向人民法院起诉。所以，如果被害人对附条件不起诉决定不服的，只能向上一级人民检察院申诉。D项错误。

_____

[1] AB

综上所述，本题正确答案为 AB 项。

2. 未成年人小周涉嫌故意伤害被取保候审，A 县检察院审查起诉后决定对其适用附条件不起诉，监督考察期限为 6 个月。关于本案处理，下列哪一选项是正确的？（2017 - 2 - 39，单）[1]

A. 作出附条件不起诉决定后，应释放小周

B. 本案审查起诉期限自作出附条件不起诉决定之日起中止

C. 监督考察期间，如小周经批准迁居 B 县继续上学，改由 B 县检察院负责监督考察

D. 监督考察期间，如小周严格遵守各项规定，表现优异，可将考察期限缩短为 5 个月

【考点】 附条件不起诉适用程序、附条件不起诉的考验

【解析】 A 项，检察机关对未成年人作出附条件不起诉决定后需要经过考验期的考察监督，确定未成年人犯罪嫌疑人真心悔改、没有社会危害性，才能对其真正做出不起诉决定。所以作出附条件不起诉决定后，不应释放小周，还需要经过考验期的考察监督来确定是否对小周作出不起诉决定。A 项错误。

B 项，根据《人民检察院办理未成年人刑事案件的规定》第 45 条第 3 款的规定，作出附条件不起诉决定的案件，审查起诉期限自人民检察院作出附条件不起诉决定之日起中止计算，自考验期限届满之日起或者人民检察院作出撤销附条件不起诉决定之日起恢复计算。B 项正确。

C 项，根据《刑事诉讼法》第 283 条的规定，在附条件不起诉的考验期内，由人民检察院对被附条件不起诉的未成年犯罪嫌疑人进行监督考察。未成年犯罪嫌疑人离开所居住的市、县或者迁居，应当报经考察机关批准。对小周作出附条件不起诉的检察机关是 A 县检察院，所以应当由 A 县检察院批准。C 项错误。

D 项，根据《刑事诉讼法》第 283 条第 2 款的规定，附条件不起诉的法定考验期为六个月以上一年以下。据法条可知，附条件不起诉的考验期不能短于六个月，所以将考察期限缩短为 5 个月错误。D 项错误。

综上所述，此题答案为 B。

3. 未成年人小天因涉嫌盗窃被检察院适用附条件不起诉。关于附条件不起诉可以附带的条件，下列哪些选项是正确的？（2016 - 2 - 75，多）[2]

A. 完成一个疗程四次的心理辅导

B. 每周参加一次公益劳动

C. 每个月向检察官报告日常花销和交友情况

D. 不得离开所居住的县

【考点】 附条件不起诉考验内容

【解析】 A 项，根据《刑事诉讼法》第 283 条、《最高检规则》第 476 条的规定，人民检察院可以要求被附条件不起诉的未成年犯罪嫌疑人接受完成戒瘾治疗、心理辅导或者其他适当的处遇措施。A 项正确。

B 项，根据《最高检规则》第 476 条的规定，人民检察院可以要求被附条件不起诉的未成年犯罪嫌疑人向社区或者公益团体提供公益劳动。B 项正确。

C项，根据《刑事诉讼法》第283条的规定，被附条件不起诉的未成年犯罪嫌疑人，应当按照考察机关的规定报告自己的活动情况。C项正确。

D项，根据《刑事诉讼法》第283条的规定，被附条件不起诉的未成年犯罪嫌疑人可以离开可以离开所居住的县，但是应当报经考察机关批准。D项错误。

综上所述，本题答案为A、B、C。

4. 全国人大常委会关于《刑事诉讼法》第271条第2款的解释规定，检察院办理未成年人刑事案件，在作出附条件不起诉决定以及考验期满作出不起诉决定前，应听取被害人的意见。被害人对检察院作出的附条件不起诉的决定和不起诉的决定，可向上一级检察院申诉，但不能向法院提起自诉。关于这一解释的理解，下列哪些选项是正确的？（2015－2－71，多）[1]

A. 增加了听取被害人陈述意见的机会

B. 有利于对未成年犯罪嫌疑人的转向处置

C. 体现了对未成年犯罪嫌疑人的特殊保护

D. 是刑事公诉独占主义的一种体现

【考点】附条件不起诉

【解析】A项，《刑诉解释》明确规定"应听取被害人的意见"，这显然是增加了听取被害人陈述意见的机会。A项正确。

B项，《刑诉解释》限制未成年人案件中被害人向法院提出自诉，减少了未成年人犯罪嫌疑人进入诉讼的路径，是未成年人犯罪嫌疑人在符合法律规定的情况下，尽可能地少地进入刑事审判，这有利于对未成年犯罪嫌疑人的转向处置的。B项正确。

C项，《刑诉解释》限制未成年人案件中被害人向法院提出自诉，由此被害人只能向上一级检察院申诉而不能直接起诉未成年人犯罪嫌疑人，这使得未成年人犯罪嫌疑人在法律规定范围内，有更多可能免受刑事审判与刑罚处罚，体现出了对未成年犯罪嫌疑人的特殊保护。C项正确。

D项，刑事公诉独占主义指的是，刑事案件的起诉权被国家垄断，排除被害人自诉。但是不允许被害人自诉只是未成年人案件中的特殊规定，在总体上我国并没有排除被害人自诉，被害人仍享有自诉权。所以我国并不是公诉独占主义，未成年人案件中不允许被害人自诉自然也不是公诉独占主义的体现。D项错误。

综上所述，本题答案为A、B、C。

5. 黄某（17周岁，某汽车修理店职工）与吴某（16周岁，高中学生）在餐馆就餐时因琐事与赵某（16周岁，高中学生）发生争吵，并殴打赵某致其轻伤。检察院审查后，综合案件情况，拟对黄某作出附条件不起诉决定，对吴某作出不起诉决定。关于本案的办理，下列选项正确的是：（2014－2－96，任）[2]

A. 在对黄某作出附条件不起诉决定、对吴某作出不起诉决定时，必须达成刑事和解

B. 检察院对黄某作出附条件不起诉决定、对吴某作出不起诉决定时，可要求他们向赵某赔礼道歉、赔偿损失

C. 在附条件不起诉考验期内，检察院可将黄某移交有关机构监督考察

---

[1] ABC [2] B

D. 检察院对黄某作出附条件不起诉决定，对吴某作出不起诉决定后，均应将相关材料装订成册，予以封存

【考点】 附条件不起诉

【解析】 本案中，需明确检察机关对黄某是附条件不起诉，对吴某是酌定不起诉。

A项，首先，根据《刑事诉讼法》282条的规定，检察院对黄某作出附条件不起诉决定，并不以达成刑事和解为前提；其次，根据《刑事诉讼法》第177条第2款的规定，检察院如果认为吴某"犯罪情节轻微，依照刑法规定不需要判处刑罚或者免除刑罚"，则可以对吴某作出不起诉决定，也不需要达成刑事和解。A选项错误。

B项，首先，根据《办理未成年人刑事案件的规定》第27条的规定，对于未成年人实施的轻伤害案件等，情节轻微，犯罪嫌疑人确有悔罪表现，当事人双方自愿就民事赔偿达成协议并切实履行或者经被害人同意并提供有效担保，符合《刑法》第37条规定的，人民检察院可以依照刑事诉讼法第173条（现应为第177条）第2款的规定作出不起诉决定，并可以根据案件的不同情况，予以训诫或者责令具结悔过、赔礼道歉、赔偿损失，或者由主管部门予以行政处罚。所以，检察院可以要求吴某向被害人赵某赔礼道歉和赔偿损失。其次，根据《最高检规则》第476条的规定，人民检察院可以要求被附条件不起诉的未成年犯罪嫌疑人向被害人赔偿损失、赔礼道歉。所以，检察院也可要求黄某向被害人赵某赔礼道歉和赔偿损失。B项正确。

C项，根据《刑事诉讼法》第283条的规定，在附条件不起诉的考验期内，由人民检察院对被附条件不起诉的未成年犯罪嫌疑人进行监督考察。未成年犯罪嫌疑人的监护人，应当对未成年犯罪嫌疑人加强管教，配合人民检察院做好监督考察工作。所以，只有检察院可以担任考验期的监督考察机关，不能将未成年犯罪嫌疑人移交其他机构进行考察。C项错误。

D项，根据《最高检规则》第486条规定，人民检察院对未成年犯罪嫌疑人作出不起诉决定后，应当对相关记录予以封存。但是，在本案中，检察院仅仅对吴某作出了不起诉的决定，对黄某作出的是附条件不起诉，"附条件不起诉"仅为一种临时状态，还需要等考验期结束来决定是否最终作出不起诉的决定。所以不能对被作出附条件不起诉的黄某封存犯罪记录。D项错误。

综上所述，本题答案为B。

6. 黄某（17周岁，某汽车修理店职工）与吴某（16周岁，高中学生）在餐馆就餐时因琐事与赵某（16周岁，高中学生）发生争吵，并殴打赵某致其轻伤。检察院审查后，综合案件情况，拟对黄某作出附条件不起诉决定，对吴某作出不起诉决定。关于对黄某的考验期，下列选项正确的是：（2014－2－95，任）[1]

A. 从宣告附条件不起诉决定之日起计算

B. 不计入检察院审查起诉的期限

C. 可根据黄某在考验期间的表现，在法定范围内适当缩短或延长

D. 如黄某违反规定被撤销附条件不起诉决定而提起公诉，已经过的考验期可折抵刑期

【考点】 附条件不起诉的考验

【解析】 A项，《刑事诉讼法》第283条第2款规定，附条件不起诉的考验期为六个月以上一年以下，从人民检察院作出附条件不起诉的决定之日起计算。由此可知，考验期不是从宣告

---

[1] BC

之日起算而是从作出之日起算。A 项错误。

B 项，根据《办理未成年人刑事案件的规定》第 40 条第 1 款的规定，考验期不计入案件审查起诉期限。B 项正确。

C 项，根据《办理未成年人刑事案件的规定》第 40 条第 2 款的规定，可以根据未成年犯罪嫌疑人在考验期的表现，在法定期限范围内适当缩短或者延长。C 项正确。

D 项，我国《刑事诉讼法》以及相关司法解释中均没有规定该未成年人犯罪嫌疑人附条件起诉的考验期可以折抵刑期。并且，一般是犯罪嫌疑人在被判处刑罚前被限制了人身自由、处于羁押状态，才可以折抵刑期，而未成年人附条件不起诉的考验期内并不会限制未成年人犯罪嫌疑人的人身自由，不可能可以折抵刑期。D 项错误。

综上所述，本题答案为 B、C。

7. 检察机关对未成年人童某涉嫌犯罪的案件进行审查后决定附条件不起诉。在考验期间，下列哪些情况下可以对童某撤销不起诉的决定、提起公诉？(2013 - 2 - 72，多)[1]

A. 根据新的证据确认童某更改过年龄，在实施涉嫌犯罪行为时已满十八周岁的

B. 发现决定附条件不起诉以前还有其他犯罪需要追诉的

C. 违反考察机关有关附条件不起诉的监管规定，情节严重的

D. 违反治安管理规定，情节严重的

【考点】附条件不起诉考验后处理

【解析】A 项，如果检察机关确认童某更改过年龄，在实施涉嫌犯罪行为时已满十八周岁，则不可对其适用《刑事诉讼法》第 282 条规定的附条件不起诉，因为附条件不起诉的条件之一即未满十八周岁。所以，检察院应当撤销对童某撤销不起诉的决定，并提起公诉。A 项正确。

B 项，根据《刑事诉讼法》第 284 条的规定，人民检察院在考验期内发现童某在决定附条件不起诉以前还有其他犯罪需要追诉的，应当撤销附条件不起诉的决定，提起公诉。B 项正确。

C 项，根据《刑事诉讼法》第 284 条的规定，人民检察院在考验期内发现童某违反考察机关有关附条件不起诉的监督管理规定、情节严重的，应当撤销附条件不起诉的决定，提起公诉。C 项正确。

D 项，根据《刑事诉讼法》第 284 条的规定，人民检察院在考验期内发现童某违反治安管理规定、情节严重的，应当撤销附条件不起诉的决定，提起公诉。D 项正确。

综上所述，本题答案为 A、B、C、D。

8. 关于附条件不起诉，下列哪一说法是错误的？(2012 - 2 - 36，单)[2]

A. 只适用于未成年人案件

B. 应当征得公安机关、被害人的同意

C. 未成年犯罪嫌疑人及其法定代理人对附条件不起诉有异议的应当起诉

D. 有悔罪表现时，才可以附条件不起诉

【考点】附条件不起诉适用条件

【解析】《刑事诉讼法》第 282 条第 1 款规定："对于未成年人涉嫌刑法分则第四章、第五章、第六章规定的犯罪，可能判处一年有期徒刑以下刑罚，符合起诉条件，但有悔罪表现的，

---

[1] ABCD [2] B

人民检察院可以作出附条件不起诉的决定。人民检察院在作出附条件不起诉的决定以前，应当听取公安机关、被害人的意见。"

A项，根据法律规定，附条件不起诉只适用于未成年人案件。A项正确。

B项，根据法律规定，人民检察院在作出附条件不起诉的决定以前，应当"听取"公安机关的意见，而不是"征求"公安机关的意见。B项错误。

C项，根据《刑事诉讼法》第282条第3款的规定，未成年犯罪嫌疑人及其法定代理人对人民检察院决定附条件不起诉有异议的，人民检察院应当作出起诉的决定。C项正确。

D项，根据法律规定，有悔罪表现是适用附条件不起诉的条件之一。D项正确。

综上所述，本题选错误选项，答案为B。

二、当事人和解的公诉案件诉讼程序

（一）适用案件范围和适用条件

1. 薛某（15岁）对付某寻衅滋事一案，经公安提请，检察院决定对薛某适用逮捕措施。薛某在侦查阶段拒不认罪认罚，在审查起诉阶段认罪认罚，但是在赔偿方面未与付某达成一致。关于本案，检察院应当如何处理？（2021年回忆版，多）[1]

A. 检察院可以建议法院适用速裁程序进行审理

B. 可积极促成薛某与付某进行刑事和解

C. 应及时对薛某进行羁押必要性审查

D. 检察院对薛某提起量刑建议之后，可以自行开展社会调查

【考点】刑事和解的适用案件范围

【解析】A项，本案被告薛某属于未成年人，根据《最高检规则》第438条第2项的规定，被告人是未成年人的，人民检察院不得建议人民法院适用速裁程序。所以，检察院不得建议法院适用速裁程序进行审理。因此，A项错误。

B项，根据《最高检规则》第492条第1款的规定以及《公安部规定》第334条第3项的规定，涉及寻衅滋事的案件，不属于因民间纠纷引起的犯罪案件。所以，薛某涉嫌的寻衅滋事一案并不属于可以适用刑事和解程序的案件，检察院不可促成当事人之间的和解。因此，B项错误。

C项，根据《最高检规则》第573条的规定，犯罪嫌疑人、被告人被逮捕后，人民检察院仍应当对羁押的必要性进行审查。所以检察院应在薛某被逮捕后及时对其进行羁押必要性审查。因此，C项正确。

D项，薛某为未成年人，根据《最高检规则》第461条第1款的规定，人民检察院根据情况可以对未成年犯罪嫌疑人的成长经历、犯罪原因、监护教育等情况进行调查，并制作社会调查报告，作为办案和教育的参考。同时根据《关于适用认罪认罚从宽制度的指导意见》第36条的规定，犯罪嫌疑人认罪认罚，人民检察院拟提出缓刑或者管制量刑建议的，可以及时委托犯罪嫌疑人居住地的社区矫正机构进行调查评估，也可以自行调查评估。所以检察院对薛某提起量刑建议之后，可以自行开展社会调查。因此，D项正确。

综上所述，本题的答案为CD项。

---

[1] CD

2. 下列哪一案件可以适用当事人和解的公诉案件诉讼程序？（2016－2－41，单）[1]

A. 甲因侵占罪被免除处罚2年后，又涉嫌故意伤害致人轻伤

B. 乙涉嫌寻衅滋事，在押期间由其父亲代为和解，被害人表示同意

C. 丙涉嫌过失致人重伤，被害人系限制行为能力人，被害人父亲愿意代为和解

D. 丁涉嫌破坏计算机信息系统，被害人表示愿意和解

【考点】刑事和解的适用条件

【解析】A项，侵占罪和故意伤害罪均属于故意犯罪，并且仅相隔两年，根据《刑事诉讼法》第288条第2款的规定，犯罪嫌疑人、被告人在五年以内曾经故意犯罪的，不适用刑事和解程序。A项错误。

B项，根据《公安机关办理刑事案件程序规定》第334条的规定，雇凶伤人、黑社会性质组织犯罪、寻衅滋事、聚众斗殴、多次故意伤害他人身体的，不属于因民间纠纷引起的犯罪案件。所以寻衅滋事不属于民间纠纷，不能适用和解程序。B项错误。

C项，过失致人重伤属于可能被判处7年以下有期徒刑的过失犯罪，可以适用和解程序。又根据《刑诉解释》第588条第2款的规定，被害人系无行为能力或者限制行为能力人的，被害人父亲作为其法定代理人，可以代为和解。C项正确。

D项，根据《刑事诉讼法》第288条第1款的规定，只有"因民间纠纷引起，涉嫌刑法分则第四章（侵犯人身、民主权利）、第五章（侵犯财产权利）规定的犯罪案件，可能判处三年有期徒刑以下刑罚"的案件以及"除渎职犯罪以外的可能判处七年有期徒刑以下刑罚的过失犯罪案件"能够适用和解程序，而破坏计算机信息系统罪属于刑法分则第六章，即妨害社会管理秩序犯罪，所以本罪不适用和解程序。D项错误。

综上所述，本题答案为C。

3. 李某因琐事将邻居王某打成轻伤。案发后，李家积极赔偿，赔礼道歉，得到王家谅解。如检察院根据双方和解对李某作出不起诉决定，需要同时具备下列哪些条件？（2013－2－71，多）[2]

A. 双方和解具有自愿性、合法性

B. 李某实施伤害的犯罪情节轻微，不需要判处刑罚

C. 李某五年以内未曾故意犯罪

D. 公安机关向检察院提出从宽处理的建议

【考点】刑事和解的适用条件

【解析】A项，根据《刑事诉讼法》第289条的规定，公安机关、人民检察院、人民法院应当听取当事人和其他有关人员的意见，并对和解的自愿性、合法性进行审查。由此可知，双方和解应当具有自愿性、合法性。A项正确。

B项，根据《刑事诉讼法》第290条的规定，检察院对于犯罪情节轻微，不需要判处刑罚的，可以作出不起诉的决定。B项正确。

C项，根据《刑事诉讼法》第288条第2款的规定，犯罪嫌疑人、被告人在5年以内曾经故意犯罪的，不适用刑事和解程序。所以"李某五年以内未曾故意犯罪"和解必须具备的条件。C项正确。

D 项，根据《刑事诉讼法》第 290 条的规定，检察院作出不起诉决定不需要以公安机关向检察院提出从宽处理的建议为前提条件。公安机关向检察院提出从宽处理的建议是和解程序中公安机关对和解案件的处理，而不是检察院作出不起诉决定的必要条件。D 项错误。

综上所述，本题答案为 A、B、C。

4. 关于可以适用当事人和解的公诉案件诉讼程序的案件范围，下列哪些选项是正确的？(2012 - 2 - 75，多)[1]

A. 交通肇事罪　　　　　　　　　B. 暴力干涉婚姻自由罪

C. 过失致人死亡罪　　　　　　　D. 刑讯逼供罪

【考点】刑事和解的适用条件

【解析】根据《刑事诉讼法》第 288 条的规定，以下两类案件可以适用刑事和解程序：（1）因民间纠纷引起，涉嫌刑法分则第四章（侵犯公民人身权利、民主权利罪）、第五章（侵犯财产罪）规定的犯罪案件，可能判处三年有期徒刑以下刑罚的；（2）除渎职犯罪以外的可能判处七年有期徒刑以下刑罚的过失犯罪案件。此外，根据《刑事诉讼法》第 288 条第 2 款的规定以及《公安机关办理刑事案件程序规定》第 334 条的规定，五年以内曾经故意犯罪的案件，以及雇凶伤人、黑社会性质组织犯罪、寻衅滋事、聚众斗殴、多次故意伤害他人身体的案件，均不能适用和解程序。

A 项，交通肇事罪属于过失犯罪，基本刑为 3 年以下有期徒刑或者拘役，如果交通运输肇事后逃逸或者有其他特别恶劣情节的则处 3 年以上 7 年以下有期徒刑。所以交通肇事罪可以适用当事人和解程序。A 项正确。

B 项，暴力干涉婚姻自由案件属于自诉案件，而刑事和解程序仅适用于公诉案件。B 项错误。

C 项，过失致人死亡的，处 7 年以下有期徒刑，可以适用当事人和解程序。C 项正确。

D 项，首先，刑讯逼供罪不属于因民间纠纷引起的犯罪；其次，刑讯逼供罪不属于过失犯罪。所以刑讯逼供罪不适用当事人和解程序。D 项错误。

综上所述，本题答案为 A、C。

（二）和解主体

1. 甲因邻里纠纷失手致乙死亡，甲被批准逮捕。案件起诉后，双方拟通过协商达成和解。对于此案的和解，下列哪一选项是正确的？(2014 - 2 - 40，单)[2]

A. 由于甲在押，其近亲属可自行与被害方进行和解

B. 由于乙已经死亡，可由其近亲属代为和解

C. 甲的辩护人和乙近亲属的诉讼代理人可参与和解协商

D. 由于甲在押，和解协议中约定的赔礼道歉可由其近亲属代为履行

【考点】和解主体

【解析】A 项，根据《刑诉解释》第 589 条第 1 款的规定，被告人的近亲属经被告人同意，可以代为和解。所以被告人的近亲属不可以自行与被害人和解。A 项错误。

B 项，根据《刑诉解释》第 588 条的规定，刑事和解程序中，被害人死亡的，其近亲属可以与被告人和解；被害人是无行为能力或者限制行为能力人的，其法定代理人、近亲属可以代

---

[1] AC　[2] C

为和解。所以，如果乙已经死亡，则其近亲属可以与被告人和解，而不是"代为"和解。B项错误。

C项，《刑诉解释》第587条第2款规定，人民法院可以邀请人民调解员、辩护人、诉讼代理人、当事人亲友等参与促成双方当事人和解。所以，甲的辩护人和乙近亲属的诉讼代理人可以参与和解协商。C项正确。

D项，根据《刑诉解释》第589条第3款的规定，和解协议约定的赔礼道歉等事项必须由被告人本人履行，不可代为履行。D项错误。

综上所述，本题答案为C。

（三）和解对象

1. 董某（17岁）在某景点旅游时，点燃荒草不慎引起大火烧毁集体所有的大风公司林地，致大风公司损失5万元，被检察院提起公诉。关于本案处理，下列哪一选项是正确的？（2017 - 2 - 40，单）[1]

A. 如大风公司未提起附带民事诉讼，检察院可代为提起，并将大风公司列为附带民事诉讼原告人

B. 董某与大风公司既可就是否对董某免除刑事处分达成和解，也可就民事赔偿达成和解

C. 双方刑事和解时可约定由董某在1年内补栽树苗200棵

D. 如双方达成刑事和解，检察院经法院同意可撤回起诉并对董某适用附条件不起诉

【考点】和解对象

【解析】A项，根据《刑事诉讼法》第101条第2款的规定，如果集体财产遭受损失，人民检察院在提起公诉的时候，可以提起附带民事诉讼。又根据《刑诉解释》第179条的规定，人民检察院提起附带民事诉讼的，应当列为附带民事诉讼原告人。所以附带民事诉讼原告人不是大风公司而是检察院。A项错误。

B项，根据《最高检规则》第495条的规定，双方当事人可以就赔偿损失、赔礼道歉等民事责任事项进行和解，但是不得对案件的事实认定、证据采信、法律适用和定罪量刑等依法属于公安机关、人民检察院、人民法院职权范围的事宜进行协商。免除刑事处分属于人民法院职权范围的事宜，董某和大风公司不可协商。B项错误。

C项，根据《最高检规则》第495条的规定，双方当事人可以就赔偿损失、赔礼道歉等民事责任事项进行和解，并且可以就被害人及其法定代理人或者近亲属是否要求或者同意公安机关、人民检察院、人民法院对犯罪嫌疑人依法从宽处理进行协商。由董某在1年内补栽树苗200棵民事赔偿予的约定不属于公检法职权范围内事宜，也不违反法律。C项正确。

D项，根据《刑事诉讼法》第290条的规定，对于达成和解协议的案件，人民检察院对于犯罪情节轻微，不需要判处刑罚的，可以作出不起诉的决定。这是检察院在审查阶段自由裁量权的行使，无需法院同意。但是如果检察院已经向法院提起公诉、进入审判阶段，则不能以行使自由裁量权为由要求撤回起诉、对董某不起诉。D项错误。

综上所述，此题答案为C。

---

[1] C

（四）和解协议的履行

1. 张某因超速驾驶发生交通事故，不慎将行人 A 撞成重伤，且把 B 停放在路边的摩托车撞毁了。张某因害怕承担责任在肇事后逃逸。S 区公安局在张某哥哥的协助下将张某抓获归案。S 区检察院以交通肇事罪对张某提起公诉。关于本案，下列说法正确的是？（2018 仿真题）[1]

A. 张某就民事赔偿问题与 A 没有达成和解，而与 B 达成了和解，法院应当对张某从轻处罚

B. B 只有向法院提起附带民事诉讼后，才能委托诉讼代理人

C. B 向法院提起附带民事诉讼后，张某与 B 达成和解，但张某不能即时履行全部赔偿义务，S 区法院应当制作附带民事和解书

D. 对张某哥哥协助公安机关抓获张某的行为，因为不是法定量刑情节，法院可不予以审理

【考点】和解对象、和解协议的履行

【解析】A 项，根据《刑诉解释》第 596 条的规定，对达成和解协议的案件，人民法院应当对被告人从轻处罚。此外，《刑事诉讼法》以及相关司法解释并未限制达成和解协议的人数范围，因此，只要达成和解协议，均应当获得法院的"从轻处罚"，而不论被告人是否与全部被害人达成。A 项正确。

B 项，本案是公诉案件，根据《刑事诉讼法》第 46 条第 1 款的规定，公诉案件的被害人及其法定代理人或者近亲属，附带民事诉讼的当事人及其法定代理人，自案件移送审查起诉之日起，有权委托诉讼代理人。所以，B 作为被害人，自案件移送审查起诉之日起即有权委托诉讼代理人。B 项错误。

C 项，根据《刑诉解释》第 595 条的规定，被害人或者其法定代理人、近亲属提起附带民事诉讼后，双方愿意和解，但被告人不能即时履行全部赔偿义务的，人民法院应当制作附带民事调解书。由此可知，S 区法院应当制作附带民事调解书。C 项错误。

D 项，根据最高人民法院《关于办理死刑案件审查判断证据若干问题的规定》第 36 条犯人规定，在对被告人作出有罪认定后，人民法院认定被告人的量刑事实，除审查法定情节外，还应审查其他影响量刑的情节，其中包括：案件起因；被害人有无过错及过错程度，是否对矛盾激化负有责任及责任大小；被告人的近亲属是否协助抓获被告人等。张某哥哥协助公安机关抓获张某的行为属于"被告人的近亲属协助抓获被告人"，所以人民法院应当予以审查。D 项错误。

综上所述，本题答案为 A。

2. 甲因琐事与乙发生口角进而厮打，推搡之间，不慎致乙死亡。检察院以甲涉嫌过失致人死亡提起公诉，乙母丙向法院提起附带民事诉讼。关于本案处理，下列哪些选项是正确的？（2015 - 2 - 75，多）[2]

A. 法院可对附带民事部分进行调解

B. 如甲与丙经法院调解达成协议，调解协议中约定的赔偿损失内容可分期履行

C. 如甲提出申请，法院可组织甲与丙协商以达成和解

---

[1] A [2] ABC

D. 如甲与丙达成刑事和解，其约定的赔偿损失内容可分期履行

【考点】和解协议的履行

【解析】A 项，根据《刑事诉讼法》第 103 条的规定，人民法院审理附带民事诉讼案件，可以进行调解，或者根据物质损失情况作出判决、裁定。A 项正确。

B 项，根据《刑诉解释》第 595 条的规定，被害人或者其法定代理人、近亲属提起附带民事诉讼后，双方愿意和解，但被告人不能即时履行全部赔偿义务的，人民法院应当制作附带民事调解书。由此可知，分期履行是可以允许的。B 项正确。

C 项，根据《刑诉解释》第 587 条的规定，对符合公诉和解程序的案件，事实清楚、证据充分的，人民法院应当告知当事人可以自行和解；当事人提出申请的，人民法院可以主持双方当事人协商以达成和解。C 项正确。

D 项，根据《刑诉解释》第 593 条的规定，和解协议约定的赔偿损失内容，被告人应当在协议签署后即时履行。又根据《刑诉解释》第 595 的规定，被告人不能即时履行全部赔偿义务的，人民法院应当制作附带民事调解书。所以如果分期履行则应当采取调解方式，由法院制作附带民事调解书。D 项错误。

综上所述，本题答案为 A、B、C。

（五）不同阶段达成和解协议的处理

1. 对于适用当事人和解的公诉案件诉讼程序而达成和解协议的案件，下列哪一做法是错误的？（2012 - 2 - 37，单）[1]

A. 公安机关可以撤销案件

B. 检察院可以向法院提出从宽处罚的建议

C. 对于犯罪情节轻微，不需要判处刑罚的，检察院可以不起诉

D. 法院可以依法对被告人从宽处罚

【考点】达成和解协议的处理

【解析】根据《刑事诉讼法》第 290 条的规定，不同阶段中，对于达成和解协议的案件，公检法机关应当作出如下处理：（1）公安机关可以向人民检察院提出从宽处理的建议。（2）人民检察院可以向人民法院提出从宽处罚的建议；对于犯罪情节轻微，不需要判处刑罚的，可以作出不起诉的决定。（3）人民法院可以依法对被告人从宽处罚。

A 项，公安机关无权撤销案件。A 项错误。

B 项，检察院可以向法院提出从宽处罚的建议。B 项正确。

C 项，检察院对于犯罪情节轻微，不需要判处刑罚的案件，可以作出不起诉的决定。C 项正确。

D 项，法院可以依法对被告人从宽处罚。D 项正确。

综上所述，本题选择错误选项，答案为 A。

三、刑事缺席审判程序

1. 关于贪污贿赂犯罪案件被告人在境外的缺席审判程序，下列说法正确的是？（2020 仿真题）[2]

A. 由犯罪地、被告人离境前居住地或者最高人民法院指定的基层人民法院组成合议庭进

---

[1] A [2] C

行审理

B. 被告人及其近亲属没有委托辩护人的，人民法院可以通知法律援助机构指派律师为其提供辩护

C. 在审理过程中，被告人自动投案或者被抓获的，人民法院应当重新审理。

D. 被告人的近亲属经被告人同意，可以向上一级人民法院上诉。

【考点】 对第（1）类缺席审判案件的审理

【解析】 A 项，根据《刑事诉讼法》第 291 条的规定，对于贪污贿赂犯罪、被告人在境外的案件，可以适用缺席审判程序进行审理，应当由犯罪地、被告人离境前居住地或者最高人民法院指定的中级人民法院组成合议庭进行审理，而不是基层人民法院。A 项错误。

B 项，根据《刑事诉讼法》第 293 条的规定，在缺席审判程序中，如果被告人及其近亲属没有委托辩护人的，人民法院应当通知法律援助机构指派律师为其提供辩护。所以，被告人及其近亲属没有委托辩护人的，人民法院"应当"通知法律援助机构指派律师而非"可以"通知。B 项错误。

C 项，根据《刑事诉讼法》第 295 条第 1 款的规定，在审理过程中，被告人自动投案或者被抓获的，人民法院应当重新审理。C 项正确。

D 项，《刑事诉讼法》第 294 条第 1 款规定："被告人或者其近亲属不服判决的，有权向上一级人民法院上诉。辩护人经被告人或者其近亲属同意，可以提出上诉"。由此可知，缺席审判程序中，被告人的近亲属无须取得被告人同意即可提出上诉。D 项错误。

综上所述，本题正确答案为 C。

四、犯罪嫌疑人、被告人逃匿、死亡案件违法所得的没收程序

1. 王某家住 A 市，系该市某工商局副局长，涉嫌贪污公款 1200 余万元，被立案调查后移送检察院审查起诉。A 市检察院提起公诉，A 市中级法院受理该案后，王某脱逃，下落不明。关于王某脱逃后的诉讼程序，下列选项正确的是：（2020 仿真题）[1]

A. 王某脱逃后，法院应当裁定终止审理

B. 在通缉王某一年不到案后，A 市检察院可向 A 市中级法院提出没收王某违法所得的申请

C. 王某的近亲属只能在 6 个月的公告期内申请参加诉讼

D. 在审理没收违法所得的案件过程中，王某被抓捕归案的，法院应裁定终止审理

【考点】 案件范围、审理方式

【解析】 A 项，根据《刑事诉讼法》第 206 条的规定，在审判过程中，有下列情形之一，致使案件在较长时间内无法继续审理的，可以中止审理：（一）被告人患有严重疾病，无法出庭的；（二）被告人脱逃的；（三）自诉人患有严重疾病，无法出庭，未委托诉讼代理人出庭的；（四）由于不能抗拒的原因。所以，王某脱逃应中止审理而不是终止审理，终止审理是指刑事审判结束或没有必要继续进行。王某逃脱虽然短时间内无法继续审批但是待其归案仍要对其进行刑事审判，所以不可能是终止审理。A 项错误。

B 项，根据《刑事诉讼法》第 298 条的规定，对于贪污贿赂犯罪、恐怖活动犯罪等重大犯罪案件，犯罪嫌疑人、被告人逃匿，在通缉一年后不能到案，依照刑法规定应当追缴其违法所

---

[1] BD

得及其他涉案财产的，人民检察院可以向人民法院提出没收违法所得的申请。王某涉嫌贪污公款1200余万元后脱逃，通缉一年后不能到案，符合没收违法所得程序的适用条件，所以A市检察院可以向A市中级法院提出没收王某违法所得的申请。B选项正确。

C项，根据《刑诉解释》第617条第1款的规定，犯罪嫌疑人、被告人的近亲属和其他利害关系人申请参加诉讼的，应当在公告期间提出。但是，《刑诉解释》第617条第3款又补充规定：利害关系人在公告期满后申请参加诉讼，能够合理说明理由的，人民法院应当准许。所以即使王某的近亲属超过公告期申请参加诉讼，法院也有可能准许。C项错误。

D项，《刑诉解释》第625条规定："在审理过程中，在逃的犯罪嫌疑人、被告人自动投案或者被抓获的，人民法院应当终止审理。"D项正确。

综上所述，本题答案为B、D。

2. 李某（女）家住甲市，系该市某国有公司会计，涉嫌贪污公款500余万元，被甲市检察院立案侦查后提起公诉，甲市中级法院受理该案后，李某脱逃，下落不明。关于李某脱逃后的诉讼程序，下列选项正确的是：（2015－2－93，任）[1]

A. 李某脱逃后，法院可中止审理

B. 在通缉李某一年不到案后，甲市检察院可向甲市中级法院提出没收李某违法所得的申请

C. 李某的近亲属只能在6个月的公告期内申请参加诉讼

D. 在审理没收违法所得的案件过程中，李某被抓捕归案的，法院应裁定终止审理

【考点】案件范围

【解析】A项，根据《刑事诉讼法》第206条的规定，在审判过程中，如果被告人脱逃，致使案件在较长时间内无法继续审理的，可以中止审理。所以，李某脱逃后，法院可中止审理。A项正确。

B项，根据《刑事诉讼法》第298条的规定，没收违法所得程序适用于两种情况：（1）贪污贿赂犯罪、恐怖活动犯罪等重大犯罪案件，犯罪嫌疑人、被告人逃匿，在通缉一年后不能到案，依照刑法规定应当追缴其违法所得及其他涉案财产的。（2）犯罪嫌疑人、被告人死亡，依照刑法规定应当追缴其违法所得及其他涉案财产的。本案中，李某涉嫌贪污公款500余万元并脱逃、通缉一年不能到案，这属于第一种情况，甲市检察院可以向甲市中级法院提出没收李某违法所得的申请。B项正确。

C项，根据《刑诉解释》第617条第3款的规定，利害关系人在公告期满后申请参加诉讼，能够合理说明理由的，人民法院应当准许。所以即使李某的近亲属超过公告期申请参加诉讼，法院也有可能准许。C项错误。

D项，《刑诉解释》第625条规定："在审理过程中，在逃的犯罪嫌疑人、被告人自动投案或者被抓获的，人民法院应当终止审理。"D项正确。

综上所述，本题答案为A、B、D。

3. A市原副市长马某，涉嫌收受贿赂2000余万元。为保证公正审判，上级法院指令与本案无关的B市中级法院一审。B市中级法院受理此案后，马某突发心脏病不治身亡。关于此案处理，下列哪一选项是错误的？（2014－2－41，单）[2]

A. 应当由法院作出终止审理的裁定，再由检察院提出没收违法所得的申请

B. 应当由 B 市中级法院的同一审判组织对是否没收违法所得继续进行审理

C. 如裁定没收违法所得，而马某妻子不服的，可在 5 日内提出上诉

D. 如裁定没收违法所得，而其他利害关系人不服的，有权上诉

【考点】 申请程序、法院的受理程序、上诉与抗诉

【解析】 A 项，B 市中级法院受理此案后，马某突发心脏病不治身亡。根据《刑事诉讼法》第 16 条规定，犯罪嫌疑人、被告人死亡的，法院应当裁定终止审理。但是，根据《刑事诉讼法》第 298 条第 1 款规定，马某涉嫌收受贿赂 2000 余万元，虽然马某已经死亡但是相关涉案财产有必要追缴，所以可以对马某一案适用没收违法所得程序。故检察院应向法院提出没收违法所得的申请。A 项正确。

B 项，根据《刑事诉讼法》第 299 条第 1 款的规定，没收违法所得案件应由犯罪地或者犯罪嫌疑人、被告人居住地的中级人民法院组成合议庭进行审理。B 市中级人民法是由上级法院指令的、与本案无关的法院，不能审理违法所得没收案件。B 项错误。

C 项，根据《刑诉解释》第 622 条的规定，对没收违法所得或者驳回申请的裁定，犯罪嫌疑人、被告人的近亲属和其他利害关系人或者人民检察院可以在 5 日以内提出上诉、抗诉。马某妻子作为马某的近亲属，有权在 5 日内提出上诉。C 项正确。

D 项，根据《刑诉解释》第 622 条的规定，对没收违法所得或者驳回申请的裁定，犯罪嫌疑人、被告人的近亲属和其他利害关系人或者人民检察院可以在 5 日以内提出上诉、抗诉。D 项正确。

综上所述，本题选择错误选项，答案为 B。

4. 关于犯罪嫌疑人、被告人逃匿、死亡案件违法所得的没收程序，下列哪一说法是正确的？(2012 - 2 - 38，单)〔1〕

A. 贪污贿赂犯罪案件的犯罪嫌疑人潜逃，通缉 1 年后不能到案的，依照《刑法》规定应当追缴其违法所得及其他涉案财产的，公安机关可以向法院提出没收违法所得的申请

B. 在 A 选项所列情形下，检察院可以向法院提出没收违法所得的申请

C. 没收违法所得及其他涉案财产的申请，由犯罪地的基层法院组成合议庭进行审理

D. 没收违法所得案件审理中，在逃犯罪嫌疑人被抓获的，法院应当中止审理

【考点】 案件范围、申请程序、审理方式、犯罪嫌疑人、被告人到案的处理

【解析】 A 项，根据《刑事诉讼法》第 298 条第 1 款的规定，应由人民检察院向人民法院提出没收违法所得的申请，公安机关只能向检察院移送没收违法所得意见书。A 项错误。

B 项，根据《刑事诉讼法》第 298 条第 1 款的规定，贪污贿赂犯罪案件的犯罪嫌疑人潜逃，通缉 1 年后不能到案的，依照《刑法》规定应当追缴其违法所得及其他涉案财产的，人民检察院可以向人民法院提出没收违法所得的申请。B 项正确。

C 项，根据《刑事诉讼法》第 299 条第 1 款的规定，没收违法所得案件应该由犯罪地或者犯罪嫌疑人、被告人居住地的中级人民法院审理而不是基层法院审理。C 项错误。

D 项，《刑事诉讼法》第 301 条第 1 款规定："在审理过程中，在逃的犯罪嫌疑人、被告人自动投案或者被抓获的，人民法院应当终止审理。"D 项"中止审理"错误。D 项错误。

---

〔1〕 B

综上所述，本题答案为 B。

五、依法不负刑事责任的精神病人的强制医疗程序

（一）程序的启动方式

1. 孙某将李某杀害，经鉴定孙某系精神病人，甲县检察院遂向甲县法院申请适用强制医疗程序。关于本案，下列说法正确的是？（2018 仿真题）[1]

A. 在法院决定强制医疗前，甲县检察院可以对孙某采取临时的保护性约束措施

B. 甲县法院受理检察院的强制医疗申请后，可由审判员一人独任审判

C. 甲县法院审理该案，应当会见孙某

D. 经审理发现孙某具有部分刑事责任能力，依法应当追究刑事责任的，可直接判处孙某故意杀人罪

【考点】 程序的启动方式

【解析】 A 项，根据《刑事诉讼法》第 303 条第 3 款的规定，对实施暴力行为的精神病人，在人民法院决定强制医疗前，公安机关可以采取临时的保护性约束措施。所以有权采取临时保护性约束措施的是"公安机关"，而不是"检察院"。A 项错误。

B 项，《刑事诉讼法》第 304 条第 1 款规定，人民法院受理强制医疗的申请后，应当组成合议庭进行审理。由此可知，法院审理强制医疗案件不能独任审判，应当组成合议庭进行审理。B 项错误。

C 项，根据《刑诉解释》第 635 条第 2 款的规定，法院审理强制医疗案件，应当会见被申请人，听取被害人及其法定代理人的意见。C 项正确。

D 项，根据《刑诉解释》第 637 条的规定，对申请强制医疗的案件，人民法院审理后，发现孙某具有部分刑事责任能力，依法应当追究刑事责任的，应当作出驳回强制医疗申请的决定，并退回人民检察院依法处理。因为法院要遵循不告不理原则，甲县法院能否判孙某故意杀人罪，要取决于甲县检察院是否向其提起公诉。D 项错误。

综上所述，本题答案为 C。

2. 甲将乙杀害，经鉴定甲系精神病人，检察院申请法院适用强制医疗程序。关于本案，下列哪一选项是正确的？（2016—2—42，单）[2]

A. 法院审理该案，应当会见甲

B. 甲没有委托诉讼代理人的，法院可通知法律援助机构指派律师担任其诉讼代理人

C. 甲出庭的，应由其法定代理人或诉讼代理人代为发表意见

D. 经审理发现甲具有部分刑事责任能力，依法应当追究刑事责任的，转为普通程序继续审理

【考点】 程序的启动方式

【解析】 A 项，《刑诉解释》第 635 条第 2 款规定，审理强制医疗案件，应当会见被申请人，听取被害人及其法定代理人的意见。A 项正确。

B 项，根据《刑事诉讼法》第 304 条的规定，强制医疗程序中，如果被申请人或者被告人没有委托诉讼代理人的，法院应当通知法律援助机构指派律师担任其诉讼代理人，为其提供法律帮助。所以如果甲没有委托诉讼代理人，法院"应当"而非"可以"通知法律援助机构指

---

[1] C　[2] A

派律师担任其诉讼代理人。B 项错误。

C 项，根据《刑诉解释》第 636 条第 2 款的规定，出庭的被申请人，在法庭调查、辩论阶段，可以发表意见。所以甲可以自己发表意见，不是必须由其法定代理人或诉讼代理人代为发表意见。C 项错误。

D 项，根据《刑诉解释》第 637 条的规定，对申请强制医疗的案件，人民法院审理后，应当按照下列情形分别处理：（1）符合《刑事诉讼法》第三百零二条条规定的强制医疗条件的，应当作出对被申请人强制医疗的决定；（2）被申请人属于依法不负刑事责任的精神病人，但不符合强制医疗条件的，应当作出驳回强制医疗申请的决定；被申请人已经造成危害结果的，应当同时责令其家属或者监护人严加看管和医疗；（3）被申请人具有完全或者部分刑事责任能力，依法应当追究刑事责任的，应当作出驳回强制医疗申请的决定，并退回人民检察院依法处理。法院如果经审理发现甲具有部分刑事责任能力，依法应当追究刑事责任，则应转为普通程序继续审理。D 项错误。

综上所述，本题答案为 A。

3. 依法不负刑事责任的精神病人的强制医疗程序是一种特别程序。关于其特别之处，下列哪一说法是正确的？（2015 - 2 - 42，单）[1]

A. 不同于普通案件奉行的不告不理原则，法院可未经检察院对案件的起诉或申请而启动这一程序

B. 不同于普通案件审理时被告人必须到庭，可在被申请人不到庭的情况下审理并作出强制医疗的决定

C. 不同于普通案件中的抗诉或上诉，被决定强制医疗的人可通过向上一级法院申请复议启动二审程序

D. 开庭审理时无需区分法庭调查与法庭辩论阶段

【考点】程序的启动方式

【解析】A 项，根据《刑事诉讼法》第 303 条的规定，有权启动精神病强制医疗程序的主体有二，分别是：（1）检察院——申请法院启动；（2）法院——公诉案件审理过程中依职权启动。虽然法院可未经检察院申请启动强制医疗程序，但是也需要检察院先起诉，在公诉审理中依职权启动强制医疗程序。A 项错误。

B 项，根据《刑诉解释》第 636 条第 2 款的规定，被申请人要求出庭，人民法院需要审查其身体和精神状态，只有法院认为被申请人可以出庭的，被申请人才能被准许出庭。所以，被申请人是可以不到庭的，这是因为被申请人有可能是暴力倾向的精神病人，如果让无法自控的精神病人出庭不利于正常法庭审理。B 项正确。

C 项，根据《刑诉解释》第 642 条的规定，被决定强制医疗的人、被害人及其法定代理人、近亲属对强制医疗决定不服的，可以自收到决定书第二日起 5 日以内向上一级人民法院申请复议。申请复议并不是上诉，强制医疗程序也并非普通一审审理程序，该复议并不能引起二审程序。C 项错误。

D 项，《刑诉解释》第 636 条第 1 款规定了开庭审理申请强制医疗的案件应当遵循的程序：（1）审判长宣布法庭调查开始后，先由检察员宣读申请书，后由被申请人的法定代理人、诉

———————

[1] B

讼代理人发表意见；（2）法庭依次就被申请人是否实施了危害公共安全或者严重危害公民人身安全的暴力行为、是否属于依法不负刑事责任的精神病人、是否有继续危害社会的可能进行调查；调查时，先由检察员出示证据，后由被申请人的法定代理人、诉讼代理人发表意见、出示证据，并进行质证；必要时，可以通知鉴定人出庭对鉴定意见作出说明；（3）法庭辩论阶段，先由检察员发言，后由被申请人的法定代理人、诉讼代理人发言，并进行辩论。从以上程序规定来看，强制医疗程序也是区分法庭调查和法庭辩论两个阶段的。D 项错误。

综上所述，本题答案为 B。

4. 公安机关在案件侦查中，发现打砸多辆机动车的犯罪嫌疑人何某神情呆滞，精神恍惚。经鉴定，何某属于依法不负刑事责任的精神病人。关于公安机关对此案的处理，下列哪一选项是正确的？（2013 - 2 - 41，单）[1]

A. 写出强制医疗意见书，移送检察院向法院提出强制医疗申请

B. 撤销案件，将何某交付其亲属并要求其积极治疗

C. 移送强制医疗机构对何某进行诊断评估

D. 何某的亲属没有能力承担监护责任的，可以采取临时的保护性约束措施

【考点】程序的启动方式

【解析】A 项，何某是依法不负刑事责任的精神病人，又打砸多辆机动车、危害公共安全，但是没有说何某继续危害社会的可能，所以何某不适用与《刑事诉讼法》所规定的强制医疗程序，公安机关也就不需要写强制医疗意见书并移送人民检察院。A 项错误。

B 项，何某不适用于强制医疗程序，又因为其依法不负刑事责任，根据《刑事诉讼法》第 16 条的规定，公安机关应当撤销案件。B 项正确。

C 项，如果公安机关认为何某有继续危害社会的可能性，则可以写强制医疗意见书移送检察院，否则公安机关就应该撤销案件。在没有法院决定的情况下，公安机关无权将何某移送强制医疗机构。C 项错误。

D 项，根据《刑事诉讼法》303 条的规定，对进入强制医疗程序的、实施暴力行为的精神病人，在人民法院决定强制医疗前，公安机关可以采取临时的保护性约束措施。而何某并不符合强制医疗程序的适用条件，即使何某的亲属没有能力承担监护责任，公安机关也不能对何某采取临时性约束措施。D 项错误。

综上所述，本题答案为 B。

5. 犯罪嫌疑人刘某涉嫌故意杀人被公安机关立案侦查。在侦查过程中，侦查人员发现刘某行为异常。经鉴定，刘某属于依法不负刑事责任的精神病人，需要对其实施强制医疗。请回答（1）（2）两题。

（1）关于有权启动强制医疗程序的主体，下列选项正确的是：（2012 - 2 - 95，任）[2]

A. 公安机关

B. 检察院

C. 法院

D. 刘某的监护人、法定代理人以及受害人

【考点】程序的启动方式

---

[1] B 〔2〕 BC

【解析】根据《刑事诉讼法》第 303 条的规定，有权启动精神病强制医疗程序的主体有二，分别是：（1）检察院——申请法院启动；（2）法院——公诉案件审理过程中依职权启动。

A 项，公安机关无权启动强制医疗程序。A 项错误。

B 项，检察院可以启动强制医疗程序。B 项正确。

C 项，法院可以在公诉案件的审理过程中依职权启动强制医疗程序。C 项正确。

D 项，刘某的监护人、法定代理人以及受害人无权启动强制医疗程序。D 项错误。

综上所述，本题答案为 B、C。

（2）法院审理刘某强制医疗一案，下列做法不符合法律规定的是：（2012 - 2 - 96，任）[1]

A. 由审判员和人民陪审员共 3 人组成合议庭

B. 鉴于刘某自愿放弃委托诉讼代理人，法院只通知了刘某的法定代理人到场

C. 法院认为刘某符合强制医疗的条件，依法对刘某作出强制医疗的裁定

D. 本案受害人不服法院对刘某强制医疗裁定，可申请检察院依法提起抗诉

【考点】程序的启动方式

【解析】A 项，《刑事诉讼法》第 304 条规定，人民法院受理强制医疗的申请后，应当组成合议庭进行审理。法律只规定了强制医疗程序应当由合议庭进行审理，并没有明确必须由审判原则成合议庭有合议庭，则合议庭可能存在陪审员。A 项正确。

B 项，根据《刑事诉讼法》第 304 条的规定，强制医疗程序中，如果被申请人或者被告人没有委托诉讼代理人的，法院应当通知法律援助机构指派律师担任其诉讼代理人，为其提供法律帮助。法院不应只通知刘某的法定代理人到场，还应当为其通知法援机构指派律师为其担任诉讼代理人。B 项错误。

C 项，根据《刑事诉讼法》第 305 条的规定，人民法院经审理，对于被申请人或者被告人符合强制医疗条件的，应当在一个月以内作出强制医疗的决定。由此可知，人民法院经强制医疗程序审理作出的应当是"决定"而不是"裁定"。C 项错误。

D 项，根据《刑事诉讼法》第 305 条第 2 款规定被决定强制医疗的人、被害人及其法定代理人、近亲属对强制医疗决定不服的，可以向上一级人民法院申请复议。所以，如果被害人不服，可以向上一级人民法院申请复议，但是不能申请检察院抗诉。D 项错误。

综上所述，本题选择错误选项，答案为 B、C、D。

（二）审理程序

1. 甲在马路上持刀杀人一案，检察院提起公诉，一审法院判决甲犯故意杀人罪。甲不服提起上诉，二审审理期间发现甲为精神病人。二审法院应当如何处理（2021 年回忆版，单）[2]？

A. 以一审法律适用错误为由，撤销原判发回重审

B. 先判决甲不负刑事责任，再对甲作出强制医疗决定

C. 按照强制医疗程序直接作出裁判

D. 先裁定中止审理，再启动强制医疗程序

【考点】强制医疗审理程序

【解析】A 项，根据《刑事诉讼法》第 236 条第 1 款第 2 项的规定，第二审人民法院对不

---

[1] BCD [2] B

服第一审判决的上诉、抗诉案件，经过审理后，认为原判决认定事实没有错误，但适用法律有错误，或者量刑不当的，应当改判。所以二审法院认为一审判决法律适用有误的，应当直接改判，无需发回重审。因此，A 项错误。

BD 项，根据《刑诉解释》第 640 条的规定，第二审人民法院在审理刑事案件过程中，发现被告人可能符合强制医疗条件的，可以依照强制医疗程序对案件作出处理，也可以裁定发回原审人民法院重新审判。又根据《强制医疗决定程序监督规定》第 16 条第 3 款的规定，法院应当先作出判决，再适用强制医疗程序。因此，B 项正确，D 项错误。

C 项，强制医疗程序是不同于一般审判程序的特殊程序，法院不能在二审审理中按照强制医疗程序直接作出裁判。因此，C 项错误。

综上所述，本题的答案为 B 项。

2. 下列关于强制医疗程序说法不正确的是？（2020 仿真题）[1]

A. 被申请人或者被告人没有委托诉讼代理人的，法院应当通知法援机构指派律师为其提供法律帮助

B. 人民法院审理强制医疗案件，被申请人或者被告人及其法定代理人应当到场

C. 强制医疗案件，由被申请人实施暴力行为所在地的中级法院管辖；由被申请居住地法院审判更为适宜的，可以由被申请人居住地的中级法院管辖

D. 被决定强制医疗的人、被害人及其法定代理人、近亲属对强制医疗决定不服的，可以向上一级人民法院上诉

【考点】强制医疗审理程序

【解析】A 项，根据《刑事诉讼法》第 304 条的规定，强制医疗程序中，如果被申请人或者被告人没有委托诉讼代理人的，法院应当通知法律援助机构指派律师担任其诉讼代理人，为其提供法律帮助。A 项正确。

B 项，《刑事诉讼法》第 304 条规定，人民法院审理强制医疗案件，应当通知被申请人或者被告人的法定代理人到场。注意，法条规定的是"法院应当通知"而不是"应当到场"，所以，被申请人或者被告人及其法定代理人不是必须要到场。B 项错误。

C 项，根据《刑诉解释》第 631 条规定，人民检察院申请对依法不负刑事责任的精神病人强制医疗的案件，由被申请人实施暴力行为所在地的基层人民法院管辖；由被申请人居住地的人民法院审判更为适宜的，可以由被申请人居住地的基层人民法院管辖。由此可知，强制医疗案件应当由基层法院审理而不是中级法院审理。C 项错误。

D 项，根据《刑事诉讼法》第 305 条第 2 款的规定，被决定强制医疗的人、被害人及其法定代理人、近亲属对强制医疗决定不服的，可以向上一级人民法院申请复议。法院在强制医疗程序中作出的是决定，只有判决和裁定才能上诉，而针对决定只能复议。D 项错误。

综上所述，本题选择错误选项，答案为 B、C、D。

（三）对处理结果不服的复议

1. 甲在公共场所实施暴力行为，经鉴定为不负刑事责任的精神病人，被县法院决定强制医疗。甲父对决定不服向市中级法院申请复议，市中级法院审理后驳回申请，维持原决定。关于本案处理，下列哪一选项是正确的？（2017－2－41，单）[2]

---

〔1〕 BCD 〔2〕 B

A. 复议期间可暂缓执行强制医疗决定，但应采取临时的保护性约束措施

B. 应由公安机关将甲送交强制医疗

C. 强制医疗6个月后，甲父才能申请解除强制医疗

D. 申请解除强制医疗应向市中级法院提出

【考点】 对处理结果不服的复议、强制医疗的解除

【解析】 A项，根据《刑诉解释》第642条的规定，复议期间不停止执行强制医疗的决定，A项错误。

B项，根据《刑诉解释》第641条的规定，人民法院作出强制医疗的决定后，应当由公安机关将被决定强制医疗的人送交强制医疗。B项正确。

C项，根据《刑诉解释》第645条的规定，如果被强制医疗的人及其近亲属提出的解除强制医疗申请被法院驳回，6个月后再次提出申请的，法院应当受理。也即法律对驳回后再次申请间隔期间作出了规定。但是应注意，法律并没有限制首次提出解除强制医疗申请的时间，所以被申请人强制医疗不满6个月也是可以申请解除强制医疗的。C项错误。

D项，根据《刑诉解释》第631条规定，人民检察院申请对依法不负刑事责任的精神病人强制医疗的案件，由被申请人实施暴力行为所在地的基层人民法院管辖；由被申请人居住地的人民法院审判更为适宜的，可以由被申请人居住地的基层人民法院管辖。由此可知，强制医疗案件应当由基层法院审理而不是中级法院审理。D项错误。

综上所述，本题答案为B。

2. 法院受理叶某涉嫌故意杀害郭某案后，发现其可能符合强制医疗条件。经鉴定，叶某属于依法不负刑事责任的精神病人，法院审理后判决宣告叶某不负刑事责任，同时作出对叶某强制医疗的决定。关于此案的救济程序，下列哪一选项是错误的？（2013-2-42，单）[1]

A. 对叶某强制医疗的决定，检察院可以提出纠正意见

B. 叶某的法定代理人可以向上一级法院申请复议

C. 叶某对强制医疗决定可以向上一级法院提出上诉

D. 郭某的近亲属可以向上一级法院申请复议

【考点】 对处理结果不服的复议

【解析】 A项，根据《刑诉解释》第648条的规定，人民检察院认为强制医疗决定或者解除强制医疗决定不当，在收到决定书后二十日以内提出书面纠正意见的，人民法院应当另行组成合议庭审理，并在一个月以内作出决定。由此可知，检察院可以对叶某强制医疗的决定提出纠正意见，A项正确。

B项，根据《刑事诉讼法》第305条的规定，被决定强制医疗的人、被害人及其法定代理人、近亲属对强制医疗决定不服的，可以向上一级人民法院申请复议。B项正确。

C项，法院对强制医疗案件作出的是决定，决定不能上诉只能申请复议，只有判决和裁定才能上诉。C项错误。

D项，根据《刑事诉讼法》第305条的规定，郭某的近亲属对强制医疗决定不服的，可以向上一级人民法院申请复议。D项正确。

综上所述，本题选择错误选项，答案为C。

---

[1] C

第二十一章 涉外刑事诉讼程序与司法协助制度

1. W国人约翰涉嫌在我国某市A区从事间谍活动被立案侦查并提起公诉。关于本案诉讼程序，下列哪一选项是正确的？（2017-2-42，单）[1]

A. 约翰可通过W国驻华使馆委托W国律师为其辩护

B. 本案由A区法院一审

C. 约翰精通汉语，开庭时法院可不为其配备翻译人员

D. 给约翰送达的法院判决书应为中文本

【考点】涉外刑事诉讼程序特殊问题

【解析】A项，根据《刑诉解释》第485条的规定，外国籍被告人委托律师辩护，或者外国籍附带民事诉讼原告人、自诉人委托律师代理诉讼的，应当委托具有中国律师资格并依法取得执业证书的律师。所以约翰不可以委托W国律师为其辩护。A项错误。

B项，本案中，约翰涉嫌在我国某市A区从事间谍活动，危害我国国家安全，根据《刑事诉讼法》第21条的规定，本案应由中级法院审理。B项错误。

C项，根据《刑诉解释》第484条第3款的规定，外国籍当事人通晓中国语言、文字，拒绝他人翻译，或者不需要诉讼文书外文译本的，应当由其本人出具书面声明。由此可知，只有当外国人自己拒绝他人翻译是法院才可以不为其配备翻译人员。C项错误。

D项，根据《刑诉解释》第484条第2款的规定，法院的诉讼文书为中文本。外国籍当事人不通晓中文的，应当附有外文译本，译本不加盖人民法院印章，以中文本为准。D项正确。

综上所述，此题答案为D。

2. 李某、阮某持某外国护照，涉嫌贩卖毒品罪被检察机关起诉至某市中级人民法院。关于李某、阮某的诉讼权利及本案诉讼程序，下列说法正确的是：（2011-2-95，任）[2]

A. 即使李某、阮某能够使用中文交流，也应当允许其使用本国语言进行诉讼

B. 向李某、阮某送达中文本诉讼文书时，可以附有李某、阮某通晓的外文译本

C. 李某、阮某只能委托具有中华人民共和国律师资格并依法取得执业证书的律师作为辩护人

D. 如我国缔结或参加的国际条约中有关于刑事诉讼程序具体规定的，审理该案均适用该条约的规定

【考点】涉外刑事诉讼程序特殊问题

【解析】A项，根据《刑诉解释》第484条的规定，外国籍当事人不通晓中文的，应当附

---

[1] D [2] A

有外文译本，译本不加盖人民法院印章，以中文本为准。这意味着外国籍当事人在法庭上可以使用其本国语言，即使李某、阮某能够使用中文交流，也应当允许其使用本国语言进行诉讼。A项正确。

B项，根据《刑诉解释》第484条的规定，人民法院的诉讼文书为中文本，向李某、阮某送达中文本诉讼文书时，应当附有李某、阮某通晓的外文译本，但译本不加盖人民法院印章，以中文本为准。B项错误。

C项，《刑诉解释》第485条规定，外国籍被告人只能委托中国律师辩护或代理诉讼。但是，如果委托的辩护人是非律师身份的其他辩护人，则不受必须是"中国的"限制。C项错误。

D项，我国《刑事诉讼法》以及相关法律中并没有对刑事案件中审判时是否可以直接援引我国缔结或参加的国际条约进行明确规定。D项错误。

综上所述，本题答案为A。

3. 下列哪些案件适用涉外刑事诉讼程序？（2010－2－79，多）[1]

A. 在公海航行的我国货轮被索马里海盗抢劫的案件

B. 我国国内一起贩毒案件的关键目击证人在诉讼时身在国外

C. 陈某经营的煤矿发生重大安全事故后携款潜逃国外的案件

D. 我驻某国大使馆内中方工作人员甲、乙因看世界杯而发生斗殴的故意伤害案件

【考点】 涉外刑事案件

【解析】 涉外诉讼程序，是指公安司法机关在办理具有涉外因素的刑事案件时所使用的诉讼程序。所谓"涉外因素"主要是指诉讼当事人全部或者部分为外国人，或者刑事案件发生在国外。根据《刑诉解释》第475条的规定，所谓的涉外刑事案件包括：（1）在中华人民共和国领域内，外国人犯罪的或者我国公民对外国、外国人犯罪的刑事案件；（2）符合《刑法》第7条、第10条规定情形的我国公民在中华人民共和国领域外犯罪的案件；（3）符合《刑法》第8条、第10条规定情形的外国人犯罪的案件；（4）符合《刑法》第9条规定情形的中华人民共和国在所承担国际条约义务范围内行使管辖权的案件。

A项，海盗抢劫案件虽然发生在公海上，但是海盗抢劫属于国际犯罪，属于我国在所承担国际条约范围内刑事管辖权的案件，是涉外案件，适用涉外程序。A项正确。

B项，虽然该案件不属于上述规定的涉外案件，但是关键证人在诉讼时身在国外，相关侦查、审判诉讼文书送达等诉讼活动都会涉及到该证人，因此适用涉外刑事诉讼程序。B项正确。

C项，虽然该案不属于上述规定的涉外案件，但陈某潜逃至国外，如果对该案进行审判则会涉及刑事司法协助，适用涉外刑事诉讼程序。C项正确。

D项，案件发生在我国使馆内，当事人都是中国人，依法应由我国法院管辖，不属于涉外案件。D项错误。

综上所述，本题答案为A、B、C。

---

[1] ABC